이재명의 서재

이재명의 서재

이재명을 만든 100권의 책들 ──────

이
채
윤
지
음

다차원
북스

정치는 누가 뭐래도 서사다. 싸움의 역사이고, 말의 전쟁이며, 끝없는 게임의 연속이다. 이재명이라는 인물은 그 복잡한 정치 세계에 홀연히 등장해 마치 셰익스피어 비극 속 주인공처럼 사랑과 증오, 찬사와 저주를 동시에 받은 드문 케이스다. 누군가는 그를 '흙수저의 희망'이라 부르고, 또 다른 누군가는 '민주주의의 불량품'이라 부른다. 하지만 그가 말하고 읽고 선택해온 책들은 의심할 수 없는 하나의 방증이다. 그가 어떤 생각을 하고, 무엇을 믿고, 누구와 싸우고, 어디로 가려 하는지에 대한 유일하고도 집요한 실마리 말이다.

이 책은 '이재명'이라는 도서관의 문을 여는 열쇠다. 그것도 백 개의 질문으로. 누가 봐도 도발적이면서도 친절하고, 때로는 사악할 정도로 솔직한 질문들이다. 누가 그런 질문을 했냐고? 당신이다. 뉴스에 화가 나서 리모컨을 던지던 당신, 밤늦게 정치 유튜브를 보며 중얼거리던 당신, "그래서 도대체 저 사람은 무슨 생각으로 저러는 거야?"라고 의문을 품은 바로 당신. 당신의 뇌 속에 쌓인 그 골치 아픈 의문 부스러기들을, 이번엔 이재명의 책장을 통해 하나씩 꺼내 본다.

이재명의 서재는 단순한 독서 기록이 아니다. 한 인간이 권력을 향해 나아가는 전투의 기록이자 정치3라는 구불구불한 미로 속에서 길을 찾기 위한 나침반이다. 그는 어려서부터 독서를 하며 스스로를 바꾸고, 현실을 해석하며, 기득권에 대항하는 언어를 준비해왔다. 그의 책장은 한마디로 말해 생존형 리더십의 비밀무기 창고다. 단순히 많이 읽었다고 자랑하려는 책장이 아니다. 전선을 구분하고, 논리를 조율하고, 싸움의 타이밍을 계산하기 위해 다진 무기들이다.

물론 정치는 책만 읽는다고 되는 게 아니다. 문제는 현실이다. 현실은 늘 책보다 한발 앞서 있고, 상황은 책처럼 매끈하게 전개되지 않는다. 하지만 책을 많이 읽은 사람은 그만큼 '변수'에 강하다. 책을 많이 읽은 사람은 무엇보다도 '사람'을 안다. 역사에서 반복되는 실수를 안다. 제국의 흥망성쇠가 왜 그렇게 예측 가능하게 벌어졌는지도 안다. 그리고 이재명은, 그걸 안다.

그는 자기 이름을 '사이다'로 만든 사람이다. 답답한 말잔치 정치판에서, 군더더기 없는 말 한마디로 판을 뒤집는 능력. 그건 어디에서 오는가? 웅변 학원? 아니다. 그는 정치인이 되기 전부터 이미 수천 권의 책을 통독한 '비논문형 논객'이었다. 누구는 말한다. 정치인은 책을 읽을 시간이 없다. 하지만 그는 그 틈을 비집고, 책을 읽고, 책을 말하고, 책으로 싸운다.

어떤 이는 그를 '위험한 독서가'라 부른다. 책을 단지 읽는 데 그치지 않고 실행한다는 점에서. 때로는 너무 빠르게, 너무 직접적으로. 이를테면 유시민의 《국가란 무엇인가》를 읽고 진짜 국가의 본질을 묻고, 《정의란 무엇인가》를 들춰보며 우리 사회의 불의함을 고발하고, 《1984》를 곱씹으며 지금 이 사회가 어디로 흘러가고 있는지를 탐색한다. 문제는 그가 읽은 책의 방향이 늘 기득권에게 불쾌한 쪽이라는 점이다. 그러니 사랑 받을 리가 없다. 아니, 더 정확히 말하자면, 찬탄과 증오가 동시에 쏟아진다. 책을 읽는 자에게는 늘 그런 리스크가 따른다. 책을 읽지 않는 자들은 그것을 '독설'이라 부르지만, 책을 읽은 자들은 안다. 그것은 '근거 있는 분노'라는 걸.

이재명은 기득권을 향해 말한다. 말할 때마다 책이 함께 따라 나온다. 인용은 정치의 무기다. 하지만 그의 인용은 단순한 수사적 장치가 아니다. 맥락과 논리, 체계까지 정비되어 있다. 마치 논문 한 편을 들고 국회에 등장한 느낌이다. 그러니 상대가 불편할 수밖에 없다. 그는 심지어, 토론 중에 상대가 무슨 책을 안 읽었는지도 단박에 알아챈다. 이는 책을 읽은 자만이 할 수 있는 독한 감별력이다.

이 책은 그래서, 이재명의 책장 속 '정치 지도'를 복원하려는 시도다. 그는 어떤 책으로 시대를 진단했고, 어떤 저자의 문장을 통해 국민을 바라보았으며, 어떤 고전을 통해 현재를 해석했는가. 그리고 무엇보다, 그는 왜 책을 읽었고, 그 책은 그의 인생을 어떻게 바꾸었는가. 이 모든 질문의 답은 그가 지나온 말과 글, 책과 정치적 선택들 사이에 있다.

이 책 《이재명의 서재》는 단순한 정치인의 독서 일지가 아니다. 이것은 한 인간이 시대를 해석하고, 자신의 고통을 성찰하며, 그 고통을 다시 사회로 번역해내는 언어적 진화의 기록이다. 때로는 냉소적으로, 때로는 유머러스하게, 그리고 언제나 단호하게. 그게 이재명이다. 그의 책장은 백 권의 책이 아닌, 백 개의 인생이다.

이제, 그의 책장을 열 시간이다. 칸마다 빽빽이 들어찬 문장들 속에서, 당신은 새로운 '이재명'을 발견하게 될 것이다. 정치적 프레임 없이, 이념적 필터 없이, 그저 한 인간이 무엇을 읽고 어떻게 살아왔는지를 따라가는 길. 그 길 위에서, 당신도 묻게 될 것이다. 나는 지금 어떤 책을 읽고 있는가. 그리고 나는 어떤 질문을 가지고 사는가.

자, 서재의 문을 연다. 페이지를 넘기는 순간, 당신은 이미 정치의 심연 속으로 들어와 있다. 준비됐는가? 아니어도 상관없다. 어차피, 책은 언제나 당신을 기다리고 있으니까.

차례

제3부   싸우는 자의 독서

제4부   이재명의 책장에는 어떤 책이 꽂혀 있는가

제5부   시대를 읽는 책들

제 10부 질문으로 끝나는 서재

이재명의 서재

제
1
부

이재명이라는 책

제1부 〈이재명이라는 책〉은 이재명의 인간적 기반을 탐색하는 출발점이다. 유소년기의 극심한 가난과 소년공 시절의 생존 투쟁, 그리고 늦게 찾아온 독서와 자각의 순간까지, 그는 책 없이 살았고, 책으로 다시 태어났다.
이 장에서는 그의 삶이 어떻게 책을 만나 정치적 사유로 진화했는지를 추적한다. 정치인이기 전에 인간 이재명의 내면과 지적 갈망, 독서를 통한 자아 형성의 여정을 그린다. 그는 어떤 책이 되고자 했는가, 이 장은 그 질문으로 시작한다.

이재명은 어떤 인간인가?

정치는 인간을 테스트하는 궁극의 리트머스 시험지다. 그리고 그 시험지 위에 '이재명'이라는 이름이 번졌을 때, 색은 단순히 붉거나 푸르지 않았다. 오히려 정치판에선 보기 드문 농도였다. <u>어디에도 완전히 속하지 않으면서도, 모든 진영을 자극하고, 어떤 이들에게는 희망, 또 어떤 이들에게는 재앙처럼 느껴지는 인간. 이재명은 그런 '정치적 이물질'로 등장했다. 그가 어떤 인간인지 알려면 우선 정치인의 전형적인 성장 서사부터 버려야 한다.</u>

명문대를 나오고, 유학을 다녀오고, 강남 어딘가에서 네트워크를 다지며 차근차근 경력을 쌓는 그런 서사가 아니라, 재봉틀 돌리던 소년공의 손가락 끝에 쌓인 기름때 속에서 시작된 이야기이기 때문이다.

그는 태어날 때부터 '불공정'의 데이터베이스 속에 던져졌다. 경북 안동에서 태어나 성남으로 옮겨간 그의 유소년기는 사실상 '생존' 그 자체였다. 너무 가난해 남들 다 중학교에 진학할 때 이재명은 성남 상대원 공단의 공장에서 소년공으로서 삶을 살았다. 그는 공장일 대신 학교에 다니고 싶었지만, 아버지는 이를 막았고, 이런 아버지를 증오했다. 2021년 어버이날을 맞아 이재명은 본인의 페이스북에 자신의 젊은 날은 "아버지를 원망하며 필사적으로 좌충우돌하는 날"이었다고 적었다. 하지만 환경미화원이었던 아버지는 7남매의 자식을 키우기 버거웠던 것이리라.

형은 탄광과 건설노동자를 전전하다 다리를 절단했고, 본인은 공장에서 손가락을 다쳤다. 다른 아이들이 수학 문제 풀고 있을 때, 그는 산업재해 보험을 청구하고 있었다. 그에게 '노동'은 개념이 아니라 피부였다. 그리고 그렇게 찢기듯 지나간 시간 속에서, 이재명은 책을 만나기 시작했다. 아주 늦게, 하지만 너무도 절실하게.

정치판에는 유난히 '공부 좀 한 티'를 내고 싶어 하는 사람들이 많다. 고전을 인용하고, 영어를 즐겨 쓰며, 종종 '그레코로만'한 사유 체계를 뽐낸다. 그러나 이재명은 그런 장르가 아니다. 그는 책을 독려하지도, 과시하지도 않았다. 그저 읽었고, 흡수했고, 필요할 때 꺼내 썼다. 누군가는 그의 말투를 두고 '촌스럽다'고 했지만, 그 촌스러운 단어의 배열 속엔 이상하리만치 정확한 구조와 냉정한 팩트가 숨어 있었다. 예를 들어, '이건 국민 약탈이다'라는 문장은 문학적으로 세련되지 않았지만, 경제학자 10명이 써 내려간 논문보다 훨씬 파괴력이 있었다.

이재명은 말한다.
"나는 가난이 죄라고 배웠다."

여기서 말하는 '죄'는 도덕적 비난이 아니라, 시스템에 의해 주입된 죄책감을 뜻한다. 그는 불우한 자신의 어린 시절을 '가난한 내가 문제다'라는 구조로 내면화한 세대였다. 그러나 이재명의 인생은 거기서 반전된다. 그는 책을 통해 구조를 보기 시작했고, 법을 통해 그것에 반격하기 시작했다. 소년공이었던 아이는 검정고시로 고졸을 만들고, 장학금을 모아 대학을 갔고, 사법시험에 패스해 변호사가 되었다. 말하자면 그는 '능력주의'가 허구임을 증명하기 위해 능력주의를 박살낸 인간이다.

그는 인생 전체를 관통하는 한 문장을 보여준다. 바로 "불의는 참지 못한다." 이 말은 멋지게 들릴 수 있지만, 실제로 실천하면 삶이 꽤 피곤해진다. 이재명은 그런 피곤한 삶을 택했다. 검사들과 싸우고, 행정관료와 다투고, 자당 내부에서도 튀었으며, 심지어는 친문, 친이, 친박, 친윤 가릴 것 없이 전방위로 충돌했다. 정치판에서 살아남으려면 물고기처럼 미끄럽게 빠져나가는 기술이 필요하지만, 그는 때로 맨몸으로 부딪쳤고, 부딪친 다음엔 반드시 상처를 들고 나왔다. 그래서 그에겐 언제나 싸움의 냄새가 배어 있었다.

이재명은 스스로를 정의하지 않는다. 대신 그는 늘 질문을 던진다. "이게 정의냐?", "국민을 위한 것이냐?", "기득권이 말하는 상식이 정말 상식인가?" 그는 대답보다 질문을 통해 스스로를 정립해가는 방식의 인간이다. 그래서 그를 한 단어로 규정하기는 어렵다. 개혁가이면서도 행정가이고, 냉정한 전략가이면서도 격정적 선동가다. 그는 정치라는 무대 위에서 언제나 연기자가 아니라 '현실의 산물'로 작동한다. 이 점에서 그는 가공되지 않은 원석 같은 인물이다. 날이 서 있고, 불편하며, 닿으면 찔린다.

그렇다고 이재명이 비인간적인 완강함만 있는 것도 아니다. 그는 유쾌할 줄 알고, 유머를 쓸 줄 알며, 약간의 장난기마저 있다. 과거의 인터뷰에서 그는 "나는 원래 욕심이 많다. 대통령도 하고 싶고, 세금도 잘 걷고 싶고, 전기요금도 낮추고 싶다"고 말한 적 있다. 이말은 농담처럼 들리지만, 동시에 그의 정치관이 얼마나 실용적인지 보여준다. 그는 이념의 낭만보다는 계산된 현실, 철학적 고찰보다는 삶의 실질을 추구한다. 이 점에서 그는 한국 정치에서 드문, '이론 없는 실행가'라는 기묘한 포지션을 만든다.

이재명은 '악역'처럼 행동한 적도 많다. 특히 기득권 입장에서 보면 그랬다. 그는 메신저에게 공격당했고, 때로는 메신저를 공격하기도 했다. 언론과의 관계는 복잡했으며, 그에 대한 보도는 극과 극을 오갔다. 누군가는 그를 독재자의 씨앗이라 했고, 누군가는 그를 마지막 남은 민중의 대표라 불렀다. 진실은 어디에 있을까? 책장에서 힌트를 찾을 수 있다. 그가 읽은 책들은 한결같이 '사람'과 '권력', 그리고 '불평등'에 관한 것들이었다. 그는 결코 관념의 세계에 머물지 않았다. 언제나 책을 들고 거리로, 법정으로, 연단으로 나갔다.

이재명이라는 인간은 질문으로 시작해 실행으로 귀결되는 존재다. 그는 어떤 대의나 이념보다, 고통을 겪은 사람의 표정을 먼저 보는 사람이다. 그 고통이 왜 발생했고, 누가 책임져야 하며, 어떻게 줄일 수 있는지를 고민한다. 이상하게 들릴지 모르지만, 그는 정치를 '복수'로 여긴 적도 있다. 어린 시절 불의와 부당한 구조 속에서 고통받았던 가족, 그리고 자신에게 주어진 편견과 상처. 그 모든 것에 대한 지적 복수이자 제도적 반격. 그의 정치는 그렇게 시작됐다.

이재명은 어떤 인간인가?

요약하자면, 체제 밖에서 태어나 체제 안으로 뛰어들어 체제의 모순을 드러내는 인간이다. 그는 정치의 희극과 비극, 영웅과 악당의 모호한 경계를 모두 경험한 인물이며, 여전히 정답보다는 문제를 들고 있는 사람이다. 그리고 그 질문들을, 아주 오래전부터 책 속에서 꺼내 왔다. 그의 책장은 그를 설명하는 또 다른 자화상이다. 어쩌면 이재명은 인간이 되기 위해, 더 나은 인간이 되기 위해, 오늘도 책을 읽고 있을 것이다.

002

이재명의 유소년기는
왜 독서보다 생존이었나?

책상머리에 앉아 책장을 넘기는 행위는 의외로 사치다. 특히 하루하루가 살기 위한 전투인 아이에게는 더 그랬다. 이재명의 유소년기는 딱 그런 시간이었다. 한 문장으로 요약하면, 독서보다 '밥'이 급했고 교과서보다 '공장 기계'가 더 가까웠던, 절박하던 시절이었다.

경북 안동의 산골에서 태어난 그는 어릴 때부터 '개천에서 용 나는 건 옛말'이라는 진실을 아주 가까이에서 체험했다. 가족 전체가 이동한 성남은 수도권이라는 이름과 다르게 당시에는 거의 빈민촌에 가까운 곳이었다. 빨간 벽돌집도 없었고, 하얀 셔츠 입은 사람도 드물었다. 배고픔은 일상이고, 냉난방은 꿈이었다. 그런 집안에서 누가 책을 사 주고, 누가 독서를 권했겠는가. 책상은 고사하고, 집안에 앉아 있을 공간조차 없었다.

큰형은 탄광과 건설현장에서 일하다가 한쪽 다리가 잘리는 산재사고를 당했다. 본인은 열세 살에 중학교 대신 수공업 목걸이 공장을 다녔지만, 목걸이 공장이 파산하는 바람에 월급을 떼였다. 그 뒤 사업자등록이 되어 있는 '동마고무'라는 곳으로 옮겼고, 그곳에서 손가락을 다치는 첫 산업재해를 당했다. 법적으로 노동을 할 수 있는 나이가 아니어서 가명으로 공장을 전전했다. 우울증과 장애로 너무 힘든 나머지 17살 때 자살을 시도했다.

그때 그의 손가락은 책장을 넘길 유연함이 아니라, 철판을 잡고 버티는 생존의 관절로 단련됐다. 책 읽기를 위해 필요한 건 집중력보다 시간이고, 시간보다 여유인데, 그는 그 어떤 것도 가질 수 없었다. 아침이면 공장으로 출근 도장을 찍고, 점심은 끼니를 때우는 정도였고, 저녁이면 녹초가 된 몸을 끌고 겨우 집으로 돌아왔다. 그런 아이에게 누군가 《어린 왕자》를 읽어보라 권했다면, 아마 그 어린 왕자는 다음 날 아침, 작은 별이 아닌, 녹슨 프레스 기계 옆에서 출근카드를 찍고 있었을 것이다.

'공장 소년' 이재명의 삶은 '가정형편'이 운명을 결정짓던 시대를 증명한다. 학교는 그에게 너무 멀었고, 세상은 너무 가까웠다. 그 세상은 냉혹했다. 돈 없는 집은 진학할 수 없었고, 진학 못 하면 노동시장으로 직행하는 단순한 공식. 그래서 그는 공부 대신 '관찰'을 했다. 주변의 부당함, 어른들의 위선, 공장의 착취구조, 사회의 무관심. 그가 가장 먼저 읽은 '책'은 현실이라는 이름의 거대한 텍스트였다.

여러 공장을 전전하던 중, 그는 '대양실업'이라는 글러브 공장에서 프레스 기계에 왼쪽 손목 바깥쪽이 끼는 두 번째 사고를 당했다. 손목 관절이 으깨어지는 심각한 골절이었지만, 당시 공장은 사고가 빈번해서 주변 사람들은 다들 '이 정도면 다행'이라고 다독였다. 그 말에 본격적인 치료를 받지 않았다. 이재명 본인의 말에 따르면, 어린 마음에 '이 정도 아픔으로 징징대면 안 된다'는 눈치와 두려움이 앞섰기 때문이었다.

이 사고는 평생의 흔적으로 남았고, 훗날 장애 6급 판정을 받아 병역에서도 제2국민역으로 면제 판정을 받게 된다. 그는 현재 등록된 장애인이다. 대양실업에서 당한 산업재해로 팔의 통증은 계속 심해졌고, 더불어 교복을 입고 등교하는 동네 친구들을 볼 때마다 부모에 대한 반항심도 생겼다고 한다.

그래도 그는, 그 험한 현실 속에서도 자기를 '관찰하는 시선'을 놓지 않았다. 그게 이재명의 출발점이다. 독서 대신 그는 사람을 읽었고, 구조를 파악했고, 법을 꿈꿨다. 공장에서 일하며 낮에는 철공소의 소음 속에 살고, 밤에는 검정고시를 준비하는 짧은 시간에 눈을 비비며 글자를 외웠다. 그것도 누가 강요한 게 아니라, 자기 삶의 '탈출로'를 직접 설정한 결과다.

그의 유소년기가 왜 독서보다 생존이었냐고? 이유는 간단하다. 그는 살아야 했다. 살아남아야만 읽을 수 있고, 배워야만 떠날 수 있었기 때문이다. 책은 고상한 취미가 아니었다. 그것은 삶과 죽음 사이에 걸쳐 있는 아주 날카로운 도구였다. 누구에게는 위로지만, 그에겐 무기였다.

많은 이들이 독서를 '내면의 성장'이라 말하지만, 이재명에게 독서는 '외부로부터의 방어'였다. 외부는 불공정했고, 구조는 차별적이었으며, 인간은 무관심했다. 그 가운데서 그는 '살기 위해 배우는 자'

였다. 한마디로 그는 '생존 독서가'였다. 책을 읽기 위해 삶을 선택한 것이 아니라, 삶을 선택하다 보니 책이 필요해졌다. 그의 유소년기엔 독서가 없었다. 하지만 그 기간이 독서를 불러왔고, 그 독서가 훗날 정치를 불러왔다.

이재명의 책장은 화려하지 않다. 금박이 둘러쳐진 전집도 없고, 고급 양장본도 없다. 하지만 그 책장에는 '살아남은 자의 분노'와 '이해받지 못한 자의 절규'가 숨어 있다. 이재명의 유소년기는 한 권의 책이 아니었다. 그것은 읽히지 않는 보고서였고, 당시로선 아무도 펼쳐보지 않았던 흙먼지 덮인 인간 백서였다. 그리고 그는 그 백서를 스스로 읽고, 해석하고, 다시 써 내려가기 시작했다. 바로 거기서, 정치라는 또 다른 챕터가 시작되었다.

003

소년공 이재명,
책은 언제 그의 인생에 들어왔는가?

책은 대개 조용히 들어온다. 그러나 이재명에게 책은 조용히 들어올 틈이 없었다. 철판이 덜컹거리고, 기계음이 쉼 없이 울려대고, 손끝은 항상 베이거나 데이기 직전의 팽팽한 긴장 속에 있었기 때문이다. 열세 살, 정규 교육을 포기하고 공장으로 향한 아이에게, 책이란 먼 동네의 잔치 같은 것이었다. 남의 집 이야기가 활자화된 그 무언가. 그러나 이상하게도, 그 낯선 이방인 같은 존재가 그의 삶을 기어코 두드렸다. 그리고 그건 사고처럼, 예고 없이, 하지만 필연처럼 찾아왔다.

정확히 말하면, 그 만남은 '탈출'의 통로였다. 매일 같은 일상, 같은 기계음, 같은 욕설 속에서 그는 점점 숨이 막혀갔다. 집은 여전히 가난했고, 미래는 보이지 않았다. 그 순간, 누군가 던져준 헌책 한 권이 그의 손에 들어왔다. 그것이 정확히 무슨 책이었는지는 지금도 밝혀지지 않았지만, 그 책이 전한 건 단순한 정보가 아니라, 한 문장이었다.

"지금이 전부가 아니다."

그 말은 그를 정지 상태에서 움직이는 존재로 바꿔놓았다. 그는 일과를 마친 뒤 폐공장 한켠, 잔열이 남은 기계 옆에서 책을 펼쳤다. 밤마다 전등 하나 없이 책을 읽기 위해 눈을 비비며 남은 불빛을 찾았고, 공장의 소음을 뚫고 한 문장을 곱씹었다. 책은 그에게 한 번도 허락된 적 없는 세상의 언어를 건넸다. 사람들은 '사회계약'을 말했지만, 그는 사회로부터 계약서 한 장 받은 적이 없었다. 오히려 그가 체결한 유일한 계약서는 '노동'이었다. 그것도 미성년 노동. 책은 그 계약을 다시 쓰게 했다.

《사회계약론》은 단지 루소의 글이 아니라, 그 자신의 '왜 나는 이렇게 살아야 하지?'라는 질문을 활성화하는 기폭제였다. 《정의란 무엇인가》를 읽은 것은 나중 일이지만, 그 근간이 되는 질문은 이미 싹트고 있었다. "이게 정의인가?"라는 질문. 그래서 그의 책 읽기는 문학의 취미가 아니라, 체제의 구조 분석서로 기능했다. 공장에는 기계 도면이 있었고, 그의 머릿속에는 '사회 도면'이 만들어지기 시작했다.

소년공 이재명이 책을 만난 시점은 단순한 취향의 변화가 아니라 존재론적 변환이었다. 한마디로, 그 책들은 '다른 세상'을 말해주었다. 그 세상은 다를 수 있다고 말했고, 지금과는 다른 구조로 사회가 조직될 수 있다고 말했다. 책은 그에게 최초의 친구이자, 멘토였으며, 지도였다. 누구도 가르쳐주지 않았지만, 그는 책 속에서 '불의'를 감지했고, '가능성'을 탐지했다.

당시 작업반장이 고졸이라는 사실을 알고 문득 이런 생각을 했다.

"나도 고졸이 되면 작업반장이 될 수 있겠구나."

그 단순하고도 직관적인 동기 하나로, 그는 공부를 시작했다. 이때 자원한 작업이 바로 락카질이었다. 락카질은 먼지 하나 허용되지 않는 밀폐 구역에서 이뤄졌고, 이중문 안쪽, 허락 없이 열 수 없는 공간에서 혼자 작업하는 구조였다.

그는 주어진 할당량을 최대한 빨리 끝내고, 숨죽여 몰래 책을 펼쳤다. 벤젠과 아세톤 냄새가 가득한 그 방 안에서, 그는 노동과 독서, 화학약품과 활자 사이를 오갔다.

독한 화학약품을 장기간 흡입한 탓에 후각을 잃었다. 코가 비뚤어졌고, 후각세포의 55% 이상이 괴사했다. 훗날 변호사가 되어 생활이 조금 넉넉해졌을 때 성형수술로 코의 형태는 되찾았지만, 후각은 돌아오지 않았다. 이재명이 외식을 잘 하지 않는 이유 중 하나는 바로 이 후각 상실 때문이다. 후각을 잃은 사람들은 대개 매운 음식을 즐기는데, 매운맛은 미각이 아닌 '통각'으로 느껴지기 때문이라고 한다.

당시 그가 공부한다는 사실을 가족들이 썩 달가워하지는 않았다. 하지만 본인이 자기 돈으로 고학하는 상황이었기에 막무가내로 반대하지는 못했다. 그는 노동의 틈바구니에서, 책 한 줄에 기댄 채, 자신만의 반란을 조용히 실행 중이었다.

그의 책 읽기는 의외로 치밀했다. 아무렇게나 펼쳐놓고 낭만적으로 문장을 따라가는 일이 아니었다. 그는 실용적이었다. 자신의 삶을 바꿀 수 있는 책, 구조를 해체할 수 있는 논리, 법을 이해하게 해주는 텍스트에 집중했다. 《헌법》, 《민법총칙》, 《형법각론》 같은, 이름만 들어도 지루한 책들이 그에겐 '탈출의 매뉴얼'이었다. 도망치기 위해, 싸우기 위해, 살아남기 위해 그는 읽었다. 한 줄도 허투루 넘기지 않았다. 책장은 날카로운 칼날이었다. 그리고 그는 매일 그것을 연마했다.

  책이 그의 인생에 들어온 시점은, 진학을 포기하고 공장에서 철판을 두드리던 어느 겨울밤이었다. 차가운 철 냄새와 뜨거운 기계 열기가 공존하던 그 공간에서, 책은 묘하게 따뜻했다. 그것은 단지 활자의 온도가 아니라, '내일이 있을지도 모른다'는 가능성의 온기였다. 그는 그 온기를 품고 버텼고, 기회를 스스로 만들었다. 검정고시, 장학금, 그리고 중앙대학교 법학과. 전설처럼 들릴지 모르지만, 그것은 책이 이끈 서사였다.

  이재명에게 책이란, 자격증이 아니라 자격 그 자체였다. 사회가 허락하지 않은 계급에서, 스스로를 수직 이동시키기 위한 유일한 수단. 돈도, 연줄도, 배경도 없이, 오직 언어와 논리만으로 생존하겠다는 집념. 그는 읽었고, 이해했고, 싸웠고, 법을 공부하게 되었다. 책은 그를 법정으로 이끌었고, 법정은 그를 다시 정치로 이끌었다.

  그러니 질문은 이렇게 바뀌어야 한다. 이재명이 책을 만난 건 언제인가가 아니라, 그는 왜 그렇게까지 책에 매달렸는가. 정답은 단순하다. 그것만이 유일한 출구였기 때문이다. 책은 그에게 '나도 인간이다'라는 증명을 가능하게 해주는 유일한 도구였다. 그러니 소년공 이재명에게 책은, 취미가 아니었다. 그것은 혁명이었다.

004

이재명에게 '고전'이란 무엇인가?

정치인의 말 속엔 고전이 자주 등장한다. 교양 있는 척하기에도 좋고, 남이 다 아는 명언 하나쯤 끼워 넣으면 지적으로 보이니까. 그러나 이재명의 언어에서 고전은 '화장'이 아니다. 오히려 생채기 위에 붙인 생존의 반창고에 가깝다. 고전이란 그에게 시대를 해석하는 거울이자, 불의와 싸우기 위한 언어의 무기고이며, 역사의 늪에서 빠지지 않도록 해주는 좌표계다.

고전은 대개 권위의 상징으로 쓰인다. 하지만 이재명에게 고전은 '권위의 해체 도구'였다. 플라톤의 《국가론》을 들춰보며, 그 안의 '정의'가 지금 이 사회에 어떻게 변형되어 적용되고 있는지를 분석했다. 플라톤의 《국가론》은 정의란 무엇인가라는 질문에서 출발해, 이상적인 국가와 인간의 영혼이 어떻게 구성되어야 하는지를 탐구하는 철학적 대화록이다. 소크라테스가 중심인물로 등장하여 글라우콘, 아데이만토스 등과 대화하는 형식으로 전개되며, 정의로운 국가와 정의로운 인간이 본질적으로 동일하다는 결론에 이른다.

《군주론》의 마키아벨리로부터는 권력의 속성에 대한 이해를 가져왔고, 《1984》의 오웰에게선 감시 사회의 징후를 읽었다. 고전은 더이상 옛날이야기가 아니었다. 그것은 오늘을 폭로하고, 내일을 경고하며, 어제를 반성하게 하는 도구였다.

니콜로 마키아벨리의 《군주론》은 권력의 획득, 유지, 그리고 확장방법을 실용적이고 냉철하게 제시하는 정치학 고전이다. 이상 보다는 현실에 주목하며, 도덕적 이상과 실제 정치 현실 사이의 괴리를 인정하는 것이 특징이다. 마키아벨리는 군주가 사랑 받기보다 두려움의 대상이 되어야 하며, 때로는 잔인함도 정치적 안정과 목적 달성을 위해 불가피하다고 주장한다. 그는 인간 본성에 대해 비관적관점을 가지며, 사람들은 이익을 위해 쉽게 약속을 깨고, 믿음보다욕망과 두려움에 따라 움직인다고 본다.

조지 오웰의 《1984》는 전체주의 사회의 극단적 모습을 통해 권력의폭압성과 개인 자유의 붕괴를 예리하게 고발하는 디스토피아 소설이다. 이야기의 무대는 '오세아니아'라는 가상의 전체주의 국가로, 이곳에서는 '빅 브라더'라는 절대 권력이 국민을 감시하고 통제한다. '텔레스크린'이라는 기계를 통해 사생활은 사라졌고, 생각조차 검열당하는'사상경찰'이 존재하는 사회다. 당(黨)은 개인의 감정, 사랑, 사고까지통제하며, 역사와 언어마저 조작해 진실을 지워버린다. '2분 증오', '이중사고', '뉴스피크' 같은 개념들은 이 시스템의 핵심적 도구다.

이재명은 고전을 읽되, 절대 우상처럼 대하지 않았다. 고전의 구절을 그대로 읊지 않고, 그것을 깨물고 씹어서 지금 한국 사회라는맥락에 맞게 재조합했다. "마키아벨리는 이렇게 말했다"에서 멈추지 않고, "그래서 지금 대통령은 왜 이렇게 움직이는가"로 이어지는, 이른바 '적용형 고전 독자'였다. 이런 방식은 기존 정치권이 고전을 소비하는 방식과 극명하게 달랐다. 말하자면, 그는 고전을 '기념비'가 아닌 '공구함'으로 사용했다.

이재명이 말하는 고전은 그래서 늘 현실적이다. 그는 프리드리히 하이에크의 《노예의 길》에서 자유주의의 위선을 읽었고, 《자본론》에서 시장이 지닌 구조적 불평등을 보았으며, 《정의란 무엇인가》에서 마이클 샌델보다 먼저 '불의'에 분노했다. 아이러니한 것은, 그는 이 책들을 읽을 때마다 단순히 고개를 끄덕이는 법이 없었다는 점이다. 언제나 의심했고, 적용했고, 반론을 세웠다. 그런 점에서 그는 '비판적 고전주의자'다. 읽고 외우는 게 아니라, 읽고 반론하는 인간.

물론 정치권의 반응은 달랐다. 어떤 의원은 그가 《국가론》이나 몽테스키외의 《법의 정신》을 인용할 때마다 "쟤 또 뭐 읽었네"라고 비꼬았다. 심지어는 "정치판에서 책 들이대는 건 좀 없어 보인다"는 핀잔도 받았다. 하지만 이재명은 상관하지 않았다. 그는 고전이야말로 '오래 살아남은 진실'이라고 믿었기 때문이다. 진실은 늘 투박하고, 무거우며, 때로는 불편하다. 그는 바로 그 불편함에 기댔다.

이재명에게 고전은 자기가 겪은 현실을 정리해주는 도구였다. 《리바이어던》을 통해 국가는 왜 존재해야 하는지를 되짚었고, 《유토피아》를 통해 이상과 현실의 간극을 고민했다. 《멋진 신세계》는 그에게 '편안한 노예'가 된 대중의 얼굴을 떠올리게 했다. 그는 고전을 읽으며 현실의 뼈대를 더 정확히 파악해갔다. 그 뼈대 위에 그가 만든 언어와 정책이 얹혔다.

그래서 고전은 그의 말 속에서 '유세용 도구'가 아니라, '싸움의 논리'가 된다. 누군가 복지 정책을 비난하면, 그는 루소의 《사회계약론》을 꺼내 들고 "국가는 약자를 보호하기 위해 존재한다"고 응수한다. 시장 만능주의를 설파하는 이에게는 《자본주의와 자유》가 아닌 《자본주의와 그 적들》을 들이댄다. 그는 고전에서 그저 권위를 찾는 게 아니라, 상대를 꺾을 논리를 꺼낸다.

고전은 그에게 '이데올로기의 중력'을 깨뜨리는 탈출구였다. 그는 고전의 이름을 빌려 자신의 논리를 세웠고, 고전을 경유해 오늘의 모순을 해부했다. 그래서 이재명에게 고전이란, 기억하라고 있는 것이 아니라, 싸우라고 있는 것이었다.

결론은 간단하다. 이재명에게 고전은 지식이 아니라 무기다. 그것도 방어용이 아니라 공격형. 세상의 불의와 어리석음을 뚫어버리는 예리한 창. 그래서 그의 고전은 낡지 않는다. 늘 피 묻은 상태로, 오늘도 누군가를 향해 겨누고 있다.

005

이재명이 밝힌 인생의 전환점이 된 한 권의 책은?

정치인에게 '인생을 바꾼 책'을 물으면, 대개 두 가지 반응이 나온다. 하나는 '기억 안 난다'는 고전적 회피형. 다른 하나는《정의란 무엇인가》,《국부론》,《손자병법》따위를 신중하게 읊는 관료형. 가끔은《논어》나《맹자》도 출몰하지만, 그건 보통 보좌관이 써준 멘트다.

그러나 이재명은 좀 다르다. 그는 말했다. **자신의 인생을 바꾼 책은 도스토옙스키의《죄와 벌》이라고. 말하자면, 소년공이었던 한 아이의 뇌에 러시아 문호가 일종의 도끼를 던진 것이다. 그 도끼는 현실을 찍고, 구조를 파헤쳤으며, 무엇보다 인간이라는 단어에 경고장을 날렸다.**

그는 그 책을 문학으로 읽지 않았다. 위대한 고전이나 교양 도서로 읽은 것도 아니었다.《죄와 벌》은 그에게 '살기 위해 반드시 읽어야만 했던 문제집'이었다. 누군가의 살인을 다룬 소설이 아니라, '왜 사람들은 이렇게까지 망가지는가'를 추적하는 인간 시스템의 매뉴얼. 그는 라스콜니코프를 보며, 자기 자신이 아니라 자기 주변을 떠올렸다. 착하게 살아봤자 끼니조차 못 챙기는 이웃, 세금은 내지만 보호는 못 받는 부모. 그런 풍경들이 그의 독서를 따라 배경처럼 펼쳐졌다.

　책 속 주인공이 도끼로 노파를 내려칠 때, 그는 그것이 단지 살인이 아니라, 체제에 대한 복수라는 걸 알아챘다. 도스토옙스키는 인간의 양심을 파고들었지만, 이재명은 그 양심을 눌러 죽이는 '사회구조'에 더 주목했다. 한 인간이 어떻게 무너지고, 무너진 채로도 말이 되고, 그 말이 어떻게 죄로 규정되는가. 그는 그걸 소설 한 권에서 목격했다. 그건 놀랍도록 생생한 '불의의 실습 교재'였다. 그 순간부터 그는 읽기 시작했다. 정확히 말하면, '해부하기' 시작했다. 책을, 구조를, 자신을.

　《죄와 벌》은 그에게 첫 번째 정치 텍스트였다. 물론 페이지마다 계몽사상이 적혀 있는 것도 아니고, 마르크스의 이름이 튀어나오는 것도 아니다. 하지만 거기엔 '정의란 무엇인가'에 대한 뼈아픈 질문이 있었다. 도덕과 법, 죄와 처벌, 인간과 체제 사이의 간극. 라스콜니코프는 자백하지만, 그는 자백하기 위해 스스로를 버려야 했다. 그리고 그게 가능한 건 소냐가 있었기 때문이었다. 이재명은 말한다. 자신은 라스콜니코프보다 소냐에게 더 많은 빚을 졌다고. 이유는 간단하다. 소냐는 말없이 옳은 일을 하는 사람이다. 그는 정치판에서 그런 사람을 거의 본 적이 없었다. 그래서 그가 되기로 했다.

　그 책을 처음 읽은 시점은, 공장에서 일하게 된 10대 후반이었다.

기름 냄새 나는 손으로 헌책방에서 산, 아니 정확히 말하면 친구에게서 빌린 책이었다. 그 책은 낡았고, 몇 장은 찢어졌고, 연필로 낙서가 되어 있었으며, 묘하게 냄새가 났다. 하지만 그 냄새는 정작 현실보다 덜 고통스러웠다. 책장을 넘길 때마다 등장하는 '죄의 정당화'와 '벌의 필요성'은, 그에게 새로운 감각을 선사했다. 그는 말했다. "읽는 게 아니라, 숨 쉬는 것 같았다. 그 순간 나는, 살고 있다는 느낌이 처음 들었다."

그렇다고 그가 갑자기 시인이 된 건 아니다. 그 감각은 곧 전략이 되었다. 그는 책을 덮고 나서 법을 공부하기로 결심했다. 《죄와 벌》에서 파생된 첫 질문은 "사람은 왜 나쁜 짓을 하는가?"가 아니라, "왜 시스템은 나쁜 짓을 만들어내는가?"였다. 그는 도스토옙스키를 읽고, 마르크스를 공부했고, 루소를 탐독했고, '대한민국 형법'을 분석하기 시작했다. 요컨대, 이 한 권의 문학 작품은 그를 제도와 싸우는 변호사로, 이후에는 제도를 설계하려는 정치인으로 바꿔놓았다.

정치판에서는 《죄와 벌》을 인생 책이라고 말하면 이상하게 보기도 한다. 너무 감성적이거나, 너무 문학적이거나, 혹은 너무 학생 같다는 이유로. 하지만 이재명은 개의치 않는다. 그는 말했다.

"정치는 사람을 다루는 일이다. 그리고 사람은, 죄와 벌로만 움직이는 존재가 아니다. 사람을 이해하지 못하면, 정치를 할 자격도 없다."

이 말을 듣고 누군가는 비웃었지만, 누군가는 울었다. 그리고 그의 정책에서, 말에서, 언어 구조 속에서 '이해의 언어'가 자주 등장하는 이유가 바로 거기에 있다.

《죄와 벌》은 지금도 그의 책장 한쪽에 놓여 있다. 낡고, 닳고, 읽을수록 낯설어지는 그 책. 그 안에는 피 묻은 도끼보다 무서운 것들이 있다. 침묵, 눈물, 체념, 자기합리화. 그리고 무엇보다 무서운 건, 그런 것들에 익숙해진 사람들의 얼굴이다. 이재명은 그걸 가장 두려워한다. 그래서 그는 지금도 싸운다. 말로, 제도로, 글로.

그러니 다시 묻자. 이재명의 인생을 바꾼 단 한 권의 책은 무엇인가?
《죄와 벌》.
그는 그 책을 읽고 정치인이 되었다. 아니, 정확히 말하면, 그 책을 읽고 인간을 다시 믿게 되었다.

006

이재명은 책을 어떻게 읽는가?

독서를 '취미'로 말하는 사람은 많다. 독서를 '힐링'으로 포장하는 사람도 많다. 그러나 이재명에게 독서는 그 어떤 미화도 붙지 않는 단어였다. 그것은 생존의 기술이었고, 전투의 훈련이었으며, 논리의 무기고였다. 쉽게 말해, 그는 책을 읽는 게 아니라, 해체하고, 갈아 끼우고, 현실에 적용한다. 마치 고장난 기계를 분해하고 다시 조립 하듯이.

그의 독서법은 '문장 감상'이나 '지적 산책'과는 거리가 멀다. 이재 명은 글을 읽고 감동하는 대신, 구조를 본다. 왜 이 글은 이렇게 서 술되었는가, 왜 그 저자는 저 단어를 썼는가, 그리고 이 문장은 한국 사회의 현실과 어떤 접점을 가지는가. 그에게 책은 정적인 텍스트가 아니다. 책은 질문의 생산기이고, 논리의 실험장이며, 현실 투쟁을 위한 시뮬레이터다.

예를 들어, 누군가는 《국가란 무엇인가》를 읽고 "좋은 책이네" 하 고 덮지만, 이재명은 그렇게 하지 않는다. 그는 그 문장을 가지고 행 정 문서의 논리를 바꾼다. '국가는 국민의 삶을 보장할 의무가 있다' 는 한 줄을 현실에서 '기본소득'으로 번역하고, '사회계약'이라는 단어를 예산안에다 새긴다. 그는 인용하기 위해 읽지 않고, 바꾸기 위해 읽는다.

그가 가장 자주 하는 독서 방식은 '문제 중심 독서'다. 그날그날 세상이 안고 있는 문제, 자신이 고민하는 행정적 딜레마, 또는 정책 설계의 단서를 책에서 찾는다. 그 책이 철학책이든, 경제학이든, 혹은 러시아 소설이든 상관없다. 오히려 그는 '한 분야에만 갇히는 독서'를 경계한다. 이재명의 독서는 직선이 아니라 망이다. 엮고, 비교하고, 연결하고, 비틀고, 해체한다.

책을 읽을 때 그는 '완독'을 목표로 삼지 않는다. 필요한 부분을 집중적으로 파고든다. 어떤 사람들은 이를 '편식 독서'라고 말하지만, 그는 그런 비판에 아랑곳하지 않는다. 오히려 그는 말한다.

"중요한 건 책 전체가 아니라, 나한테 필요한 한 문장이다."

그 한 문장을 찾기 위해 백 쪽을 넘기고, 딱 한 줄을 손에 쥔다. 그리고 그 한 줄이 누군가에게는 영혼 없는 명언이지만, 그에겐 입법안이 되고 예산안이 되고 말이 된다.

그는 책을 읽으며 밑줄을 긋지 않는다. 대신 머리로 기억하고, 일상에서 반복한다. 때로는 강연이나 회의 자리에서 그 문장을 말로 꺼낸다. 무심한 척 인용하지만, 사실은 치밀하게 준비된 공격이다. 누군가는 그 말을 듣고 감탄하고, 누군가는 뜨끔해진다. 독서가 뇌의 근육을 만들고, 그 근육이 입의 근육으로 이어지는 과정. 이재명은 그걸 알고 있다.

그의 독서에는 정서적 여유란 게 없다. 감탄도, 감동도 잠깐이면 끝이다. 중요한 건 이 문장이 무엇을 증명할 수 있는가, 이 문장이 지금 싸우고 있는 현실에 어떤 위력을 발휘하는가다. 그래서 그의 책장은 '문학 소년의 자취'보다 '정치 설계자의 설계도'에 가깝다. 소설책 옆에 헌법, 경제학 서적 옆에 도시행정 매뉴얼, 고전철학 옆에 복지통계 연보가 꽂혀 있는 이상한 혼종의 서가. 그 안이 이재명이다.

정치가 구호와 이미지로 작동되는 시대에, 그는 읽는다. 말보다 읽기를 먼저 했고, 주먹보다 문장을 먼저 꺼냈다. 그리고 그 문장은 늘 현실을 향해 있었고, 상대를 향해 있었다. 그는 말한다.
"나는 책을 읽어서 말이 길어졌다기보다는, 싸움이 많아져서 책을 더 읽게 됐다."
기가 막힌 역전이다. 독서가 그에게서 '피할 수 없었던 방어기제'가 아니라, '공격을 위한 전략적 전제'로 작동한 것이다.

결론은 이렇다. 이재명은 책을 읽는 게 아니다. 책으로 싸운다. 그리고 싸우기 위해 더 읽는다. 그래서 그의 독서에는 항상 목적이 있다. 그 목적은 단순하지 않다. 기득권 해체, 제도 개편, 사회 재설계. 그런 야심을 품은 자만이 책을, 그렇게 읽을 수 있다.

007

이재명의 독서법은 무엇이 다른가?

독서에는 여러 방식이 있다. 소설을 읽으며 상상의 나래를 펴는 사람, 철학서를 읽으며 머리를 싸매는 사람, 그리고 서가 앞에만 서 있다가 책을 산 뒤 더는 펴지 않는 사람. 그런데 이재명은 그 어느 쪽도 아니다. 그는 책을, 그야말로 '도구'로 읽는다. 공구함에서 드라이버 하나 빼듯, 목숨 걸고 대치 중인 상대의 무장을 해제하기 위해 책에서 문장 하나를 뽑아낸다. 그러니까 독서가 낭만의 영역이 아니라, 실전 전략의 일부다. 이재명식 독서법은 그래서 다르다. 뜯고, 바꾸고, 던진다.

그의 독서법이 가장 다른 점은 바로 '선택적 집중'이다. 세상 모든 책을 다 읽으려는 욕심이 없다. 대신 지금 자기가 겪고 있는 싸움에 필요한 문장을 찾는다. 도시 행정을 두고 논쟁 중이면, 제인 제이콥스(Jane Jacobs)의 《미국 대도시의 죽음과 삶(The Death and Life of Great American Cities)》을 읽고, 기본소득을 설계 중이면 토마 피케티(Thomas Piketty)의 《21세기 자본론》를 다시 펼친다. 그는 책을 한 줄 읽기 위해 백 페이지를 넘기고, 그 한 줄로 정책 하나를 뒤집는다. 흔히 말하는 '두꺼운 책의 반의반만 읽는 인간'이지만, 그 반의반이 전장 전

40

체를 바꾸는 핵심이 된다.

　두 번째 차이는 '논쟁형 독서'다. 그는 책과 싸운다. 감탄하거나 수용하는 대신, 의심하고 반박한다. 마이클 샌델의 《정의란 무엇인가》를 읽고 고개를 끄덕이기보다는, "이건 미국 이야기고, 한국에선 다른 문제가 더 급하다"고 말한다. 그러니 그에겐 고전도 함부로 고전이 아니다. 《군주론》을 읽고도, "이건 귀족정의 잔재"라고 덧붙이고, 《자본론》을 읽고도 "계급의식이 지금 한국에서는 이렇게 구현된다"며 재서술한다. 책을 논리의 공급처로 쓰지 않고, 대화와 대립의 상대로 삼는다.

　세 번째는 '현장투입형 독서'다. 보통 사람들은 책을 읽고 난 뒤 감동을 받는다. 가슴을 치고, 명문장을 밑줄 긋고, SNS에 인증샷을 올린다. **이재명은 다르다. 책에서 읽은 내용을 현실 정책에 바로 반영한다. 그것도 하루 이틀 만에. 이를테면 《정의란 무엇인가》를 읽었다면, 곧장 복지 불균형에 대한 도표를 들고 회의에 들어간다.** 《자본과 이데올로기》를 읽었다면, 곧장 예산안에 항목을 새로 만든다. 책을 읽고 감동하는 것이 아니라, 책을 읽고 즉시 전투에 돌입한다. 말하자면 그는 독서계의 특수부대다.

　네 번째는 '융합형 독서'다. 정치, 행정, 법률, 경제, 철학, 심지어 종교와 문학까지 장르 불문이다. 그의 책장은 광란의 장르 믹스다. 《노동법 판례집》 옆에 《카라마조프가의 형제들》, 《대한민국 예산편

성지침서》옆에《슬픈 열대》,《도시계획론》옆에《감시와 처벌》이 있다. 이조차도 단순한 수집이 아니다. 그는 다양한 분야의 논리를 엮고, 교차하고, 현실에 대응시키는 데 집착한다. 그에겐 '지식 간 충돌'이 익숙하고, 오히려 거기서 창의력이 나온다고 믿는다.

다섯 번째는 '문장 추출형 독서'다. 그는 책 한 권에서 한두 문장을 빼낸다. 하지만 그 한두 문장이 핵심이다. 누군가는 그것을 두루뭉술하게 요약하지만, 그는 그 문장을 명확하게 꺼내 든다. 예를 들면《국가란 무엇인가》에서 "국가는 사회적 약자를 보호할 때 정당성을 갖는다"는 문장을, 그의 기본소득 논리에 바로 끼워 넣는다. 마치 레고 블록을 조립하듯, 문장과 현실을 붙여 만든다. 그러니 책을 한 권 다 읽는 것보다, 그 한 줄이 더 중요하다.

여섯 번째는 '상대 분석형 독서'다. 그는 책을 읽으며 동시에 '상대가 무엇을 읽지 않았는가'를 파악한다. 토론 중에 상대의 논리가 어디서 끊겼는지를 보면, 그가 어떤 책을 안 읽었는지 눈에 보인다고 말한다. 그래서 그의 언변은 유독 날카롭다. 단순히 말을 잘하는 게 아니라, 상대의 빈 구멍을 정확히 찌르는 것이다. 그 감각은 독서에서 나온다. 책을 읽으며 '빈자리'를 찾는 훈련. 말하자면, 그는 독서를 통해 전장을 미리 답사한다.

이재명의 독서법은 단순히 '많이 읽기'가 아니다. 그것은 전략이고, 무기고이며, 실천의 사전 연습장이다. 그는 독서를 통해 정책을 만들고, 싸움을 준비하며, 자신을 증명한다. 그러니 그의 독서법은 다르다. 감동을 위해서가 아니라, 개입하기 위해서. 존경을 위해서가 아니라, 해체하기 위해서. 세상을 바꾸는 독서, 그것이 이재명의 방식이다.

008

이재명이 책에서
배우려는 것은 무엇인가?

이재명은 책을 읽는다. 하지만 배우려는 건 단순한 지식이나 지적 허영 따위가 아니다. 그는 '세상을 읽는 방법'을 배우기 위해 책을 읽는다. 더 정확히 말하자면, 세상이 어떻게 움직이고, 누가 어떤 방식으로 불평등을 만들며, 왜 어떤 사람은 평생 기회조차 얻지 못하는가—그 메커니즘을 파악하기 위해 책을 탐독한다. 그러니 이재명이 책에서 배우려는 것은 '권력의 작동 방식'이다. 누가 어디에서 힘을 얻고, 그 힘은 어떻게 정당화되며, 또 누구는 왜 그 힘의 그늘에서 벗어나지 못하는가.

정치란 구조다. 그리고 구조는 눈에 보이지 않는다. 바로 그때 책이 등장한다. 책은 보이지 않는 구조를 언어로 드러내는 도구다. 이재명은 그런 책을 선호한다. 《자본론》에서 그는 자본의 축적이 어떻게 착취를 전제로 하는지를 읽었고, 《감시와 처벌》에선 권력이 작동하는 방식의 섬세한 기술을 배웠다. 《군주론》에선 권력이 유지되기 위한 냉혹한 계산법을 읽었고, 《국가란 무엇인가》에선 국가의 존재 이유를 추적했다. 그는 문장을 읽는 것이 아니라, 구조의 설계도를 해독하는 셈이다.

이 점을 그는 연설에서도 여러 번 언급했다. 2021년 더불어민주당 대선 후보 수락 연설에서 그는 "불평등은 태어날 때부터 정해지는 것이 아니라 사회적 설계의 문제"라고 했다. 이재명에게 책은 단순한 지식 축적이 아니라 설계를 위한 밑그림이다. 그는 '설계'라는 단어를 즐겨 쓰며, "약자와 소외된 자들의 권리를 설계하는 일"이 정치라고 말한다. 예컨대 '기본소득'이라는 개념은 단순한 복지정책이 아니라, 자본주의 구조에 대한 반론이다. 공정과 정의를 말할 때, 그의 언어는 늘 '구조'에서 출발한다. 왜 어떤 아이는 태어날 때부터 경쟁에서 밀리는가? 왜 부모의 자산이 인생의 출발선을 나눠버리는가? 그는 이런 질문을 책에서 읽고, 현실에서 대답하려 한다.

또 하나. 그는 책에서 '말의 힘'을 배운다. 이재명은 언어를 전략적으로 사용하는 정치인이다. 그의 말은 짧고, 직선적이며, 종종 거칠다. 하지만 그 안에는 구조 분석의 결과가 담겨 있다. 그는 말한다.

"이건 국민 약탈이다."

그의 대표적인 발언 중 하나다. 이 말이 효과적인 이유는, 단어가 직설적이어서가 아니라, 이미 책에서 학습된 구조 인식이 내장되어 있기 때문이다. 그는 《군주론》에서 배운 권력자의 언어 전략을 현실에 적용하며, 《감시와 처벌》에서 배운 권력의 언어화를 자기 것으로 소화했다.

2022년 대선 후보 TV 토론에서도 그는 복잡한 경제 문제를 설명하면서 "복잡하게 생각할 필요 없다, 돈은 위에서 아래로 흐르는 게 아니라 아래에서 순환돼야 한다"고 정리하며, 경제 불평등 구조를 간명하게 압축했다. 이것이 바로 책으로부터 얻은 말의 전략이다.

이재명이 책에서 배우려는 것은 또 있다. 바로 '사람에 대한 이해'다. 그는 인간을 낭만적으로 보지 않는다. 인간은 약하고, 비겁하고, 쉽게 동조하며, 때로는 잔인하다. 그런 인간 군상의 본질은 문학에서 배운다. 도스토옙스키, 카프카, 조지 오웰, 알베르 카뮈. 이들의 작품 속에서 그는 인간이라는 시스템의 오류를 본다. 실제로 그는 어느 인터뷰에서 "도스토옙스키의 인물들은 선과 악의 경계가 모호하다. 인간이란 본디 약한 존재이며, 제도의 실패는 곧 인간의 비극이다"라고 말한 적 있다. 그래서 그가 말하는 정치란, 인간에 대한 냉정한 이해에서 출발한다. 단순히 도와주겠다는 감정이 아니라, 어떻게 설계해야 사람들이 '구조적으로 도와지게 될 것인가'에 초점을 둔다.

그는 책에서 '지식'보다 '통찰'을 원한다. 지식은 단편적이지만, 통찰은 관통한다. 그는 말한다.

"책 한 권이 세상을 바꾸진 않는다. 하지만 책 한 권에서 배운 통찰이 세상을 뒤집을 수도 있다."

그의 독서는 이 통찰을 위해 존재한다. 단순히 많이 읽는 것이 아니라, 깊이 있게 파악하고, 그것을 언어로 정리하고, 다시 구조로 바꾸고, 현실에 개입시키는 일련의 과정. 실제로 그는 선거 기간 중 정책 공약을 만들 때 책에서 얻은 아이디어를 토론하며 구체적인 법안 초안까지 제안하는 것으로 유명하다. 기자간담회에서는 "책에서 본 것은 현실에서 실험하고 검증하는 것"이라며 정책의 실험 정신을 강조했다.

이재명이 책에서 배우려는 것은 하나다. 세상을 바꾸기 위한 좌표. 구조를 읽고, 사람을 읽고, 권력을 읽고, 그걸 뒤집을 수 있는 말의 설계도를 갖추는 것. 그러니 그의 책장은 도서관이 아니라 전쟁 지도실이고, 그가 고른 문장 하나는 인용구가 아니라 작전명령이다. 이재명이 책에서 배우는 건, 그런 의미에서 '문장'이 아니라 '전술'이다. 그리고 그 전술은 이미 그의 입으로, 정책으로, 토론의 현장으로 쏟아져 나오고 있다. 독서는 그에게 사유의 근거지이자, 싸움의 무기이며, 변화를 위한 가장 믿음직한 연료다.

009

독서는 이재명의 사유를
어떻게 확장시켰는가?

이재명의 사유는 마치 낡은 골목길에서 시작된 전선처럼 얇고 위태롭게 출발했지만, 책이라는 전류가 들어오면서 점점 복잡해지고 고도화되었다. 그는 책을 단순한 지식 축적의 수단으로 보지 않았다. 오히려 책은 그가 세상을 새로 해석하는 언어의 도구였고, 자기 자신을 재구성하는 렌즈였으며, 기존의 권력언어를 해체하고 다시 쓰는 데 필요한 핵심 장비였다. 그는 인터뷰에서 "책이 내게 준 건 새로운 눈이었다. 남들은 그냥 지나가는 걸, 나는 문제로 볼 수 있게 됐다"고 말한 적 있다.

소년공으로 시작된 그의 삶은 처음부터 구조적 불평등 위에 놓여 있었다. 그런 그가 사유를 넓히고 세계를 해석하는 힘을 얻기 위해 붙잡은 것이 바로 책이다. 그는 책을 통해 '왜 나는 가난한가', '왜 이 고통은 구조적인가', '정의란 무엇인가' 같은 질문을 던졌고, 그 질문은 단순한 푸념을 넘어선 정치적 사고의 시발점이 되었다. 대선 후보 시절 토론회에서 그는 "저는 책에서 우리 사회의 병리를 배웠습니다. 제가 겪은 가난이 개인의 무능이 아니라 사회 구조의 문제라는 것을 깨달았죠"라고 언급하며, 책이 그의 사유를 확장하는 결정적 계기였음을 드러냈다.

그는 처음부터 정치철학이나 사회과학의 고전을 접한 것이 아니었다. 오히려 법학 입문서, 역사 교양서, 실용 경제서 같은 현실 밀착형 책들이 그의 사고를 견인했다. 청년 시절 공장 일과 법률 자격증 공부를 병행하면서 그는 실용적 지식을 접하고 이로부터 출발했다. 하지만 그 과정에서 자연스럽게《정의란 무엇인가》,《자본과 이데올로기》같은 고전적 사유의 책들로 이동해 갔다. 이 책들은 그가 지지하던 감정적 분노를 이론적 언어로 변환해 주었고, 단순한 '옳고 그름'의 판단을 넘어선 정책적 전략과 이념적 정합성으로 확장해 주었다.

그는 한 강연에서 이렇게 말했다.
"읽으면 화가 납니다. 그런데 그 화가 정책이 됩니다."
이재명은 책을 읽으며 '복지'를 단순한 시혜가 아닌 사회구조 재설계의 철학적 원리로 받아들였다. 마이클 샌델의 정의론이나 롤스의 공정성 개념은 그의 정책 언어에서 쉽게 읽힌다. 그는 연설에서 "우리가 복지를 하는 건 불쌍해서가 아닙니다. 인간으로서의 존엄과 기회를 보장하는 것입니다"라고 말하며, 복지를 온정주의가 아니라 구조적 정의의 문제로 접근했다. 그러나 그는 그것을 장식처럼 들이밀지 않는다. 오히려 이론을 생활 속으로 끌어내리는 방식으로 정치에 녹여낸다. 그의 대표적 정책인 기본소득과 지역화폐는 이런 독서의 결과물이다. "부의 편중을 막으려면 순환 구조를 만들어야 한다"는 그의 발언은 피케티와 스티글리츠를 비롯한 경제학자들의 논의를 바탕으로 한다.

독서는 그에게 '사람'을 다시 보게 만들었다. 그는 문학과 철학을 통해 인간의 감정, 고통, 불안, 희망이라는 비정치적 요소들을 정치의 언어로 끌어올리는 법을 배웠다. 그는 《소년이 온다》를 읽고 광주의 아픔이 역사적 사건이 아니라 지금도 남아 있는 상처임을 깨달았고, 《죽음의 수용소에서》를 통해 절망 속에서도 존엄을 지킬 수 있는 인간의 태도를 배웠다.

빅터 프랭클의 《죽음의 수용소에서》는 작가 자신이 나치의 아우슈비츠 수용소에서 겪은 참혹한 경험을 바탕으로 쓴 기록이자, 인간 존재의 의미를 탐구하는 심리학적 성찰이다. 정신과 의사였던 프랭클은 아우슈비츠에서 생존하면서 극한 상황 속에서도 인간이 의미를 찾고 삶의 이유를 발견할 수 있음을 증언한다.

이재명은 한 인터뷰에서 "사람을 이해하지 못하면 정책은 실패한다"고 했고, "한 사람의 고통이 국가의 책임"이라고 반복해서 강조했다.

이재명의 사유 확장은 책이라는 외부 언어를 자기 내면의 언어로 전환시키는 과정이었으며, 그것은 곧 정치라는 공적 언어로 다시 번역되었다. 그는 책에서 배운 것을 단순히 앎으로 끝내지 않고, 구체적인 정책으로 구현했다. 청년수당, 무상급식, 무상교복 같은 정책은 그가 책을 통해 배운 '존엄성의 정치'를 생활정치로 구현한 사례다. 그가 독서를 통해 얻은 것은 지식이 아니라 설명력 있는 공감이고, 공감이 정치로 이어졌을 때 비로소 그의 독서는 완성된다.

이재명은 말한다.

"나는 책으로 사람을 배웠고, 사람을 통해 정치를 배웠다."

그 말은 다소 감상적으로 들릴 수 있으나, 실은 냉정한 자기 고백이다. 그의 사유는 책이 던진 질문들 덕분에 단단해졌고, 그 질문들이 다시 그의 정치 언어가 되었으며, 그 정치 언어는 오늘날 우리가 살아가는 세계를 설명하는 데 쓰이고 있다. 그는 후보 수락 연설에서 "배운다는 건 세상을 이해하는 것, 세상을 이해해야 세상을 바꾼다"고 말했다.

책이 없었다면, 그의 정치도 없었다. 책을 읽는다는 건, 그에게 있어 사유를 확장하는 일이자, 사람을 지키는 기술을 배우는 일이었다. 더불어 그는 말한다.

"정치는 인간에 대한 이해다. 책을 읽지 않으면 사람을 모른다. 사람을 모르면 정치는 실패한다."

이 말이야말로 이재명이 책을 통해 어떻게 사유를 확장했는지를 가장 간명하게 요약하는 증거일 것이다.

010

이재명은 책을 통해
어떤 인간이 되고자 했는가?

이재명은 책을 통해 '유식한 사람'이 되려 하지 않았다. 그가 바란 것은 단 한 가지, '사람 냄새 나는 인간'이 되는 것이었다.

누군가에게 책은 출세의 사다리였고, 또 누군가에게는 고상한 취미였으며, 어떤 이에게는 교양 과시용 무기였지만, 그에게 책은 사람을 이해하기 위한 도구였고, 사람을 위해 싸우기 위한 무기였으며, 무너져도 다시 일어설 수 있게 해주는 뼈대이자 숨구멍이었다.

그가 되고자 한 인간은 지식인도, 엘리트도 아니었다. 정의 앞에서 머뭇거리지 않고, 고통 앞에서 외면하지 않으며, 불의 앞에서 침묵하지 않는 인간. 책이 없었다면, 그는 자신이 그런 사람이 될 수 없었을 거라고 했다. 책이 그에게 가르쳐 준 건 '답'이 아니라 '태도'였고, '지식'이 아니라 '시선'이었다.

그는 말한다.

"책은 나를 단단하게 만들지 않았다. 오히려 더 예민하게, 더 섬세하게, 더 느끼기 쉽게 만들었다. 그 덕분에 나는 고통을 외면하지 못하게 되었고, 불공정을 모른 척할 수 없게 되었다."

그는 그렇게 공감하는 인간, 흔들리는 인간, 끝까지 책임지는 인간이 되고자 했다. 그는 《죽음의 수용소에서》를 통해 절망 속에서 존엄을 지키는 법을 배웠고, 《정의란 무엇인가》를 읽으며 무엇이 옳은지를 고민하는 인간이 되기 시작했으며, 《자본과 이데올로기》 속에서 구조적 불평등의 숨은 메커니즘을 들여다보며 그것을 바꾸기 위해 행동하는 인간으로 거듭났다.

책은 그에게 단순한 '읽기'가 아니라 '사람이 되어가는 길'이었다. 그는 책을 통해 '너'와 '나'를 구분하지 않는 인간이 되기를 원했다. 책은 경계와 구획을 지우는 작업이었다. 지지자와 반대자, 도시와 시골, 엘리트와 서민, 이분법으로 나뉜 세계를 다시 통합하는 일. 그는 그 일을 하기 위해, 먼저 '사람'에 집중하는 인간이 되려고 했다. 그가 되고자 한 인간은, 원칙을 가졌으되 유연한 사람. 싸우되 미워하지 않는 사람. 이기더라도 포용할 줄 아는 사람. 그리고 무엇보다 끝까지 책임지는 사람. 그런 인간의 설계도가 그의 책장 속에 있었다.

그는 말했다.
"나는 책을 통해 내가 어떤 인간이었는지를 잊지 않게 되었다. 그리고 어떤 인간이 되고 싶은지도, 잊지 않게 되었다."
그 문장에는 힘이 있었다.
왜냐하면 그는 실제로 그렇게 살아가려 했고, 그 선택이 늘 간단하지 않았기 때문이다.

이재명은 책을 통해 사람을 위로하는 인간이 되려 했고, 사람의 고통을 기억하는 인간이 되려 했으며, 사람 앞에서 부끄럽지 않은 인간이 되기를 바랐다.

그는 지식인이 아니라 '생각하는 시민'을 꿈꿨고, 정치인이 아니라 '책임지는 사람'이 되고자 했다. 책을 통해 그는 나보다 '우리'를 말하는 사람, 나를 위해서가 아니라 '누군가를 위해 살아가는 사람'이 되기를 바랐다. 이것이 이재명이 책을 통해 지향한 인간상이다. 그것은 화려하지도, 간명하지도 않다. 하지만 가장 어려운 인간형이다.

세상이 필요로 하지만, 쉽게 흉내 낼 수 없는 인간. 책이 길러낸, 단단하지만 부드러운 인간. 이재명은 그런 사람이 되고자, 오늘도 책을 펼친다.

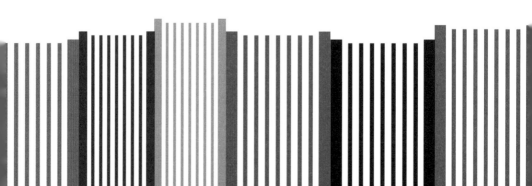

이재명의 정치철학은
어디에서 왔는가

제2부 〈이재명의 정치철학은 어디에서 왔는가〉는 이재명이 현실정치의 치열한 전
선에서 어떤 사유의 기반으로 움직였는지를 추적한다. 고단한 유소년기의 생존감
각, 도스토옙스키와 마키아벨리를 넘나드는 독서, 그리고 불공정한 구조에 대한
본능적 분노가 그의 정치철학을 구성하는 세 기둥이다.

이 장에서는 단순한 좌우 이념 구도를 넘어서, 그가 지향하는 '현실 개입형 정의'
의 철학이 어떤 책과 체험에서 비롯되었는지를 구체적으로 살핀다. 질문은 이렇
다 – 이재명은 무엇을 믿고 싸우는가?

011/

이재명의 '공정' 철학은
어떤 책에서 비롯되었는가?

이재명의 '공정'은 누구나 쓰는 진부한 단어가 아니다. 그의 공정은 피부 아래서 끓어오른, 생존의 언어이자 절박한 신념이다. 슬로건으로 치장한 공정이 아니라, 뼈와 살로 겪은 불공정이 빚어낸 한 인간의 철학이다. 그는 태생적으로 기울어진 출발선에서 출발했고, 그 비틀린 레이스의 트랙을 맨발로 달리며 '공정'이라는 개념을 현실로부터 추출했다. 그리고 그 개념을 이론으로 정리하고 사유로 체계화하는 데 결정적인 역할을 한 책들이 있다. 바로 마이클 샌델의 《정의란 무엇인가》, 존 롤스의 《정의론》, 그리고 토마 피케티의 《21세기 자본》이다. 이재명은 생존의 몸부림 끝에서 이 책들을 만났고, 책 속에서 발견한 철학을 자신의 삶과 정책에 심어냈다.

먼저, 샌델의 《정의란 무엇인가》는 이재명의 공정 철학에 날것의 현실감을 불어넣었다. 샌델은 단순한 '기회의 균등'을 넘어 '결과의 책임'과 '공동체의 윤리'를 강조했다. 이재명은 그 핵심을 놓치지 않았다. 어린 시절 그의 가족은 국가의 보호망에서 멀찍이 벗어나 있었다.

이재명은 프레스 기계에 손목이 끼이는 사고를 당했지만, 의료 지원은커녕 "이 정도쯤이야" 하며 방치됐던 시절이었다. 심지어 청소부 일을 하던 여동생은 새벽 청소를 하다 과로사로 세상을 떠났다.

샌델이 강조한 "공정한 경쟁은 출발선이 공정해야 한다"는 명제는, 그가 이 세상을 바라보는 눈과 완벽하게 맞아떨어졌다. 그는 실제로 성남시장 시절 청년배당과 무상복지 정책을 통해 샌델의 논리를 현실로 옮겼다.

"능력주의 사회에서 패배한 이들에게 '네 잘못'이라 말하지 않는 것, 그게 공정이다."

그는 그렇게 샌델의 사상을 정책의 언어로 번역했다.

존 롤스의 《정의론》은 이재명의 공정 철학에 굳건한 기초를 제공했다. 특히 롤스가 제시한 '무지의 베일'은 그에게 사유의 지평을 확장 시키는 열쇠였다. 그는 자주 말한다.

"모든 제도는 내가 사회적 약자로 태어날지도 모른다는 전제로 설계돼야 한다."

바로 이 사고방식은, 청년·노인·장애인 등 약자층에 선제적으로 지원하는 그의 정책들에 고스란히 반영되어 있다.

경기도지사 시절 추진한 무상교복 정책은 그 구체적인 사례다. 단순히 학부모들의 부담을 덜겠다는 차원이 아니라, '태어난 환경이 아이들의 출발선이 되어서는 안 된다'는 철학이 녹아든 것이었다. 그는 제도의 설계 단계부터 약자의 관점에서 출발했다. 법이 정당한

지를 따지기 전에 그 법이 만들어내는 현실이 과연 정당한가를 먼저 묻는 자세. 그것이 바로 롤스가 강조한 '정의'였고, 이재명이 살아가는 방식이었다.

토마 피케티의 《21세기 자본》은 이재명의 공정 담론에 '분배의 과학'을 더했다. 피케티가 제시한 "r 〉 g", 즉 자본 수익률이 경제성장률보다 높으면 불평등이 심화된다는 이론은 이재명에게 깊은 울림을 주었다. 한국 사회의 부동산 시장이 대표적이다. 자산을 소유한 소수는 가만히 앉아 부를 증식하는 반면, 무주택 청년들은 아무리 일해도 자산 형성이 불가능한 현실. 이재명은 피케티의 분석을 통해 이러한 구조적 병폐를 꿰뚫었고, 이를 타개하기 위한 기본소득, 기본주택, 지역화폐 정책들을 설계했다. 경기 지역화폐 정책은 지역 내 소비를 촉진하면서도 자본이 외부로 빠져나가지 않도록 설계된 '공정 경제 실험'이었다. 그는 피케티로부터 통계와 데이터의 냉정함을 빌려와 한국 사회의 기울어진 운동장을 바로잡는 데 활용했다.

이재명은 그저 책상머리에서 이 이론들을 곱씹은 것이 아니다. 그는 자신의 소년공 시절 땀에 전 작업복 속에 샌델의 공동체론을, 롤스의 정의론을, 피케티의 분배론을 접목했다. 그의 공정은 도덕적 수사나 정치적 슬로건이 아니라, 자신이 몸으로 겪은 불공정과의 전쟁터에서 길어 올린 실전 매뉴얼이었다. 그래서 그의 공정은 선언이 아니라 실천이다. 책을 읽기만 하는 게 아니라, 그 책을 삶 속에서 '살아낸다.'

이재명은 특히 불평등과 공정에 관한 책을 다독한 것으로도 유명하다. 그는 선거 때마다 청년, 여성, 노동자의 관점에서 추천도서를 언급했고, 후보 시절 "공정은 단지 도덕이 아니라 국가의 생존 전략이다"라고 밝히기도 했다. 그가 외치는 공정은 이 한 문장으로 귀결된다.

"모두가 같은 높이의 사다리를 오르길 원한다면, 누군가는 먼저 땅을 평평하게 다져야 한다. 나는 그 일부터 하겠다."

그것이 바로 이재명이 책에서 얻은 가장 실전적이고 치열한 정의다.

012

정의에 대한 그의 관점은
누구의 영향을 받았는가?

이재명의 정의관은 단순히 법률 교과서에서 나온 정답이 아니다. 그것은 부당함을 경험한 사람만이 갖는 생존의 윤리에서 출발하여, 철학과 정치경제학, 현실정치의 언어로 점차 확장된 다층적 관점이다. 그는 스스로 말한다.

"나는 정의를 배운 게 아니라, 불의로부터 정의를 느꼈다."

그랬기 때문에 그의 정의론은 머리에서 시작된 것이 아니라 몸에서 시작되었고, 그 뒤에야 머리로 올라갔다.

그의 정의관에 이론적 방향성을 제공한 첫 번째 인물은 존 롤스다. 롤스는 《정의론》을 통해 '공정으로서의 정의(justice as fairness)'라는 개념을 세웠고, 이재명은 이 이론을 정치적 사고의 핵심 기둥으로 받아들였다. 존 롤스의 《정의론》은 현대 정치철학에서 가장 영향력 있는 책 중 하나로, 공정한 사회를 위한 정의의 원칙을 철학적으로 제시하는 작품이다. 롤스는 자유주의 전통을 계승하면서도 이를 재구성하여 정의를 "공정으로서의 정의(Justice as Fairness)"라는 개념으로 정립한다.

그는 사회 제도가 불가피하게 사람들에게 혜택과 부담을 나누어 주는 만큼, 그 분배가 정당하려면 모든 사람이 동의할 수 있는 원칙에 따라야 한다고 주장한다. 특히 '무지의 베일(veil of ignorance)'이라는 사유 실험은 그에게 강한 인식의 전환을 안겨줬다.

"당신이 사회의 어느 계층으로 태어날지 모른다면, 어떤 제도를 선택하겠는가?"

이 질문은 단순한 철학적 연습이 아니라, 이재명의 정책 구상에서 '가장 약한 자의 눈으로 제도를 설계하는 원칙'으로 실현된다.

기본소득, 기본주택, 무상복지…. 이 모든 기획은 "불공정한 출발선을 평평하게 하자"는 롤스적 정의의 구체화다. 하지만 이재명의 정의는 롤스적 이상주의에만 머물지 않는다.

그의 현실 감각은 마이클 샌델에게서도 영향을 받았다. 샌델은 《정의란 무엇인가》에서 공리주의, 자유주의, 공동체주의를 넘나들며 "정의란 단순히 차를 따르는 것이 아니라, '무엇이 도덕적으로 옳은가'를 끊임없이 묻는 일"이라고 말한다.

이재명은 이 관점을 정책과 리더십에 이식했다. 그는 법적 정당성보다 '정서적 정당성', 즉 '사람들이 체감하는 정의'를 더 중시한다. 그래서 그는 "법대로 했지만 불공정한 결과"에 민감하게 반응하고, 정치란 "무엇이 옳은지를 실천하는 기술"이어야 한다고 믿는다.

여기에 더해, 이재명의 정의관은 카를 마르크스의 구조적 불평등 비판으로 뿌리를 내리고 있다. 물론 그는 마르크스주의자가 아니지만, 자본주의 시스템이 만들어내는 '제도화된 불의', 즉 부의 세습과 소수의 독점, 사회 이동성의 실종 등을 가장 민감하게 포착하는 데 있어 마르크스의 프레임을 적극 차용한다. 그는 마르크스가 말한 '소외' 개념에 주목했고, "노동자가 자신의 삶을 통제하지 못하는 현실이야말로 정의가 사라진 사회의 전형"이라고 본다.

그래서 그의 정책은 언제나 "사람이 중심이다"라는 슬로건을 유지하며, '사람의 존엄을 지키는 정치'를 추구한다.

여기에 철학자 한나 아렌트(Hannah Arendt)의 영향도 빼놓을 수 없다. 그녀는 전체주의 비판과 더불어 '악의 평범성(Banality of Evil)'이라는 개념을 통해 "생각하지 않는 태도, 관성에 기대는 정치가 가장 큰 불의를 낳는다"고 경고했다.

이재명은 행정가에서 정치인으로 진입하면서 "시스템 안의 기계가 되지 않기 위해, 끊임없이 의심하고 질문하겠다"고 선언했는데, 이는 곧 아렌트적 자각을 정치 실천으로 옮긴 것이다.

요컨대 이재명의 정의관은 네 방향에서 영향을 받았다. 롤스로부터 제도적 공정성의 기준을, 샌델로부터 도덕적 판단의 용기를, 마르크스로부터 구조적 불평등에 대한 감각을, 아렌트로부터 권력에 대한 의심과 개인의 책임을. 하지만 이 모든 영향 위에 놓인 바탕은 단 하나다.

변호사 사무소를 개업한 뒤, 성남에 있던 종합병원 두 곳이 폐업하자 이재명은 성남시립병원설립추진위원회 공동대표로 활동하며 성남시민들과 함께 성남시립병원 설립 운동을 시작했다. 하지만 당시 한나라당이 장악한 시의회는 최초의 주민 발의 조례를 단 47초만에 날치기로 부결해 버렸다. 이에 이재명은 방청하던 시민들과 함께 항의하다가 특수공무집행방해 죄로 수배됐다. 그 뒤로 이재명은 사회운동만으로는 세상을 바꿀 수 없다는 것을 깨닫고 정치에 입문하기로 결심했다고 한다.

"살면서 경험한 불의에 대한 생생한 기억."

그 기억이 있기에, 그는 지금도 정의를 외운다기보다, 정의에 매달린다. 정의는 그에게 멋진 언어가 아니라, 싸워야만 얻을 수 있는 생존의 조건이었다.

그리고 그 싸움은 지금도 계속되고 있다.

013

이재명의 복지 철학은
어떤 이론에서 출발했는가?

이재명의 복지 철학은 그가 어린 시절부터 겪은 구조적 결핍, 불평등의 실체, 제도의 무능력에 대한 뼈아픈 기억에서 출발하며, 이를 지탱해준 수많은 사상과 책들을 통해 이론적 골격을 갖추게 된다. 그는 복지를 단지 가난한 사람을 돕는 프로그램이 아니라, 존엄을 가능하게 하는 최소한의 사회적 설계이자, 국가라는 존재가 정당성을 갖기 위한 필요조건으로 본다. 그의 복지 철학은 추상적 개념이 아니라 생존을 위한 필요였고, 동시에 사회를 바꾸기 위한 전략이기도 했다.

그가 처음 복지의 의미를 되짚게 된 계기는 아주 현실적이었다. 한쪽 다리를 잃은 형이 아무런 치료 혜택을 받지 못하고, 가족은 가난에 짓눌리며, 자신은 산업재해를 입고도 법적 보호를 받지 못한 채 버려졌을 때, 그는 분노했다. 그 분노는 단지 개인적 감정이 아니라, 시스템에 대한 의문으로 번져갔고, 그는 책 속에서 그 해답의 실마리를 찾기 시작했다. "사회는 왜 존재하며, 국가는 누구를 보호해야 하는가, 사람의 존엄은 어떻게 유지되어야 하는가"라는 질문들이

64

그에게 복지를 단순한 재분배가 아닌 인간 조건의 전제조건으로 이해하도록 만들었다.

이론적으로 그는 존 롤스의 《정의론》에 영향을 받았다. 특히 가장 불리한 사람들에게 유리한 방식으로 제도를 설계해야 한다는 '차등의 원칙'은 그의 정책 방향에 뚜렷한 흔적을 남긴다. 하지만 그는 단지 정의론을 인용하지 않는다. 그는 그 원칙을 행정 현장에 끌고 들어와 구체적 설계로 전환시킨다. 인도의 노벨경제학상 수상자 아마르티아 센(Amartya Kumar Sen)의 역량(capability) 이론도 중요한 축을 이룬다. 센이 《불평등의 재검토》에서 단순히 자원을 배분하는 것이 아니라, 사람이 스스로 삶을 선택할 수 있는 능력을 갖게 해야 한다고 강조한 이 철학은, 청년배당이나 기본소득 실험으로 이어지며 실제 정책으로 구체화된다.

경제적으로는 피케티의 《21세기 자본》에서 본 자산 불평등의 장기적 악화 가능성, 마르크스의 《자본론》에서 구조적으로 착취되는 노동자들의 현실 인식이 그의 시야를 넓혀준다. 그는 복지를 단지 가난한 사람을 위한 일시적 지원책으로 보지 않고, 자본주의가 만들어낸 불평등 구조를 완화하고 민주주의를 유지하기 위한 사회적 안전망으로 인식한다. 그래서 복지는 그에게 도덕이 아니라 구조의 문제이고, 선택이 아니라 전제이다.

현실에서 그는 성남시장 시절 청년배당을 통해, 경기도지사 시절 지역화폐와 농민기본소득을 통해, 대통령 후보 시절에는 기본소득형 국토보유세 구상을 통해, 자신의 복지 철학을 실험하고 제도화하려 했다. 그는 복지를 단지 급여의 형태로 전달하는 데 그치지 않고, 수혜자의 존엄을 지키기 위해 낙인을 제거하고 보편성을 추구하는 방향으로 정책을 설계했다. 사람들에게 조건을 묻지 않고, 서류를 요구하지 않으며, '당신이 존재하므로 우리는 당신을 지원한다'는 신호를 전달하는 정책. 그것이 이재명이 설계한 복지의 형태였다.

그는 복지를 비용으로 보지 않았다. 오히려 그는 복지를 사회적 투자로 여겼고, 그 수익은 공동체의 안정성과 미래의 지속가능성에서 회수된다고 믿었다. 복지에 들어가는 예산이 단지 그 해의 회계상의 부담이 아니라, 장기적으로 사회의 통합과 경제 순환을 촉진하는 순환 장치로 기능해야 한다는 생각은, 단기성과에 목매는 전통적 정치 문법과는 다른 관점을 보여준다.

이재명의 복지 철학은 여러 이론과 현실이 맞물리며 형성된 혼합물이다. 그는 샌델의 공동체주의, 롤스의 정의론, 센의 역량 이론, 피케티와 마르크스의 자본 분석을 참고하되, 결코 그것에 머물지 않았다. 그 이론들을 독해하고, 현실에 접목하며, 실험을 거쳐 제도로 전환하는 데 집중했다. 이론을 반복하는 자가 아니라, 이론을 실행한 사람. 복지를 말하는 정치인은 많지만, 복지를 그리는 정치인, 복지를 설계하고 다듬는 정치인은 드물다. 이재명은 바로 그 드문 사례로, 그의 복지 철학은 여전히 우리 사회가 어떤 사회가 되어야 하는지를 묻고 있다.

014

자유주의와 평등주의,
그는 어디에 서 있는가?

이재명의 정치 철학을 구성하는 핵심축 중 하나는 자유주의와 평등주의 사이의 균형 문제다. 흔히 이 두 사조는 상호 대립하는 것으로 이해된다. 자유주의는 개인의 선택과 시장의 자율성을 강조하고, 평등주의는 구조적 불균형과 사회적 약자의 보호를 중시한다. 그러나 이재명은 이 양극 중 어느 하나에 일방적으로 기울지 않는다. 그는 둘 사이의 긴장을 감싸안고, 현실을 향해 나아가는 전략적 사유와 실천의 입장에서 선다.

그는 자유를 소중히 여긴다. 하지만 그 자유가 누구에게나 동일하게 작동하지 않는다는 것을 너무도 잘 안다. 자신의 출발선은 다른 이들과 달랐다. 가난한 집안에서 태어나 공부는커녕 노동부터 시작했던 그는, 자유란 선택의 여지가 아니라 선택의 불균형에서 파생된 허상이라는 걸 체감하며 자랐다. 그래서 그는 자유라는 단어가 현실에서 실질적으로 작동하려면 반드시 평등이라는 기반 위에 놓여야 한다고 본다.

하지만 그는 또다시 평등주의의 함정도 경계한다. 모든 것을 평등하게 나누겠다는 선언은 그럴듯해 보이지만, 때로는 자율성과 다양성을 억압하는 결과를 낳기도 한다. 이재명은 자신이 추구하는 평등이 절대적 균일성이 아니라, 차이와 다양성을 존중하면서도 출발선의 형평성을 보장하는 방향이어야 한다고 말한다. 그가 지향하는 것은 기계적 평등이 아닌, 조건의 평등이다. 즉, 누구나 기회를 가질 수 있는 환경을 만드는 것이 목표이지, 결과의 동일성을 강요하는 것이 아니다.

그의 대표 정책인 기본소득은 이 철학의 응축된 표현이다. 최소한의 경제적 기반이 보장되어야 비로소 자유가 의미를 갖는다. 하루하루 생존이 걸린 사람에게 자유란 허상이다. 그래서 그는 말한다.

"기본소득은 평등을 위한 수단이 아니라 자유를 위한 최소한의 조건이다."

기본소득은 누군가를 도와주기 위한 기부가 아니라, 누구든 자유롭게 살아갈 수 있도록 사회가 보장하는 하나의 기초설계다.

정치적 제도 설계에 있어서도 그는 자유주의와 평등주의의 충돌을 조율하려 한다. 보편 복지와 선별 복지를 이분법적으로 보지 않고, 상황에 따라 최적의 조합을 모색한다. 모두에게 제공할 때 낙인을 피할 수 있다면 보편 복지를, 더 급한 이들에게 집중 지원이 필요할 땐 선별 복지를 택한다. 그는 이상에 갇힌 원칙주의자가 아니다. 필요에 따라 균형을 조절하는 현실주의자이자 설계자다.

철학적으로 보면 그는 존 롤스의 정의론, 특히 '차등의 원칙'을 매우 실천적으로 해석한다. 불평등이 존재하더라도, 그것이 가장 불리한 이들에게 이익이 될 수 있는 방식이라면 정당화될 수 있다는 관점은, 자유주의와 평등주의의 대립을 구조적으로 해소하는 단서를 제공한다. 이재명은 바로 그 원칙을 행정 현장에 도입해, 실질적인 정책 설계로 발전시켰다.

그가 서 있는 자리는 어정쩡한 중간지대가 아니다. 오히려 양 진영이 회피하는 '현실의 모순 한가운데'다. 자유는 필요하지만, 그 자유가 허상으로 전락하지 않도록 평등의 안전망을 세우고, 평등은 추구하지만, 그것이 개인의 다양성과 자율을 말살하지 않도록 자유의 여지를 열어둔다. 그는 자유를 위한 평등, 평등을 위한 자유를 설계한다.

결론적으로 말하자면, 이재명은 자유주의자도, 평등주의자도 아니다. 그는 그 둘의 대결을 넘어서, 그것을 구조적으로 통합하려는 정치 기술자다. 그가 서 있는 곳은 단순한 이념이 아니라, 사회가 유지되는 데 필요한 조건이 충돌하는 경계선이다. 그는 그 경계에서 균형을 잡고, 설계도를 그리며, 하나의 질문을 던진다.

"누구나 자신의 삶을 선택할 수 있는 사회, 그것이 진짜 자유고, 진짜 평등 아닌가?"

015

'기본소득'에 대한 그의 논리는
어떤 책에서 영향을 받았나?

이재명의 기본소득 철학은 허공에서 뚝 떨어진 돌발 아이디어가
아니다. 그것은 그가 읽어온 수많은 서적 속에서 축적된 사유의 집
합체이며, 현실적 분노와 철학적 사고가 만난 접점이다. 그가 "기본
소득은 복지의 진화형"이라고 말할 때, 그 문장 뒤에는 몇 권의 책이
깊이 뿌리내리고 있다.

가장 핵심적인 지적 토대는 필립 반 파레이스(Philippe Van Parijs)의
《모두에게 실질적인 자유 – 기본소득에 대한 철학적 옹호》이다. 이
책에서 파레이스는 기본소득을 단순한 현금 나눠주기가 아닌, 모든
사람에게 실질적 자유를 보장하기 위한 전제조건으로 설정한다. 즉,
굶지 않기 위해 일하는 것이 아니라, '하고 싶은 일을 선택할 자유'를
보장받기 위한 사회구조로서 기본소득을 제안한다.

《모두에게 실질적인 자유》는 기본소득(UBI, Universal Basic Income)을
단순한 복지정책이 아니라, 자유의 본질을 실현하는 가장 진보적인
수단으로 철학적으로 옹호하는 책이다. 그는 기존 자유주의자들이

70

말하는 "형식적 자유"가 아닌 "실질적 자유(real freedom)"를 주장한다. 즉, 법적으로 보장된 자유만으로는 인간이 진정 자유롭게 살 수 없으며, 경제적 기반이 갖춰져야만 현실에서 자유롭게 선택하고 행동할 수 있다는 것이다. 전통적인 자유주의에서는 "간섭이 없는 상태"가 자유라 하지만, 반 파레이스는 "선택할 수 있는 능력"이 자유의 핵심이라고 본다.

이재명은 이 논리를 강하게 흡수했다. 그는 자주 말했다.
"기본소득은 복지의 최종 형태이자, 사람을 일에서 해방시켜 인간답게 사는 권리를 주는 제도다."
이 말은 곧, 파레이스가 주장한 자유주의적 기본소득론의 현실 번역이다. 또 하나의 결정적 참고서는 가이 스탠딩(Guy Standing)의 《기본소득》이다. 스탠딩은 '불안정한 계급(Precariat)'이라는 신조어를 만들어 21세기 노동시장의 유연화와 불안정화를 분석했다.

이재명은 특히 이 지점에 주목했다. 기존 복지가 고용된 사람과 정규직 중심으로 설계되어 있다면, 기본소득은 비정규직, 플랫폼 노동자, 돌봄 노동자 같은 '구조 밖에 있는 사람들'을 포괄하는 완전히 새로운 모델이라는 것.
그는 기본소득을 통해 "자격이 아니라 존재 그 자체를 존중하는 사회"를 지향한다. 이는 스탠딩이 말한 '조건 없는 권리로서의 소득' 개념과 일치한다.

이재명의 기본소득 구상은, 토마 피케티의 《21세기 자본》의 분배 구조 분석에서도 영향을 받았다. 피케티는 자본 수익률(r)이 경제성장률(g)을 상회하는 구조에서 부의 세습과 불평등이 지속적으로 심화된다고 진단했다.

이재명은 이를 한국 사회의 부동산 불균형, 상속 자산 집중, 자영업 몰락 등으로 해석하고, 그 격차를 줄이는 방법으로 기본소득형 조세재분배 시스템을 고민했다. 기본소득은 단지 도덕적 정의가 아니라 경제 시스템을 유지하기 위한 실용적 안전장치이기도 한 것이다.

이재명은 중앙대 신광영 교수의 《한국 사회 불평등 연구》에서도 큰 영향을 받았을 것이다. 불평등 연구의 세계적 권위자인 신 교수는, 한국 사회의 불평등이 단순히 계급 간의 문제에 그치지 않고, 계급 내 불평등까지 심각해지고 있다는 점을 지적한다.

즉, 자본가와 노동자 같은 서로 다른 계급 사이의 격차뿐 아니라, 같은 노동자 집단 내부에서도 임금과 기회, 생활 수준의 격차가 점점 벌어지고 있다는 것이다.

특히 산업 구조의 측면에서 보면, 산업 부문 간 불균형보다 같은 산업 안에서 발생하는 불균형, 즉 산업 내부의 불평등이 더 심각한 문제로 떠오르고 있다. 예를 들어, 서비스업(3차산업) 내부의 임금 격차가 전체 임금 불평등에서 큰 비중을 차지하고 있다는 분석은, 그동안 간과돼 온 '눈에 보이지 않는 불평등'의 실체를 드러낸다.

세대 문제 역시 마찬가지다. 언론에서는 청년 세대의 불평등을 자주 이야기하지만, 신 교수는 세대 간 격차보다 세대 내부의 격차가 더 문제라는 점에 주목한다. 같은 청년 세대 안에서도 기회와 자원의 접근성, 부모의 배경에 따라 삶의 질은 천차만별이다.

"요즘 애들은 다 힘들다"는 말이 사실일 수도 있지만, 그 '힘듦'조차 계층화되어 있다는 것. 전통적으로 불평등은 계급, 성별, 세대, 지역 등 '서로 다른 집단 간의 차이'로 인식돼 왔다. 자본가와 노동자, 남성과 여성, 도시와 농촌, 기성세대와 청년 세대처럼, 불평등은 이질적인 집단 간의 경계에서 발생하는 문제로 이해돼 왔던 것이다.

하지만 이제는 그 내부의 균열이 더 크고 깊다. 부의 집중은 단순히 특정 집단에만 일어나지 않는다. 같은 집단 안에서도 소수가 부를 독점하고 다수는 가난에 머무는 구조, 즉 내부적 양극화가 훨씬 더 뿌리 깊게 진행되고 있다.

그리고 그런 불평등한 구조가 사회 유지의 이해관계를 가진 사람들에 의해 방치되거나 유지되는 것. 바로 그 지점이 신광영 교수가 경고하는 핵심이다. 불평등은 이제, 바깥의 적보다 안쪽의 틈으로 스며들고 있다.

이 외에도 그는 찰스 머리(Charles Murray)의 보수적 기본소득론까지도 섭렵하며, 기본소득이 좌파 전유물이 아님을 강조했다. "효율성과 최소 개입, 행정비 절감을 통한 보수형 기본소득도 가능하다"는 주장은 그가 실용적 시야로 논쟁에 임했음을 보여준다. 정리하자면, 이재명의 기본소득 철학은 다음 다섯 흐름의 영향을 받았다.

- 필립 반 파레이스 – 자유를 위한 조건으로서의 기본소득
- 가이 스탠딩 – 불안정 계층을 위한 생존권 보장
- 토마 피케티 – 자본의 불평등 구조에 맞선 재분배 전략
- 신광영 – 산업 내부의 불평등 심화와 해소책
- 찰스 머리 – 효율성 기반의 보수적 기본소득 논리까지의 포괄

하지만 이재명은 이들을 단순하게 나열하지 않았다. 그는 그것을 '현실의 언어'로 재조합했다.

"쓸모없는 인간으로 밀려나는 시대, 기본소득은 인간의 쓸모를 지켜주는 최후의 안전망이다."

그의 기본소득 철학은 이론과 감정, 구조와 생존을 동시에 꿰뚫는 리얼리스트의 목소리다. 책에서 그는 철학을 얻고, 현장에서 그는 정당성을 확인했으며, 정치에서 그는 실험하고 있다. 이 모든 것이, "기본소득은 이상이 아니라 미래의 구조다"라는 그의 말에 실려 있다.

016

이재명은 경제를 어떻게 바라보는가?

이재명은 경제를 숫자의 게임으로 보지 않는다. 그에게 경제는 사람의 이야기이자, 권력의 재편이고, 고통의 지형도다. 그는 성장을 이야기하기 전에 분배를 말하고, 지표를 보기 전에 현장을 들여다보며, '시장'이라는 신성불가침의 영역에도 정치의 손길이 닿아야 한다고 주장하는 인물이다.

그는 먼저 경제를 권력 문제로 본다. 단순한 수요공급 곡선의 교차점이 아니라, 자원과 기회를 누가 차지하고, 그 결정 구조가 얼마나 불평등한지를 관찰하는 일이 그의 경제관의 핵심이다.

이재명은 "경제는 중립적이지 않다"고 말한다. 그 말은 경제라는 시스템이 이익을 편중시키고, 그 구조를 통해 기득권이 재생산된다는 냉철한 인식을 내포한다. 그는 경제학의 이름 아래 벌어지는 '합리적 불의'를 경계하며, 기회의 평등이 아닌 결과의 책임 공유를 강조한다. 그는 경제를 '정치 없는 기술'로 만들려는 시도에 반대한다. 즉, 시장은 자정 능력이 있고, 정부는 최소한만 개입해야 한다는 고전적 자유시장주의에 회의적이다. 그가 강조하는 것은 "경제를 방치하지 말고 조율하라"는 입장이다.

이재명은 시장이 약자를 보호하지 못한다는 점에서, "정치는 시장에 개입해야 할 의무가 있다"고 본다. 그래서 그는 기본소득, 기본주택, 지역화폐 같은 제도들을 통해 시장의 흐름을 보완하고, '공정한 경기장'을 만들려는 실험을 계속해왔다.

그는 자주 말한다.

"성장은 자연발생적이지 않다. 국가가 의지를 갖고 개입해야 가능한 성장도 있다."

이는 곧 국가 주도형 전략산업 육성, 공공인프라 투자, 기술개발 지원 등을 적극적으로 추진할 수 있어야 한다는 의미다. 과거 박정희 시대의 국가 주도형 산업화 모델을 무조건 배척하지 않고, 그 틀 안에서 '공정하게 작동하는 성장 구조'를 다시 설계하려 한다. 즉, 그는 신자유주의를 완전히 부정하지 않으면서도, 그 폐해를 교정할 수 있는 제도적 민주주의의 보완이 필요하다고 보는 현실주의자다.

이재명의 경제관은 "사람 중심"이라는 단어로 요약된다. 경제는 국민의 삶을 윤택하게 만들기 위한 수단일 뿐이지, GDP 숫자를 키우기 위한 목적이 되어선 안 된다고 그는 말한다.

그래서 그는 대기업 중심 성장이 아니라, 지역과 서민, 청년과 노년층 모두가 참여하는 '포용적 성장'을 강조한다.

'수출 호황'이라는 기사가 나와도, "편의점 알바는 왜 최저임금으로 하루 12시간을 일하느냐"고 묻는다.

경제는 말 잘하는 교수의 전유물이 아니라, 편의점 카운터에 앉은 노동자의 현실에서 다시 출발해야 한다는 입장이다. 그는 경제를 숫자 대신 얼굴로 이해하는 사람이다.

그래서 그는 늘 다음과 같은 질문을 던진다.

"성장이 누구에게 이익이 되었는가?"

"정책은 어떤 사람을 밀어냈는가?"

"시스템은 사람을 살렸는가, 소외시켰는가?"

요컨대, 이재명은 경제를 불공정한 권력 배분 구조로 보고, 그 안에서 사람을 중심에 두고 재조정하려는 실천적 경제민주주의자다.

대부분의 한국 자유주의자들과 달리 이재명은 종종 전 독재자 박정희에 대해 호의적으로 말한다. 이재명은 2021년 11월 "박정희 대통령은 제조업 중심의 산업화로 가는 길을 열기 위해 경부고속도로를 건설했다. 이재명 정부는 탈탄소 시대를 빠르게 지나가면서 새로운 미래를 여는 '에너지 고속도로'를 건설할 것"이라고 덧붙였다. 보수 언론인 〈동아일보〉는 이재명의 국가 주도 정책이 사회적 평등을 기반으로 한 좌익 포퓰리즘 보다는 박정희의 권위주의에 더 가깝다고 말했다.

그의 경제관은 철학 위에 선 현실감각이며, 현장 위에 세운 구조 개혁론이며, 사람 앞에 무릎 꿇는 정책언어다. 그는 경제를 바꾸려 하지 않는다. 경제를 사람 쪽으로 다시 돌려놓으려 한다. 그게 그의 경제다. 간단하지 않고, 숫자에 환호하지 않으며, 늘 누군가의 삶을 떠올리며 움직이는, 현실주의자의 따뜻한 급진성. 이재명의 경제는 거기에서 출발한다.

017

이재명의 '시장' 이해는
어떤 경제학자에게서 비롯되었는가?

이재명이 '시장'을 이해하는 방식은 어느 한 경제학자의 이론에 갇혀 있지 않다. 그는 이론에 매몰되지 않으면서도, 현실 속에서 그것이 어떻게 작동하는지 누구보다 집요하게 관찰하고 체득해 온 인물이다. 하지만 그가 가장 자주 언급하고 깊은 영향을 받은 경제학자를 꼽자면, 단연코 조지프 스티글리츠(Joseph Stiglitz)와 칼 폴라니(Karl Polanyi)다. 이 두 사람은 단순한 시장이론가가 아니라, 시장이라는 추상적 개념을 삶의 구체적인 고통으로 연결한 학자들이다. 이재명은 그들의 책을 통해 '시장'이라는 이름으로 포장된 냉혹한 질서를 해부하는 눈을 길렀다.

스티글리츠의 《불평등의 대가》는 이재명에게 시장에 대한 뿌리 깊은 회의를 심어주었다. 스티글리츠는 시장에 자율성을 맡기면 경제가 효율적이고 공정하게 굴러갈 것이라는 소위 '시장만능주의'의 환상을 거침없이 비판했다. 조지프 스티글리츠의 《불평등의 대가》는 불평등이 단순히 도덕적 문제나 개인의 실패가 아니라, 경제적 비효율과 사회적 갈등을 초래하는 구조적 문제라는 것을 설득력 있게 보여주는 책이다. 노벨경제학상 수상자인 스티글리츠는 이 책을 통해 소득과 부의 불평등이 경제 성장의 원동력이 아니라 오히려 성장을 가로막고, 사회 전체의 역동성을 약화시키며, 민주주의를 위협한다고 주장한다.

스티글리츠에 따르면, 오늘날 불평등은 시장의 자율성이나 기술 발전 탓이 아니라 정치적 선택과 제도적 설계의 결과다. 법과 제도가 강자에게 유리하게 짜여 있고, 금융권과 대기업이 정책 결정에 과도하게 영향을 미치면서 부와 권력의 집중이 심화하고 있다는 것이다. 그는 이를 "시장근본주의(market fundamentalism)"의 실패로 본다. 자유 시장이 스스로 균형을 이룬다는 신화를 깨면서, 시장은 정부의 적극적인 개입 없이는 공정하거나 효율적일 수 없다고 강조한다.

이재명은 성남시장 시절부터 스티글리츠의 이론을 현실 속에 적용하고자 했다. 대표적으로 성남에서 시행한 청년배당과 지역화폐가 그 실천이다. 시장의 자율에 맡기면 청년 실업 문제나 지역 경제 침체 같은 구조적 문제는 방치될 뿐이라는 현실 인식에서 출발한 것이다. 그는 "시장은 본능적으로 약자를 배제한다. 따라서 국가는 시장을 교정하고 균형을 맞추는 역할을 해야 한다"는 스티글리츠의 핵심 메시지를 강하게 받아들였다.

성남시장으로 재임 당시 청년배당을 비난하는 목소리가 많았지만, 이재명은 "국가가 최소한의 소득을 보장하지 않으면 시장은 청년을 그냥 굶긴다"고 반박했다. 바로 이 지점에서, 그의 정책적 선택과 경제학적 통찰이 만난다.

칼 폴라니의 《거대한 전환》역시 이재명의 시장 이해에 깊이 깔려 있다. 폴라니는 시장이 결코 자연발생적인 질서가 아니며, 사회적·역사적 구성물임을 강조했다. 칼 폴라니의 《거대한 전환》은 시장경제가 어떻게 인간 사회를 지배하게 되었는지, 그리고 그 과정이 인류에게 어떤 파국을 가져왔는지를 역사적이고 구조적으로 분석한 역작이다. 폴라니는 시장경제와 국가의 관계를 단순한 이분법으로 보지 않는다. 그는 자본주의 시장경제가 자연스럽게 생겨난 것이 아니라, 역사적으로 의도된 "거대한 전환"의 결과라고 주장한다. 다시 말해, 시장은 인간 본성에서 자생한 것이 아니라, 19세기 산업혁명과 함께 국가 권력이 제도적으로 만든 인위적 산물이라는 것이다.

폴라니는 인간의 노동력, 자연, 화폐라는 세 가지를 '허구의 상품(fictitious commodities)'으로 지목한다. 본래 사람의 노동력이나 자연환경은 시장의 논리로 사고팔 수 없는 것들인데, 자본주의는 이들을 상품화하며 시장 안으로 끌어들였다. 이 허구의 상품화 과정이 인간 사회를 심각하게 왜곡했고, 결국 대공황과 세계대전 같은 파국으로 귀결되었다는 것이 폴라니의 핵심 진단이다. 특히 시장이 사회로부터 독립적으로 기능하게 되면 사회 자체가 파괴된다는 그의 경고는, 이재명이 현장에서 체감한 현실과 정확히 겹쳤다.

이재명은 "시장과 사회가 분리되면 인간은 시장의 노예가 된다"는 폴라니의 경고를 마음에 새겼다. 그는 성남시장 시절 공공산후조리원 사업을 시행했는데, 이 역시 폴라니적 시장 비판의 실천적 적용이라고 볼 수 있다. 시장 논리로 보자면 산후조리원은 민간의 영역이고, 수요와 공급에 따라 가격이 결정되는 게 자연스럽다. 하지만 실제로는 저소득층 산모들이 높은 비용 때문에 제대로 된 산후조리를 받지 못하는 상황이었고, 이재명은 이를 시장 실패의 대표적인 사례로 간주했다. 그래서 그는 "아이를 낳는 것은 개인의 선택이지만, 아이를 키우는 것은 사회의 책임"이라는 폴라니적인 사고를 토대로 공공 서비스를 확대했다.

이재명은 '청년배당·무상 산후조리·무상교복 지원'의 3대 무상복지 사업을 진행했다. 2016년 성남시에 3년 이상 거주한 만 24세의 청년 약 11,300여 명에게 분기별로 50만 원씩을 지급했다. 그 밖에 중학교 신입생 약 8,900명에게 교복비를 지급했으며, 성남시 신생아 약 9천여 명을 대상으로 무상 산후조리 지원사업도 실시해서 일 잘하는 정치가의 이미지를 얻었다.

여기에 더해, 이재명은 토마 피케티의 《21세기 자본》에서도 깊은 통찰을 얻었다. 피케티는 자본 수익률이 경제성장률을 지속적으로 초과하는 한, 불평등은 구조적으로 심화할 수밖에 없다고 경고했다. 이재명은 이를 단순한 경제학적 경고로 읽지 않았다. 그는 "성장만으로는 빈부 격차를 해소할 수 없다. 성장의 과실을 어떻게 나눌 것인가가 더 중요하다"는 메시지로 재해석했다. 그 결과물이 바로 기본소득제, 지역화폐, 공공배당제 같은 분배 중심형 정책들이다.

경기도지사 시절 이재명은 "도민 전체가 공공의 자원을 공유하고, 시장에 재투입해 순환시키는 구조를 만들어야 한다"고 말하면서, 피케티의 분석을 실천으로 옮겼다. 토건 자본에 의존하지 않고도 지역 경제를 활성화하는 모델을 만들겠다는 것이 그의 구상이었다.

이재명은 학자들의 이론을 단순히 인용하는 데 그치지 않았다. 그는 시장을 학문적으로 해석하는 데 그치지 않고, 실제 정치의 현장에서 그 시장을 다뤄야 했던 사람이다. 전국적 주목을 받았던 성남시 무상교복 정책, 공공임대주택 확대, 청년 기본소득 등은 모두 시장의 실패를 국가가 어떻게 메워야 하는지 보여주는 그의 사례들이다.

"나는 시장을 사랑하지만, 그 시장이 사람을 버릴 때 그냥 두지 않겠다."

이 말 속에는 스티글리츠, 폴라니, 피케티로 이어지는 그의 경제학적 뼈대가 고스란히 담겨 있다.

이재명의 시장 이해는 단순히 책에서 빌려온 지식이 아니다.

현장에서 얻은 땀과 좌절, 실험과 실패, 그 모든 현실의 켜들이 겹겹이 쌓여 형성된 사유의 구조물이다. 학자들이 이론으로 쌓은 담장을, 그는 사람들의 삶 속에서 허물며 증명하고자 했다. 그래서 그의 시장관은 언제나 학문을 넘어서, 사람의 얼굴을 향해 있다.

018

그는 왜 '성장보다 분배'를 말하는가?

이재명이 '성장보다 분배'를 외치는 이유는, 단순히 경제 지표의 상승에 환호하는 것이 아니라, 그 상승이 국민의 삶을 실질적으로 개선시키지 못하는 현실에서 비롯된다. 그는 경제성장률의 화려한 숫자 뒤에 숨어 있는 불평등의 그림자, 소수만의 부의 집중, 그리고 빈곤에 시달리는 다수의 현실을 똑똑히 바라본다. 숫자만 보면 경제가 번창하는 듯하지만, 그 속에서 얼마나 많은 이들이 밥 한 끼 제대로 해결하지 못하는지를 목격한 그에게 '성장'은 기계적인 수치에 불과하다. 반면, '분배'는 바로 국민 한 사람 한 사람의 삶을 지탱하는 보편적 조건이자, 정의로운 사회의 기초라고 믿는다.

그의 경제철학은, 단순히 시장의 자율에 맡기면 모든 것이 잘 돌아간다는 신자유주의적 이상을 철저히 부정한다. 예를 들어, 그는 조지프 스티글리츠의 《불평등의 대가》를 통해, 시장이 스스로 조정되지 않으면 경제는 오히려 상위 10%의 부의 축적과 하위 90%의 소외를 더욱 심화시킨다는 사실을 배웠다. 그가 바라보는 성장의 척도는 단순한 GDP나 수출액이 아니라, 국민 개개인의 삶의 질, 가난한 이들의 생계, 교육과 의료 등 기본적인 복지에서 나타난다. "성장은 숫자에 불과하다. 중요한 것은 그 숫자가 얼마나 많은 사람들에게 실질적인 행복을 전달하는가이다."라는 그의 말은, 마치 한 폭의 풍경화를 보듯, 경제 지표와 현실의 괴리를 생생하게 보여준다.

　이재명은 토마 피케티의 《21세기 자본》에서 자본의 불평등이 경제 성장률보다 우위에 있을 때, 부의 세습과 계층 간의 간극이 필연적으로 확대된다는 분석을 통해, 성장 자체가 오히려 사회를 불안정하게 만든다는 결론에 도달했다. 그의 눈에 보이는 성장은, 기계적인 발전이 아니라, 사회적 약자와 강자의 차이를 더욱 벌리는 '부의 불평등'이라는 그림자를 동반한다. 그래서 그는 말한다. "성장이란 것은 고작 부유층의 놀이터일 뿐이다. 진정한 발전은 그 놀이터가 아니라, 모두가 참여할 수 있는 공정한 운동장이 되어야 한다."라는 것이다.

　정치인으로서 이재명은 자신이 직면한 현실을, 성장만을 좇는 기존 경제의 시스템이 국민의 삶을 위협하는 구조적 문제로 보고 있다. 예컨대, 그는 경기도지사 시절 추진한 지역화폐 정책이나 기본소득 실험에서, 단순한 경제 성장이 아니라, 그 성장의 결실이 국민에게 균등하게 돌아가야 한다는 원칙을 강조했다. "우리는 숫자로 승부를 보지 않는다. 그 숫자가 우리의 식탁에, 우리 아이들의 학교에, 우리 동네의 병원에 닿아야 한다."라는 그의 목소리는, 마치 장밋빛 미래의 환상보다 차가운 현실의 그림자를 더 무겁게 느낀 사람의 목소리와 같다.

이재명은 "성장보다 분배"라는 슬로건 뒤에, 실질적인 사회 안전 망과 인간 존엄을 회복하는 정치 철학을 담았다. 그는 경제 성장이 단지 기계적인 데이터라면, 분배는 인간의 생명을 살리고 사회의 신뢰를 회복하는 정치적 기초라고 믿는다. 이 말은 단순히 좌파의 이상만을 대변하는 것이 아니라, 모든 국민이 공정하게 살아갈 수 있는 '조건'이 무엇인지를 묻는 근본적인 질문이다.

"우리가 만들어야 하는 경제는 한순간의 기적이 아니라, 평생을 보장할 수 있는 구조여야 한다."

그는 이렇게 말하며, 성장의 허상을 넘어 분배의 본질을 강조한다.

그의 분배 철학은 사회 전체가 공유해야 할 책임이자, 민주주의의 기반이기도 하다. 경제 성장이 국민에게 불평등하게 배분될 때, 정치적 불신과 사회적 분열은 불가피하다. 그는 민주주의가 단순히 선거에서 승리하는 것이 아니라, 국민의 삶에 실질적으로 다가가야 한다고 믿는다. 그래서 분배를 통해 국민 각자가 체감할 수 있는 '기회의 평등'을 만들고자 하는 것이다. "성장이라는 거대한 숫자 뒤에 숨어 있는 건 바로, 당신의 뒷주머니와 미래다."라는 그의 말은, 시장의 자율에 맡기면 약자가 부르짖게 되는 사회의 모순을 여실히 드러낸다.

이재명의 이러한 철학은 단순한 이론적 논쟁을 넘어, 실제 정책으로 구현되었다. 그는 기본소득, 공공배당, 지역화폐 등의 정책을 통해 분배의 중요성을 실천으로 옮겼다. 이러한 정책들은 단순히 성장률을 높이는 것이 아니라, 성장의 결실을 국민 모두에게 고루 돌려주려는 정치적 시도이다. 그의 정책 하나하나는 "성장이 아니라, 분배가 먼저여야 한다"는 철학적 신념에서 비롯된 것이다. 이러한 그의 정치적 움직임은, 마치 성장이라는 거대한 파도 속에서 분배라는 작은 배를 만들어 국민을 안전하게 건너게 하는 것과 같다.

이재명은 여러 경제학자의 이론, 예를 들어 스티글리츠와 피케티의 분석을 통해, 성장만을 강조하는 경제 정책이 불평등을 심화시킨다는 사실을 명확히 인식했다. 그는 "경제의 성장이란 단순한 숫자놀이가 아니라, 인간의 삶이 얼마나 풍요로워지는가를 말하는 것이다."라고 주장한다. 그러나 현실은, 경제 성장의 혜택이 극소수에게 집중되고 다수는 소외되는 경우가 많다. 그래서 그는 분배를 통해 그 불균형을 해소해야 한다고 보고, 그 대안을 찾기 위해 독서와 연구, 현장 경험을 거듭해왔다.

이재명이 말하는 "성장보다 분배"는, 단지 좌파의 이상을 넘어서, 모든 국민이 평등한 기회를 소유해야 한다는 보편적인 인간 존엄의 문제다. 이 문제를 해결하지 않으면, 아무리 경제 지표가 좋아져도, 그 나라는 불평등과 사회적 갈등으로 굳어지게 될 것이다. 그는 국민 각자의 삶이 단순한 수치가 아니라, 따뜻한 현실의 이야기로 채워져야 한다고 믿는다. "국민이 느끼는 행복이 바로 경제의 진정한 척도"라는 그의 주장은, 성장의 허상에 맞서 분배의 진정성을 외치는 정치적 선언이다.

이재명이 '성장보다 분배'를 강조하는 이유는, 숫자와 그래프로는 드러나지 않는 현실의 고통과 희망, 그리고 그 안에서 인간이 누려야 할 기본권에 있다. 그는 경제라는 거대한 기계 속에서, 국민 한 사람 한 사람의 삶을 잊지 않기 위해, 성장의 달콤한 허상 대신, 분배의 따뜻한 실천을 선택한다. 그의 정치적 언어는 그 어떤 화려한 경제 지표보다, 국민의 뒷주머니와 마음속 깊은 곳에 자리한 진실을 대변한다. 그리고 그런 진실만이 우리 모두가 함께 살아갈 수 있는 사회를 만들 수 있다고 믿는다.

이재명의 "성장보다 분배" 철학은 단순한 슬로건이 아니라, 그의 인생과 정치, 그리고 독서를 통해 채워진 수많은 질문과 답변의 산물이다. 그의 눈에는 경제의 숫자가 아닌 삶의 질이, 인간의 존엄이, 그리고 미래의 희망이 보인다. 그렇게 그는 오늘도 분배의 언어로, 공정한 세상을 설계하려 한다.

019

이재명의 정치적 정의론은
누구와 닮았는가?

　이재명의 정치적 정의론은 단순히 하나의 학파나 한 사람의 철학을 모방한 것이 아니다. 오히려 그가 세상을 바라보는 눈, 즉 정치가란 무엇인가에 대한 그의 근본적인 질문 속에는, 다양한 사상가들의 조각들이 뒤섞여 있다. 그는 마치 다양한 색깔의 유리 조각들을 모아 한 폭의 스테인드글라스를 완성하듯, 마이클 샌델, 존 롤스, 칼 마르크스, 그리고 아마르티아 센의 사유를 자신만의 정치 언어로 재조합하였다. 그 결과, 이재명의 정의론은 어느 한 인물의 그것과 딱 떨어지지 않으면서도, 여러 사상가들이 던진 근본적인 질문과 문제의식을 집약한 독특한 정치 철학으로 탄생하였다.

　마이클 샌델의 《정의란 무엇인가》는 이재명에게 있어서 정의의 개념을 재고하게 하는 촉매제 역할을 했다. 샌델은 정의를 단순히 법이나 규칙으로 한정 짓지 않고, 공동체적 가치와 윤리적 선택의 문제로 풀어낸다. 이재명은 이 책을 통해 "정의는 냉정한 계산이 아니라, 우리 모두가 함께 고민하고 선택해야 하는 문제"라는 사실을 깨달았다. 그는 샌델의 글을 읽으며, 단순히 '이익'이나 '개인의 능력'에 의해서만 결정되는 것이 아니라, 사회 전체가 공감할 수 있는 도덕적 기준이 마련되어야 한다는 점을 강조했다. 즉, 정의란 그저 추상적인 이상이 아니라, 각 개인의 삶과 고통, 그리고 기회가 어떻게 배분되어야 하는가에 대한 구체적인 정치적 질문임을 배웠다.

존 롤스의 《정의론》은 이재명에게 '무지의 베일'과 '차등의 원칙'이라는 개념을 통해 정의의 형평성을 다시 한 번 숙고하게 했다. 롤스는 모든 시민이 동등한 출발선을 가져야 한다는 이상을 제시하며, 사회적·경제적 불평등은 가장 불리한 사람들에게 혜택이 돌아갈 때 정당화될 수 있다고 주장한다. 이재명은 롤스의 이론을 읽으면서 "내가 만든 제도는 가장 약한 자에게 어떤 영향을 미치는가?"라는 질문을 스스로에게 던지기 시작했다. 그에게 정의는 단순한 이상향이 아니라, 현실의 불평등을 바로잡는 수단이 되어야 한다. 실제로 그는 자신의 정치 행보 속에서 기본소득, 공공배당, 지역화폐 등의 정책을 통해 이러한 롤스적 원칙을 구현하고자 노력했다.

그러나 이재명의 정의론은 단순히 서구 고전 철학에 머무르지 않는다. 칼 마르크스의 비판적 시각 역시 그의 정치적 언어에 깊은 영향을 미쳤다. 마르크스는 자본주의 체제 내에서의 계급 갈등과 착취 구조를 분석하면서, 정의는 단순한 윤리적 이상이 아니라, 체제 자체의 모순을 드러내는 척도가 되어야 한다고 주장한다. 이재명은 마르크스의 이론을 통해 "불공정한 분배는 개인의 문제가 아니라, 구조적 문제"임을 깨달았고, 그 깨달음은 자신의 정치 행보로 이어졌다. 그는 불평등을 단순한 숫자 놀음이 아니라, 권력의 재분배와 연결된 문제로 인식하며, 이를 통해 '정의'라는 단어가 가져야 할 무게를 재정의했다.

더 나아가 아마르티아 센은 정의를 '사람이 살아갈 수 있는 능력'으로 재구성한다. 센은 단순한 소득 분배를 넘어서, 각 개인이 어떤 선택을 할 수 있는 능력을 보장받는 것이 진정한 정의라고 본다. 이재명은 이 점에 깊이 공감하며, 국민 각자가 인간다운 삶을 영위할 수 있도록 하는 정책적 장치가 필요하다는 믿음을 다졌다. 정의란 단순히 불평등을 줄이는 것이 아니라, 모든 사람이 '자신의 삶을 선택할 수 있는 조건'을 만드는 데 있다. 그는 이 개념을 통해 "정의는 기회의 평등을 보장하는 데 있다"라는 결론에 도달했다.

이처럼 이재명의 정치적 정의론은 단순히 하나의 사상가나 한 학파의 정답이 아니라, 여러 철학자가 던진 근본적 질문에 대한 그의 끊임없는 탐구의 결과물이다. 그는 민주주의를 '법의 장치'로 보지 않는다. 그 법이 작동하지 않을 때 드러나는 '사람의 이야기'와 '고통' 속에서 정의를 재구성한다. 이재명의 정의론은 단순한 슬로건이나 구호가 아니라, 그가 실제로 겪은 불공정한 사회 현실과 그 속에서 발견한 진실, 그리고 그 진실을 바탕으로 다시 설계하고자 하는 정치적 비전의 집약체다.

그는 말한다.

"정의란 내가 어떻게 살 것인가, 그리고 우리가 어떻게 함께 살아갈 것인가에 대한 끊임없는 질문이다."

이 질문은 단순히 정치인의 이념을 넘어서, 우리가 함께 살아가는 사회의 근본적 조건을 다시 한 번 상기시킨다. 그리하여 이재명의 정치적 정의론은 마이클 샌델의 공동체적 고민, 존 롤스의 평등한 출발선, 칼 마르크스의 구조적 비판, 그리고 아마르티아 센의 인간 존엄 보장의 결합체로, 우리 모두에게 '정치란 무엇인가?'에 대한 끊임없는 성찰을 요구하는 살아 있는 메시지가 된다.

그가 던지는 질문은 단순하다.

"당신은 불공정한 세상에서 어떻게 살아갈 것인가?"

이재명은 그 질문에 대답하기 위해 다양한 철학적 조각들을 모아 자신만의 정치적 정의를 세웠고, 그 정의는 오늘날의 정치 속에서 끊임없이 재현되고 있다. 이재명의 정의론은, 그가 겪은 현실의 고통, 그 고통 속에서 배운 삶의 교훈, 그리고 그 교훈을 바탕으로 내일의 정치적 질서를 다시 설계하려는 의지의 산물이다. 그 산물은 단순히 하나의 학파에 국한되지 않고, 우리 모두가 계속해서 질문하고, 다시 답해야 할 문제로 남아 있다.

020

그는 왜 '강한 국가'를 지향하는가?

이재명에게 '강한 국가'란 단순히 중앙집권적 권력의 과시나 강압적인 통치를 의미하지 않는다. 그의 강한 국가는 국민의 생명과 존엄, 그리고 미래를 지키는 튼튼한 안전망이다. 어릴 적, 공장 노동자로 살아남으며 온몸으로 부딪혔던 무자비한 현실과 가족과 동료들이 제도 밖에서 방치된 채 고통받는 모습을 지켜보면서 그는 뼈저리게 깨달았다. 국가란 권력을 독점하는 도구가 아니라, 제도라는 이름으로 사람들을 지탱하고 보호하는 '살아 있는 시스템'이어야 한다는 것을. 그의 국가관은 단순한 행정 조직론이 아니라, 삶의 현장에서 태어난 생존 철학이다.

이재명은 국가를 "국민 한 사람 한 사람이 내 딸, 내 아들이 될 수 있도록 보호해야 한다."고 말한다. 단순한 수사가 아니다. 실제로 경기도지사 시절 산후조리원 공공화, 무상교복 지원, 청년 기본소득과 같은 정책을 추진하며 국가의 존재 이유를 '국민 개개인의 삶을 지키는 일'로 재정의했다. 이 같은 정책들은 강한 국가가 단순히 군사력이나 법의 엄격함에서 나오는 것이 아니라, 국민의 일상 깊숙한 곳까지 다가가는 세심한 보호로부터 나온다는 그의 철학의 실천판이었다.

그가 존경하는 지도자 중 하나인 프랭클린 루스벨트 역시 대공황 시기의 과감한 뉴딜 정책으로 사회안전망을 확충하며 국민에게 국가의 존재 이유를 증명했다. 이재명은 루스벨트의 사례를 보며 위기 속에서도 국가가 어떻게 민생을 책임질 수 있는지를 배웠다고 자주 이야기한다. 링컨 또한 남북전쟁의 파국 속에서도 노예 해방이라는 정의를 실현하며 '국민을 위한 정부'라는 이상을 지켰다. 이재명은 이런 지도자들의 책을 탐독하며, 강한 국가의 본질은 국민의 생명과 권리를 끝까지 지키는 데 있다는 확신을 키웠다. 그는 링컨의 연설집을 자주 인용하며, "국민의, 국민에 의한, 국민을 위한 정부"를 반복해서 강조한다.

경제학에서도 그는 강한 국가의 필요성을 구체적으로 뒷받침할 근거를 찾았다. 조지프 스티글리츠의《불평등의 대가》는 그에게 시장에 대한 환상을 깨뜨리는 결정적 계기가 되었다. 시장에 맡기면 부유층만 부자가 되고, 권력은 소수에게 집중된다는 사실을 인식한 그는, 공공 영역에서 적극적으로 개입해 시장의 불균형을 바로잡아야 한다고 확신했다. 실제로 경기도 재난기본소득 지급과 지역화폐 활성화는 그 실천적 결과물이었다. 그는 "성장은 숫자에 불과하다. 중요한 것은 그 숫자가 국민 모두에게 돌아가는가이다"라고 말하며, 강한 국가는 경제적 성장의 화려한 수치 뒤에 숨은 불평등을 바로잡는 필수적인 장치임을 강조한다.

토마 피케티의《21세기 자본》역시 그의 사고를 깊이 있게 만든 책이다. 피케티는 자본 수익률이 경제성장률을 초과할 때 구조적 불평등이 심화한다고 경고했다. 이재명은 이 분석을 통해, 단순히 성장만을 좇는 것이 아니라, 그 성장의 과실을 어떻게 나누느냐가 국가의 역할임을 더욱 명확히 깨달았다. 그의 기본소득론과 공공배당 정책은 바로 이러한 인식 위에서 태어났다. 국가가 약하면 소수의 부가 독점되고 다수의 국민은 고통받을 수밖에 없다는 것이 그의 일관된 경고였다.

팬데믹과 기후 위기, 디지털 전환과 같은 현대의 복합 위기 속에서도 그는 국가의 강함이 단순한 통제력보다 행정적 유연성에 있다고 본다. 코로나19 상황에서 경기도가 재난지원금을 전국 최초로 지급하며 빠른 대응을 보인 것은 그의 국가관이 발휘된 대표적인 사례다. 그는 **"국가는 언제나 국민의 생명보다 한발 빠르게 움직여야 한다"**고 강조하며, 느리고 무능한 국가 시스템을 강하게 질타했다. 강한 국가는 위기의 순간에 국민을 보호하고, 다음 위기에 대비하는 치밀함을 갖춘 국가다.

더 나아가 강한 국가는 민주주의의 토대를 다지는 역할도 한다. 그는 국가가 약해지면 권력은 기득권에 흡수되고, 공론장은 왜곡되어 시민이 소외된다고 본다. 그래서 그는 국가가 시장과 시민 사회 사이에서 균형추 역할을 하며, 국민 모두가 주체로 참여하는 견고한 민주주의의 기초를 다져야 한다고 주장한다. 단순한 권력 투쟁이 아닌, 국민 한 사람 한 사람의 목소리가 모여 이루어지는 집단적 합의와 협상의 결과물이 바로 정치라고 보는 것이다.

이재명은 국가와 역사에 관한 책들을 많이 읽으며, 국가란 무엇이고 어떻게 작동해야 하는지 깊이 사유해왔다. 링컨, 루스벨트 같은 리더들의 전기뿐 아니라, 《국가란 무엇인가》 같은 책, 그리고 《거대한 전환》과 같은 경제사까지 섭렵했다. 그는 책을 통해 강한 국가란 국민의 고통을 외면하지 않는 책임의 집합체라는 결론에 이르렀다. 그의 국가관은 이상이 아니라, 자신이 겪은 고통과 실패, 그리고 읽은 책들이 뒤섞여 응축된 현실적인 철학이다.

그가 꿈꾸는 강한 국가는, 어떤 재난 속에서도 국민 한 사람 한 사람의 존엄을 끝까지 지킬 수 있는 국가다. 그리고 그 국가의 설계자는 따로 있는 것이 아니라, 바로 국민 스스로라는 점을 그는 잊지 않는다. 이재명의 강한 국가론은 "국민이 함께 만드는 강한 국가"라는, 실천적 선언이다.

이재명의 서재

제

3

부

싸우는 자의 독서

이재명의 독서는 조용한 책상이 아니라, 격동하는 현실 속에서 펼쳐진 생존 투쟁
의 도구였다. 그는 책을 수단으로 삼아 부당한 구조와 싸웠고, 사상의 무기로 현
실을 직시하며 단련했다. 고전은 그에게 피난처가 아니라 전장의 지도였고, 문장
은 곧 행동의 명령문이었다. 읽고, 쓰고, 싸우고, 바꾸는 과정 속에서 그는 '지적
인 실천가'로 진화했다. 이 부는 그가 어떻게 독서를 통해 불의한 체제와 싸워왔는
지를 추적한다.

021

이재명은 왜 끊임없이 싸우는가?

정치인의 세계는 언제나 폭풍우와 같다. 이재명에게 싸움이란 단순한 힘겨루기가 아니라, 삶 그 자체를 다시 설계하는 불가피한 과정이다. 그는 어릴 적 공장에서 철판 소리와 기름 냄새 속에서 자라면서 "싸우지 않으면 먹고 살 수 없다"라는 생존의 논리를 몸으로 배웠다. 그 뒤로, 정치의 현장에서 그는 단순한 승부보다는 매 순간 고통과 부조리, 그리고 불평등이라는 거대한 구조를 해체하고 재구성하기 위해 끊임없이 싸웠다. 그 싸움은 무릎을 꿇거나 멈추는 것이 아니라, 언제나 다시 일어나야 하는, 끝없는 도전의 연속이었다.

그의 싸움은 감정의 폭발이 아니라, 냉철한 판단과 분석에서 비롯된다. 예를 들어, 그는 '나는 왜 이렇게 분노하는가?'라는 질문을 자신의 내면에 던지며, 그 분노를 단순한 충동이 아니라, 체제적 불공정에 대한 합리적인 반응으로 전환시켰다. 수많은 실패와 좌절, 그리고 그에 따른 비난 속에서도 그는 "내가 맞서 싸우지 않으면, 누군가는 이 불의한 시스템에 삼켜진다"라는 확신 아래 정치의 전장에 계속 뛰어들었다. 그의 싸움은 무모한 폭발이 아니라, 매번 체계의 허점을 찌르는 정밀한 타격과도 같다. 마치 오래된 건물의 균열을 발견하면 그 기둥 하나하나를 점검하고 보수하는 건축가처럼, 그는 싸움이라는 도구로 사회의 불균형을 바로잡으려 했다.

이재명이 끊임없이 싸우는 또 다른 이유는, 정치적 '결과'가 단순한 승리나 인기만으로는 결정되지 않는다는 사실에 있다. 그는 정치의 최종 목표가 당선율이나 이미지에 있지 않고, 국민의 삶의 질, 즉 진짜 '행복'을 보장하는 데 있다고 믿는다. 실제로 그가 추진한 정책들, 예를 들어 기본소득, 지역화폐, 공공배당 등은 단순한 경제 성장의 수치보다, 국민 한 사람 한 사람의 식탁과 병원, 교육, 주거에 직접적인 영향을 주는 '실질적 변화'를 목표로 한다. 그래서 그는 "정치는 숫자로 승부 보는 게 아니라, 국민의 뒷주머니를 돌보는 일"이라는 말을 자주 내뱉는다. 이 말 속에는, 수많은 정치인이 구호만 외치고 넘어가는 현실에 대한 신랄한 비판이 담겨 있다.

이재명은 싸움을 통해 인간의 '존엄'을 회복하고자 한다. 그의 싸움은 언제나 단순히 자신의 이익을 위한 것이 아니라, 사회의 소외된 이들, 기득권에 의해 목소리를 잃은 이들을 위한 것이다. 그는 자신의 고향에서부터, 노동 현장에서, 심지어 감옥과 같은 극한 상황속에서도 국민 한 사람 한 사람이 존엄하게 살 수 있어야 한다는 신념을 키워왔다. 이 과정에서 그는 "나는 국민 한 명 한 명의 고통을 외면할 수 없다"라는 결연한 의지를 키웠고, 그것이 곧 자신의 정치 철학이자, 싸움의 원동력이 되었다.

이재명의 싸움은 때로 코믹하기도 하다. 그는 언론 앞에서 "정치는 싸우는 게 아니라, 설계하는 것이다"라고 말하며, 마치 어릴 적 비좁은 공장에서 철판 사이를 헤집고 다니던 기억을 웃음으로 넘기는 듯한 태도를 보인다. 그 웃음 속에는, 시스템이 어떻게 인간을 짓누르는지, 또 그 속에서 어떻게 웃음을 잃지 않고 싸울 수 있는지에 대한 아이러니가 숨어 있다. 그는 스스로를 "정치판의 불량 청년"이 아니라, "문제의식을 지닌 해결사"라고 표현하며, 그 싸움이 단순한 격돌이 아니라 끝없이 재구성되는 구조적 대응임을 강조한다.

이재명은 자신의 실패와 좌절을 통해 싸움의 진정한 의미를 깨달았다. 누군가는 "내가 이겼다"라고 외치지만, 그는 "내가 싸워서 진짜 문제를 마주했다"라고 말한다. 실패를 겪을 때마다 그는 그 실패에서 무엇을 배웠는지, 그리고 그것을 어떻게 다음 싸움에 적용할 것인지를 끊임없이 자문한다. 그러한 자기 성찰의 과정이 바로 그를 계속해서 일으키는 원동력이며, 그가 싸움을 멈추지 않는 이유다. "실패는 나를 다듬는 연장이다"라는 그의 말처럼, 그는 실패에서 얻은 교훈을 정치적 무기로, 인간적 감각으로 승화시켰다.

이재명이 싸우는 이유는 그가 현실에 대한 끝없는 질문을 품고 있기 때문이다. 그는 "왜 이 사회는 이렇게 불공정한가?" "내가 할 수 있는 변화는 무엇인가?"라는 근본적인 질문을 절대 포기하지 않는다. 그 질문들은 때로 그의 내면을 후련하게 만들고, 때로는 고통스럽게도 하지만, 그 모든 것이 더 나은 세상을 설계하는 밑거름이 된다. 그는 정답보다도 중요한 것은 계속해서 질문하는 태도이며, 그 질문들이 모여 '진짜 정치'를 이루는 것이라고 믿는다.

이재명이 끊임없이 싸우는 이유는, 그가 단순한 정치인의 역할을 넘어 인간으로서, 시민으로서, 그리고 공동체의 일원으로서 살아남기 위한, 누구도 쉽게 흡수할 수 없는 고통과 실패, 그리고 그 실패 속에서 다시 태어나는 결단의 결과물이다. 그 싸움은 단순한 승부가 아니라, 우리 모두의 삶을 바꾸기 위한, 날카롭고도 유쾌한, 그러나 결코 낭만에 머물지 않는 정치의 필수 조건이다.

022

그는 '투쟁'을 어떻게 해석하는가?

이재명에게 투쟁은 단순한 주먹다짐이나 격렬한 감정 폭발이 아니다. 투쟁은 그에게 있어, 고된 노동과 차가운 현실 속에서 자신을 지키고, 체제의 틀을 다시 쓰기 위해 매일같이 해야만 하는, 일종의 '생존의 기술'이자 '정치적 설계'이다. 그는 어릴 적 공장에서 쇠막대와 철판 사이에서 땀과 기름에 젖어 살아남기 위해 몸부림치던 기억 속에서부터, "싸우지 않으면 먹고 살 수 없다"라는 단순한 생존 명령을 배웠다. 그러나 그가 정치인이 된 이후로, 투쟁은 단지 생존을 위한 반응이 아니라, 사회의 불공정한 구조와 모순을 해체하고 재구성하는 복잡한 문제로 승화되었다.

그가 투쟁을 해석하는 방식은, 우선 그가 겪은 고통과 실패에서 비롯된 내면의 냉정한 성찰에서 시작된다. 이재명은 투쟁을 '감정의 폭발'이 아니라 '내면의 해부'로 본다. 즉, 자신의 분노와 슬픔, 그리고 그 모든 부정적인 감정을 단순히 밖으로 터뜨리는 것이 아니라, 그 감정을 차곡차곡 분석하고, 그 원인을 파악해 이를 체계적으로 재설계하는 과정으로 해석한다. "내가 왜 이렇게 분노하는가? 그 분노의 뿌리는 어디에 있는가?"라는 질문을 스스로에게 던지며, 그 대답을 찾기 위해 책을 읽고, 경험을 되짚으며, 때로는 스스로에게 냉소적인 웃음을 지어보기도 한다.

그는 나심 탈레브의 《안티프래질》을 통해, 불확실성과 실패, 그리고 충격의 순간들이 오히려 시스템을 단련시키고, 개인의 내면을 강화하는 기회가 될 수 있다는 사실을 배웠다. 《안티프래질》에서 나심 탈레브는 세상의 모든 것은 충격, 불확실성, 변화, 혼란을 어떻게 받아들이는지에 따라 세 가지 범주로 나뉜다고 말한다. 첫째는 '취약한 것들'로, 스트레스와 변화에 쉽게 부서지고 붕괴하는 존재들이다. 둘째는 '강인한 것들'로, 충격을 받으면 겨우 버텨내지만 결코 더 나아지지 않는다. 셋째가 바로 '안티프래질'한 것들인데, 이들은 오히려 스트레스와 충격을 받아들이면서 성장하고 강화된다. 탈레브는 단순히 회복력을 넘어, 충격 속에서 진화하는 이 특성을 '안티프래질'이라 명명한다.

탈레브가 말한 "불확실한 상황에서 더욱 강해지는" 원칙은, 이재명에게 투쟁이 단순한 충돌이 아니라, 매번 실패할 때마다 자신을 재구성하는, 끊임없이 다시 태어나는 과정임을 일깨워 주었다. 그는 자신의 정치 인생을 "실패를 통해 나를 다듬는 연장"이라고 표현하며, 매번 좌절 뒤에 다시 일어서는 자신의 모습을 투쟁의 연속선상에서 바라본다.

그는 알베르 카뮈의 《이방인》을 통해, 인간이 사회적 규범이나 관습에 순응하지 않고 때로는 무의미한 세계 속에 홀로 남게 될 때, 그 고독과 무관심 속에서도 스스로의 가치를 찾아내야 한다는 사실을 깨달았다. 주인공 뫼르소는 감정 없이 세상을 바라보지만, 동시에 세상의 부조리 속에서도 자기 자신을 지키며 살아가는 인물이다. 이재명은 그런 뫼르소의 모습에서, 투쟁이 단지 외부의 억압에 반항하는 것이 아니라, 자신 안에 숨겨진 모순과 한계를 직시하고 극복하는 내면의 싸움이라는 것을 배웠다.

더 나아가, 그는 《죽음의 수용소에서》를 통해 인간이 극한의 고통 속에서도 존엄성을 잃지 않고 살아남는 법, 즉 절망 속에서도 의미를 찾는 법을 깨달았다. 그 책에서 빅터 프랭클이 제시한 "삶의 의미는 우리가 직접 만드는 것이다"라는 메시지는, 이재명에게 투쟁이 단순한 분노의 표출이 아니라, 인간다움을 지키기 위한 필수적인 행위임을 상기시켰다. 그는 투쟁을 통해 단지 체제에 맞서 싸우는 것이 아니라, 그 체제 속에서 인간의 존엄을 회복하고, 약자들이 목소리를 낼 수 있는 조건을 마련하는 정치의 근간으로 삼았다.

이재명은 투쟁을 '말 없는 저항'으로도 해석한다. 권력은 때때로 겉으로는 화려하게 승부를 벌이지만, 그 이면에는 침묵 속에 숨겨진 거대한 고통과 좌절이 있다. 그는 그러한 침묵을 깨뜨리기 위해, 그리고 무관심에 빠진 사회를 일깨우기 위해, 언제나 "내가 싸우는 이유는 당신의 목소리를 대신하기 위해서"라는 생각으로 투쟁에 임한다. 이재명에게 투쟁은 단순히 무력의 문제가 아니라, 사회의 잊혀진 이들의 고통을 대변하고, 그들의 존재를 다시 세상에 드러내는 정치적 의무이다.

유머 감각은 그의 투쟁에서 빼놓을 수 없는 요소다. 그는 때때로 자신의 실패와 좌절을 냉소적 웃음으로 승화시킨다. "정치는 싸움이 아니라, 싸우는 법을 배우는 것이다"라는 그의 말처럼, 때로는 웃음으로 자신을 달래고, 그 웃음 속에 담긴 아이러니를 통해 자신이 걸어온 길을 되돌아본다. 그 웃음은 단순한 낙관이 아니라, 매번 넘어졌던 자신을 비웃으며 다시 일어서는, 무너짐을 견디는 인내의 표시이다.

이재명이 투쟁을 해석하는 데 있어 가장 중요한 것은, 그가 끊임없이 질문하고, 끊임없이 자신에게 도전했다는 점이다. "나는 왜 이 싸움을 계속해야 하는가?"라는 질문은 그에게 단순한 반항이 아니라, 스스로를 재정비하는 절대적인 명령이 되었다. 그 질문은 그가 정치에 임하는 모든 순간, 실패와 좌절의 기록 위에 새로운 가능성을 쌓아 올리는 밑거름이 되었다.

이재명이 투쟁을 어떻게 해석하는가에 대한 그의 대답은, 단순한 격돌이나 폭력의 표현이 아니라, 자신의 내면을 성찰하고, 사회의 부조리한 구조에 끊임없이 질문을 던지며, 그 질문에 대한 끊임없는 답을 모색하는, '살아 있는 정치' 그 자체이다. 투쟁은 그에게 있어서, 무너진 제도를 다시 세우기 위한 필수적인 재설계 작업이며, 그 작업 속에서 그는 자신뿐만 아니라 모든 국민이 더 나은 내일을 맞이할 수 있기를 바란다.

023

이재명의 리더십은
어떤 책에서 배운 것인가?

이재명의 리더십은 누군가에게는 위태로운 독주로 보이고, 누군가에게는 결단의 정치로 읽힌다. 하지만 그가 생각하는 리더십의 뼈대는 단순한 카리스마나 돌파력 같은 선천적 재능이 아니라, 끊임없는 독서와 관찰 속에서 축적된 태도의 총합이다.

그는 스스로를 '선천적 리더'라 여기지 않는다. 오히려 책에서 리더는 만들어지는 것임을 배웠고, 자신이 읽은 리더들의 흔적을 수집하듯 자신의 정치에 차용해 왔다.

그가 가장 자주 언급하는 책 중 하나는 도리스 컨스 굿윈의 《권력의 조건 – 라이벌까지 끌어안은 링컨의 포용 리더십(원제 : Team of Rivals)》이다. 이 책은 링컨 대통령이 자신의 정적들을 장관으로 기용해 극심한 분열의 시대를 이끌어간 '포용의 리더십'을 다룬다.

《권력의 조건》은 미국 역사상 가장 존경받는 대통령 중 한 명인 에이브러햄 링컨이, 어떻게 자신의 경쟁자들을 포용하여 내각을 구성하고, 이를 통해 미국을 남북전쟁의 분열과 혼란 속에서 구해낼 수 있었는지를 심도 있게 조명한 작품이다. 굿윈은 이 책에서 링컨이 대통령 선거 과정에서 맞붙었던 강력한 경쟁자들 – 윌리엄 슈어드, 새먼 체이스, 에드워드 베이츠 등 – 을 자신의 정부에 등용한 결정이 단순한 화합 차원의 전략이 아니라, 링컨 특유의 리더십 철학과 정치적 천재성을 보여주는 사례였다고 분석한다.

링컨은 뛰어난 리더였지만, 그의 강점은 독선적인 리더십이 아니었다. 오히려 그는 자신보다 더 정치적 야망이 크거나, 더 뛰어난 지식과 명망을 지닌 인물들을 기꺼이 받아들였고, 그들과의 의견 충돌을 두려워하지 않았다. 슈어드는 초반에는 링컨을 하찮게 여겼지만, 점차 그의 내면의 강인함과 정치적 균형감각에 감화되어 가장 충직한 국무장관으로 남았다. 체이스는 링컨의 정책을 비판하며 대통령직을 노렸지만, 링컨은 체이스를 내각에 남겨 금융 시스템 개혁이라는 중대한 과업을 완수하게 했다. 베이츠 역시 남부 출신이라는 점을 이용해 남북 갈등을 완화하는 데 기여했다.

이재명은 이 책을 통해 리더란 "자기 신념을 관철하면서도, 자기 의견과 다른 사람을 설득 가능한 인간으로 끌어안는 사람"이어야 한다는 걸 배웠다. 그가 경기지사 시절, 야당 출신 시장들과도 협력하고, 자신과 생각이 다른 관료들과도 실용적 연정을 꾀한 방식은 이 '팀 오브 라이벌'식 리더십의 현실적 구현이었다.

그는 마키아벨리의 《군주론》에서 리더십의 냉정함과 계산 능력을 배웠다.

마키아벨리가 말했듯, "군주는 사랑을 받기보단 두려움의 존재여야 한다"는 문장은 그의 초기 돌파형 정치 스타일에서 분명히 반영된다. 이재명은 현실의 냉혹함을 직시하며 "결단하지 못하는 리더는 정치가가 아니라 해설자"에 불과하다고 본다. 그는 "비판받는 결단이 낫지, 방관하는 중립은 없다"고 자주 말한다. 이는 마키아벨리가 제안한 위기 상황에서의 책임지는 지도자상을 현실적으로 받아들인 태도다.

이외에도 그는 한나 아렌트의 《정치의 기원》을 통해 리더십은 권위가 아니라 신뢰와 행위의 일관성에서 나온다는 철학을 배웠고, 에릭 호퍼의 《맹신자들》을 통해 지도자는 대중의 감정을 조작하는 선동가가 아니라, 감정을 정제하여 비전으로 이끄는 번역자여야 한다는 생각을 갖게 되었다. 더불어 그는 《직업으로서의 정치》에서 막스 베버의 "열정, 책임감, 균형감각"이라는 세 가지 리더십 요소를 인용하며 자주 스스로를 점검했다.

- 열정은 목표를 밀고 나가는 에너지
- 책임감은 결정에 따르는 무게
- 균형감각은 시대와 사람 사이의 거리 조절

이 세 가지는 이재명이 말하는 "책임지는 리더"의 핵심 조건이기도 하다. 정리하자면, 이재명의 리더십은 링컨의 포용력에서 협치의 기술을, 마키아벨리의 냉정함에서 결단의 근거를, 아렌트의 윤리에서 일관성의 태도를, 베버의 기준에서 자기검열의 잣대를, 호퍼의 통찰에서 대중과의 건강한 거리두기를 배웠다. 그는 리더십을 책에서 배웠고, 현장에서 시험했으며, 비판 속에서 끊임없이 수정하고 다듬었다.

그에게 리더란 완성된 존재가 아니라, 늘 독서 중인 사람이며, 자기 문장을 쓰는 동시에 남의 문장을 경청할 줄 아는 존재다. 그는 오늘도 읽고 있다. 다음 결정을 더 정확히 하기 위해, 더 적게 후회하기 위해, 그리고 더 많이 책임지기 위해. 그게 바로, 책에서 길어 올린 이재명의 리더십이다.

024

그는 왜 마키아벨리를 인용하는가?

이재명이 마키아벨리를 자주 인용하는 건, 그가 냉혹한 권모술수의 세계를 동경해서가 아니다. 오히려 그는 현실정치의 본질을 있는 그대로 받아들이는 사람이기 때문에 마키아벨리를 읽고, 인용하고, 활용한다. 정치가 아름답고 정의로운 이상을 향해 움직이기만을 바란다면, 마키아벨리는 결코 좋아할 수 없는 이름이다. 하지만 현실정치는, 특히 한국처럼 정치적 생존이 매일 위태로운 구조 안에서는, '선한 의도'만으로는 견딜 수 없는 게임판이다.

이재명은 그 사실을 너무나 일찍, 너무나 뼈아프게 배운 사람이다.

그가 처음 마키아벨리를 만난 건, 고전 독서의 일부였다. 하지만 그 책이 손에서 내려놓이지 않은 건, '정치는 사람의 본성과 권력의 작동 원리를 꿰뚫는 기술'이라는 마키아벨리의 인식에 강하게 공감했기 때문이다. 《군주론》에서 가장 유명한 대목은 "목적이 수단을 정당화한다"는 실용주의적 정치 윤리다. 마키아벨리는 군주가 도덕적으로 선할 필요는 없으며, 필요할 때 선을 가장하고, 필요할 때 악을 선택해야 한다고 주장한다.

《군주론》은 이재명에게 어떤 위장술의 교본이라기보다는, "무너질 것인가, 버틸 것인가"라는 절박한 순간마다 꺼내 드는 생존의 매뉴얼이었다. 마키아벨리는 군주에게 말한다.

"사자처럼 강인하고 여우처럼 교활하라."

이재명은 이 말을 현실정치의 좌표로 삼는다.

이상주의자들의 도덕 담론 뒤에서 움직이는 탐욕의 구조를 직접 겪은 그는, '착한 사람'이라는 평가보다 '실행하는 사람'이라는 인정을 더 원했다. 그는 자주 이렇게 말한다.

"무능한 선보다 유능한 강함이 낫다. 나는 욕먹더라도 결과를 내는 정치를 하겠다."

이 말은 곧 마키아벨리의 통치 철학과 맞닿아 있다. 그가 마키아벨리를 인용할 때는 주로 이런 문맥이다.

"정치는 결과로 평가받아야 한다."

"지도자는 현실을 직시할 줄 알아야 한다."

"사람들은 자신이 보는 것을 믿지, 진실을 보려 하지 않는다."

이런 생각은, 냉소주의처럼 들릴 수 있지만, 사실은 이재명의 '정치적 비극 감각'을 보여주는 것이다. 그는 현실이 정의롭지 않다는 것을 안다. 그러나 그 현실을 거부하거나 외면하지 않는다. 오히려 그 부조리한 현실 안에서 최대한 사람을 위한 결정을 끌어내는 것, 그게 리더의 역할이라고 믿는다. 그리고 바로 그때 필요한 책이, 마키아벨리의 《군주론》이다. 하지만 여기서 중요한 점은, 이재명이 마키아벨리를 도덕 없는 권력 추구를 정당화하는 도구로 사용하지 않는다는 점이다.

마키아벨리는 안정된 통치의 핵심을 "운(포르투나)과 덕(비르투)"의 결합으로 본다. 운은 예측 불가능하지만, 능력과 결단력이 있는 군주는 불운마저 기회로 바꾸며 운명의 여신의 변덕을 통제할 수 있다고 본다. 그의 군주는 냉정하고 현실적이며, 민중의 지지를 받되 귀족의 권력을 견제하며, 국가의 독립과 번영을 위해 과감히 결단을 내리는 지도자다.

이재명은 '수단과 목적'이라는 마키아벨리적 아이러니를 이해하면서도, 그 수단의 한계를 넘어서기 위해 '정의'와 '사람'이라는 고전적 이상을 놓지 않는다.

그는 한 인터뷰에서 이렇게 말한 적이 있다.

"나는 마키아벨리를 읽되, 끝내 마키아벨리로 끝나고 싶진 않다. 권력을 얻기 위한 기술이 아닌, 권력을 제대로 쓰기 위한 지침으로 활용할 뿐이다."

요컨대 이재명이 마키아벨리를 인용하는 이유는 단 하나다.

현실 정치에서 '착함'은 때때로 무기력함이고, '결단'은 때때로 잔인함처럼 보일지라도, 사람을 위한 결과를 만드는 데 필요한 고통스러운 도구가 있다면, 그것조차도 배우고 책임지겠다는 태도. 그것이

이재명이 마키아벨리를 인용하는 방식이고, 그의 정치가 도덕주의
와 냉혹함 사이에서 아슬아슬하게 균형을 잡으려는 시도임을 보여
준다.

그는 사랑받는 지도자보다는 끝까지 책임지는 지도자, 칭송받기
보다는 욕먹더라도 실천하는 정치인을 택했다. 마키아벨리는 그에
게, 그 결정을 가능하게 만든 철학적 연료였다.

025

이재명이 존경하는 정치인은 누구인가?

이재명이 존경한다고 밝힌 정치인은 여러 명 있지만, 그중에서도 가장 자주 언급되고, 가장 깊은 영향을 끼친 인물은 에이브러햄 링컨과 정도전이다. 시대도, 방식도, 이념도 다르지만, 이 두 사람에게 공통적으로 흐르는 정치적 기조는 이재명의 이상에 맞닿아 있다.

"불가능한 개혁을 가능하게 만든 사람들."

그는 이런 인물들에 깊은 경외를 표한다. 왜냐하면 그 자신도 끊임없이 구조에 도전하는 정치인이기 때문이다.

먼저, 에이브러햄 링컨.

이재명은 링컨의 '리더십', '소통 능력', 그리고 '결단의 정치'를 매우 높이 평가한다. 그는 링컨이 남북전쟁이라는 피비린내 나는 분열의 시대를, '국민의, 국민에 의한, 국민을 위한' 민주주의라는 새로운 언어로 수렴해냈다는 점에 강한 감명을 받았다. 링컨은 고요하고, 단호하며, 때로는 외로웠다. 그리고 이재명은 바로 그 외로운 단호함에서 닮고 싶은 이상을 본다.

이재명은 한 인터뷰에서 이렇게 말한다.

"지도자는 칭찬을 듣기보다는, 국민을 위해 욕먹는 선택을 할 줄 알아야 한다."

이 말은 링컨이 노예해방 선언을 밀어붙이며 거센 반대에 직면했을 때의 심정과도 일맥상통한다. 링컨처럼, 이재명 역시 결정적 순간에 사람들의 인기보다 역사의 방향을 택할 줄 아는 정치인을 존경한다.

반면 한국 역사 속에서 그가 강하게 동질감을 느끼는 인물은 정도전이다. 조선의 개국공신이자, 유교 정치철학을 바탕으로 이성계의 나라를 설계한 건축가였던 정도전은 왕보다 국가를, 권력보다 제도를 중시했던 인물이다. 그는 불안정한 혁명의 시대에 '민본(民本)'을 중심에 놓고, 사대부 중심의 정치를 설계했으며, 권력자에게 바른말을 하다 피살된 '비극적 정치가'이기도 하다.

이재명은 정도전이 단순한 충신이 아니라, 국가를 설계하는 사상가이자 실천가였다는 점에 주목한다. 그는 자신이 도지사 시절 설계한 기본소득, 기본주택, 지역화폐 등의 실험적 제도를 정도전식 사고의 현대적 구현이라 생각한다.

"국민을 위한 정치, 구조를 바꾸는 개혁, 그리고 그 과정에 따르는 필연적 저항까지 모두 안고 가는 것."

정도전에게 배운 이 '완강한 실용주의'는 이재명의 정치철학을 떠받치는 보이지 않는 축이다.

이외에도 그는 김대중 대통령에게서 화해와 용기의 정치를, 노무현 대통령에게서 '말'의 무게와 정치의 진정성을 배웠다고 말한다. 하지만 그가 실천적으로 가장 가깝게 본받으려 하는 인물은 여전히 링컨과 정도전이다. 왜냐하면 이 둘은 공통적으로 극단의 시대에 '비정상의 정상화'를 밀어붙인 정치인이기 때문이다. 이재명은 정치인을 평가할 때, 단순히 카리스마나 지지율을 보지 않는다.

그가 보는 기준은 단 하나.

"무엇을 바꾸었는가. 누구를 위해 바꾸었는가. 그리고 그 대가를 감당할 준비가 되어 있었는가."

링컨은 그러했고, 정도전도 그러했으며, 이재명은 그 길을 걷는 중이다. 그는 영웅을 흉내 내지 않는다. 하지만 영웅이 남긴 좌표는 기억한다. 그리고 때로는 그 좌표를 따라 걷고, 때로는 그것을 벗어나며 자기만의 '정치인'이라는 형상을 만들어간다. 그 과정에서 그는 링컨의 품을 배우고, 정도전의 뼈를 새긴다.

그것이 그가 존경하는 정치인을 자기 안에 품는 방식이다.

026

그는 어떤 혁명가에게 감명을 받았는가?

이재명에게 혁명가는 단순히 역사의 한 페이지를 장식한 인물이 아니라, 자신이 걸어온 길의 거울이자 내면의 설계도를 재구성하게 한 살아 있는 교과서다. 그가 감명을 받은 혁명가는 바로 고려 말에서 조선 초를 열었던 정도전이다.

정도전은 조선 법전의 기초가 된 《조선경국전》 같은 저서를 통해 역사 속에서 이상적인 국가 건설을 위해 기성의 모든 질서를 깨뜨리고, 그 대신 전혀 새로운 체제와 제도를 설계한 인물이다. 이재명은 그런 정도전의 행보에서, "내가 당한 고난과 불공평함은 단지 개인의 문제가 아니라, 체제의 문제다"라는 사실을 깨달았다.

《조선경국전》은 조선 개국의 설계자 정도전이 새 나라의 기본틀을 마련하기 위해 편찬한 법전이다. 고려 말 패망의 교훈을 딛고 새로운 질서를 세우려 했던 조선의 건국 이념이 이 책에 집약되어 있다. 정도전은 유교적 이상국가를 실현하는 것을 목표로 삼았으며, 권문세족과 불교 중심의 구질서를 철저히 배격하고 새로운 정치 · 경제 · 사회 시스템을 구상했다.

어릴 적 공장에서 철판 소리와 기름 냄새 속에서 살아남기 위해 몸부림치던 이재명은, 자신이 태어난 환경이 결코 우연이 아니라, 사회와 국가의 구조적 불평등이 만들어낸 결과임을 몸소 체험했다. 그런 그에게 정도전은 단순히 문헌 속 고전이 아니라, 스스로가 겪어온 체제적 억압에 맞서 싸운, 살아 있는 혁명의 아이콘이었다.

정도전은 고려 말의 부패한 기득권과 싸워 나라의 기틀을 새로 썼고, 조선 건국의 청사진을 그려냈다. 그는 나주에서의 귀양살이 동안 민초들의 피폐한 삶을 적나라하게 보았고 민본(民本)주의를 개창했다. 그는 "국가는 다시 태어나야 한다"는 선언을 내놓으며, 기존 질서를 무너뜨리고 새롭게 재구성할 수 있는 용기와 결단력을 몸소 실천했다.

이재명은 정도전의 혁명적 정신을 자신의 정치적 언어로 받아들였다. 그는 정도전이 남긴 《조선경국전》과 같은 정치 문서를 단순한 역사적 기록으로 보지 않고, 지금의 정치 체계와 사회구조를 재해석할 수 있는 '정치의 도구'로 삼았다. 정도전은 한 나라의 미래를 위해 전통적인 권위에 도전하고, 때로는 무자비한 혁명적 결단을 내렸다는 점에서 이재명의 경험과 깊이 공감된다. 이재명은 자신이 겪은 가난과 불평등, 그리고 그 속에서 목격한 체제적 모순들이 정도전이 설계한 '새로운 질서'의 필요성을 증명한다고 생각한다.

정도전은 말 그대로 '제도를 설계하는 혁명가'였다. 그는 고려의 쇠퇴를 목도하며, 국가의 부패와 기득권의 독주를 참을 수 없었고,

그 대신 새로운 국가의 모델을 직접 그려냈다. 이재명은 그 과정에서, "혁명은 단순한 폭동이 아니라, 체제 자체를 재구성하는 지적인 싸움"이라는 깨달음을 얻었다. 정도전이 자신의 목숨을 걸고 펼친 혁명적 설계는, 이재명에게 단순한 감동을 넘어서, 지금의 정치적 결정과 정책적 실천에 있어서 하나의 근본 원칙이 되었다.

정도전은 혁명의 참된 의미를 "실패를 두려워하지 않고, 계속 도전하는 것"으로 보여주었다. 조선 건국의 과도기, 수많은 반대와 비판 속에서도 그는 단호하게 자신의 길을 걸었고, 그 결과로 역사는 그의 결단을 증명해냈다. 이재명은 정도전의 그런 끈질김과 자기 극복의 모습을 보며, "나는 절대 멈추지 않을 것이다"라는 다짐을 새겼다. 혁명이란 단 한 번의 성공으로 끝나는 것이 아니라, 끊임없는 자기 갱신과 체제의 재구성에서 오는 것임을 정도전은 몸소 보여주었고, 이재명은 그 모범을 따라가기 위해 매 순간 자신의 정치적 삶을 재정비해왔다.

그는 정도전이 혁명가로서 보여준 '합리적 냉정함'에도 감명을 받았다. 정도전은 격변의 시대 속에서 감정을 앞세우지 않고, 오히려 논리와 전략, 그리고 도덕적 상상력을 바탕으로 국가를 설계했다. 이재명은 그런 정도전의 방식을 "감정에 휘둘리지 않고, 체계적 문제 해결에 집중할 줄 알아야 한다"는 다짐으로 받아들였다. 그에게 있어서 혁명은 단순한 감정의 폭발이 아니라, 매 순간 자신을 되돌아보고, 세상의 부조리와 맞서는 냉정한 계산이었다.

이재명은 정도전을 단지 역사적 인물로만 보지 않는다. 그는 정도전이 자신에게 남긴 메시지, 즉 "국가는 결코 고정된 것이 아니라, 항상 재설계될 수 있는 살아 있는 존재"라는 점을 심오하게 새겼다. 정도전의 혁명은 단순한 무력 투쟁이 아니라, 인간과 제도의 본질을 다시 묻는 철학적 성찰이었다. 이재명은 그 성찰을 자신의 정치적 실천과 연결지으며, 국민이 체감할 수 있는 '공정한 사회'를 구축하기 위해 노력한다.

이렇게 이재명은 정도전이라는 혁명가에게 감명을 받아, 정치가 단순한 승부가 아니라, 한 사람의 삶과 모두의 존엄을 지키기 위한 끊임없는 재설계임을 깨달았다. 그는 정도전의 혁명적 태도를 자신의 정치 철학의 밑바탕으로 삼고, 그 결단과 냉정, 그리고 끈질김을 현실정치에 옮기기 위해 매일같이 싸우고 있다. 그가 감명을 받은 정도전은, 지금도 그의 정치적 선택과 독서, 그리고 정책의 근간에 깊게 자리잡고 있으며, 그 혁명의 정신은 이재명의 정치인으로서의 존재 자체에 녹아 있다.

이재명이 감명을 받은 혁명가는 바로 정도전이다. 그는 정도전의 용기와 결단, 그리고 끊임없이 체제를 재구성해 나가는 혁명의 정신을 자신의 정치적 언어와 행동 양식으로 승화시켰다. 이재명은 정도전의 발자취를 따라, 한 사람의 힘으로 불의한 구조를 깨고, 국민의 삶을 변화시키려는 정치인의 길을 계속해서 걸어가고 있다. 그리고 그 길의 끝에 서 있는 질문은, "우리는 어떻게 해야 우리 자신을, 그리고 우리 사회를 다시 설계할 수 있을까?"라는 것이다.

027

법률가 이재명은
어떤 법철학을 따르는가?

법률가 이재명이 따르는 법철학은 단순한 법리의 정합성이나 조문 해석에 머물지 않는다. 그는 '법은 살아 있는 인간의 고통을 다뤄야 한다'는 실천적 관점, 즉 막스 베버(Max Weber)의 법사회학적 입장과 존 롤스(John Rawls)의 정의론, 그리고 비판법학(Critical Legal Studies) 흐름까지 섭취하며 형성된, 현실 중심형 법철학자에 가깝다.

그의 법관은 법원에 있는 재판장보다, 길 위에서 싸우는 민변(민주사회를 위한 변호사 모임) 출신 변호사에 가깝다. 성남의 노동 현장과 철거촌, 병원비가 없어 발을 동동 구르는 환자들의 이야기, 억울한 해고를 당한 노동자와 집을 뺏긴 채무자의 분노가 그에게 법의 본질을 가르쳤다. 법이 사람을 지키지 못한다면, 그 법은 다시 써야 한다. 이것이 이재명 법철학의 출발점이다.

그가 가장 자주 언급하는 인물은 바로 막스 베버다. 베버는 법을 단지 국가의 명령체계나 자율적 기계장치로 보지 않았다. 그는 "법은 사회적 권력 구조와 결합되어 있으며, 사회의 지배양식에 따라 그 형식과 내용이 달라진다"고 보았다. 이재명은 이 말에 철저히 동의했다. 그는 한국 사회의 법이 종종 "권력을 위한 도구" 혹은 "기득권의 질서 수호 장치"로 기능한다는 점에서, 베버가 말한 '형식합법성과 실질합리성의 충돌'을 누구보다 절실하게 체감한 사람이다.

이재명에게 법은 중립적이지 않다. 그는 "법은 누구에게나 평등하다고 말하지만, 그 법이 작동되는 방식은 결코 평등하지 않다"는 인식을 가지고 있다. 그에게 법은 사회적 구조와 불평등의 심연을 반영하는 일종의 '거울'이다. 그리고 그 거울을 들여다보면, 언제나 가장 약한 자들의 얼굴이 왜곡되어 있다.

그가 따르는 법철학은 또 한편으로는 존 롤스의 '정의론'과도 긴밀히 연결되어 있다. 특히 '무지의 베일' 아래에서 제도를 설계하라는 롤스의 제안은, 그가 지자체장 시절 내놓았던 기본소득, 청년수당, 무료 산후조리원, 무상급식 같은 정책의 법적 설계에 그대로 반영되어 있다. 이재명은 "법은 그 제도 속에 살게 될 최약자를 기준으로 설계돼야 한다"고 주장한다.

이 말은 법을 단지 '공정한 절차'로 보는 자유주의적 형식주의 법 관점에서 한 걸음 더 나아간, 사람 중심의 결과 지향적 정의론이다. 그는 비판법학(CLS) 계열의 인식도 섭취하고 있다.

법이 가치중립적이라는 통념을 비판하며, 법적 언어조차 권력 관계 속에서 형성된 서사임을 폭로하는 비판법학자들의 시선은 그의 "법보다 정의"라는 슬로건과 절묘하게 겹친다.

이재명은 법이 스스로를 절대화하거나 사람의 고통을 외면하는 순간, 그 법은 폭력이 된다고 본다. 그래서 그는 종종 법치의 이름으로 인간을 압박하는 관료주의적 형식을 비판한다. "법대로 했는데 왜 이 지경이냐"고 외치는 민심을, 그는 책에서가 아니라 길거리에서, 청문회에서, 법정에서, 구청 민원실에서 들었다.

요컨대, 이재명이 따르는 법철학은 다음과 같다.
• 베버적 현실 인식 – 법은 권력 구조를 반영하며 중립적이지 않다.
• 롤스적 정의감각 – 제도는 최약자를 기준으로 설계돼야 한다.
• 비판법학의 의심 정신 – 법조차 권력 서사임을 직시하며 경계하라.

이 세 가지가 교차하며 만들어진, '사람을 위한 법, 현실 속 정의를 향한 법'이다. 법률가 이재명은 법을 잘 아는 사람일 뿐 아니라, 법의 무게를 견디는 사람이다. 그는 법을 무기로 쓰기보단, 법의 칼끝이 누구를 향해 있는지 끊임없이 질문하는 사람이다.

그에게 법은 신전이 아니라 공터다. 그 공터에서 사람들의 이야기가 시작될 수 있어야, 그제야 비로소 법은 '사람을 위한 그 무엇'이 된다.

028

그는 왜 '법보다 정의'를 이야기하는가?

이재명이 "법보다 정의"를 이야기할 때, 그건 단순한 도덕적 외침이 아니다. 그는 법의 한계를 누구보다도 현실적으로 체감한 사람이다. 소년 시절 공장에서 기계에 손가락을 깎이며, 산재 보상을 받기 위해 거쳐야 했던 관료적 절차의 장벽, 그리고 가난한 사람에게는 너무도 엄격한 법과, 부유한 권력자에게는 너무도 관대한 법을 직접 경험한 그는 일찍이 깨달았다. 법은 중립적인 척하지만, 절대로 중립적이지 않다는 것을.

그는 법률가다.

성남시장이 되기 전, 그는 노동자와 약자의 편에 선 인권변호사였고, 법을 누구보다도 정확히 알고 해석할 수 있는 능력을 갖췄다. 하지만 법만으로는 고통을 구제할 수 없다는 것을 누구보다 잘 알았기에, 법을 넘어서야 할 때가 있다고 말한다.

그가 말하는 "법보다 정의"는, 법을 무시하자는 말이 아니라, 법이 정의를 외면할 때, 정의가 법을 일깨워야 한다는 정치적 선언이다. 법은 때로 절차의 정당성만 따지고, 그 절차가 만들어낸 현실의 부조리함에는 침묵한다. 이재명은 이런 '절차적 정당성'만을 강조하는 법의 관성을 경계한다.

　그는 이렇게 말한다.

"불법은 아니지만 불공정한 일이 너무 많다. 법을 지켰다는 이유만으로 사람들에게 고통을 주는 사회라면, 그 법은 다시 써야 한다."

　이 말은 단순한 감정이 아니다. 이재명은 존 롤스의 《정의론》, 마이클 샌델의 《정의란 무엇인가》, 한나 아렌트의 《예루살렘의 아이히만》 같은 책들을 통해 법의 도덕적 한계, 합법과 정당성의 분리, 체제의 불의함에 대한 저항을 철학적으로 체화해왔다. 그는 '정의는 제도 이전에 감각'이라는 것을 믿는다.

　사람들이 불편하고, 고통받고, 분노하는 감정 속에 법이 아직 해내지 못한 '정의의 부재'가 숨어 있다. 예를 들어, 부동산 투기로 집값이 폭등했지만, 법적으로는 아무 문제 없는 거래였다는 식의 설명에 대해 그는 이렇게 되묻는다.

"법을 지켰다는 그 사람이 어떻게 수백억을 벌었고, 왜 수십만 청년들이 전세금도 없이 월세방에 갇혀 살아야 하냐"고.

　이 질문은 도덕의 감정이 아니라, 구조를 향한 정치적 질문이다.

　법은 구조를 보호하지만, 그 구조가 부조리하면, 법은 곧 불의의 방패가 될 수 있다는 것. 그가 "법보다 정의"를 말하는 이유는 바로 여기에 있다.

　이재명은 사법 정의와 사회 정의의 간극을 지적한다. 법정에서 무죄를 받아도, 사람들 마음속에 유죄일 수 있다. 그는 정치인이기 때문에, 법보다 더 높은 기준인 국민의 감정, 국민의 직관, 국민의 상식을 무시하지 않는다. 그는 이를 "정서적 정의"라고 부른다. 법이 따라오지 못하는 영역을 정치가 메워야 하며, 그 역할을 두려워하지 않아야 한다는 것이 그의 입장이다. 이재명이 말하는 "법보다 정의"는 불법을 감싸는 정당화가 아니라, 불의를 끝까지 붙잡고 책임지겠다는 각오에 가깝다. 그는 법을 공부했지만, 법의 안쪽에서 정의가 밀려나는 장면을 수도 없이 보았다.

그래서 그는 오늘도 외친다.

"나는 법을 지키는 인간이 아니라, 사람을 지키는 인간이 되고 싶다."

그의 정의는 때로 법보다 앞서 달리고, 때로 법을 기다리며 싸운다. 이재명에게 있어서 정의는 이상이 아니라 방향이다. 법은 도구이자, 갱신이 필요한 설계도다. 그리고 정치란, 그 설계도를 다시 그려 넣는 일이다.

029

정치는 그에게 무엇을 의미하는가?

정치는 그에게 단순히 권력을 쥐고 이끄는 수단이 아니라, 한 사람 한 사람의 삶을 재구성하고, 사회의 불평등과 부조리를 해체하며, 국민의 고통을 치유하는 궁극적인 "살아 있는 제도"다. 이재명은 정치를 단순한 승리의 공식이나 선거의 숫자로 평가하지 않는다. 오히려 정치란, 매일같이 부딪치는 현실 속에서 인간의 존엄을 되찾고, 사회의 근본적인 문제를 해결하는, 끝없이 재설계해야 하는 "문제 해결의 예술"이다.

어릴 적 공장에서 철판 소리와 기름 냄새에 익숙해진 그는, 정치라는 단어를 듣기 전부터 이미 불평등과 부조리한 체제 속에서 자신과 주변 사람들이 어떻게 살아남아야 하는지를 몸소 경험했다. 그에게 정치는 '내가 살아남은 이유'이자 '나 자신을 다시 재정비하는 무기'였다. 그래서 정치는 결코 단순한 이념이나 구호가 아니라, 매 순간 자신의 몸과 마음, 그리고 국민 한 사람 한 사람의 삶에 직접적으로 닿아야 하는 실천의 언어였다.

그는 정치를 "사람을 위한 일"로 바라본다. 수치와 통계, 그리고 선거에서의 승리보다 중요한 것은, 국민이 진짜로 체감할 수 있는 변화, 즉 식탁 위의 음식, 아이들의 교육, 병원에서의 진료, 집 앞 동네의 안전이다. 이러한 현실의 문제들은 단순한 이론으로는 해결될 수 없으며, 오직 직접적인 행정 개입과 국민과의 대화를 통해서만 가능하다는 것을 그는 깨달았다. 예를 들어, 그가 추진했던 기본소득, 지역화폐, 공공배당 같은 정책들은 모두 단순히 경제적 지표를 높이는 데 그치지 않고, 국민의 일상에 직접적인 영향을 주기 위한 "실천 정치"의 결과물이었다.

정치는 그에게 있어 '살아 있는 기록'이다. 그는 역사를 단순히 과거의 기록이 아니라, 오늘날 우리가 마주하는 불평등과 고통, 그리고 희망의 연속선으로 본다. 유시민의 《역사의 역사》나 송호근의 《시민의 탄생》과 같은 책들을 통해, 그는 과거의 사건들이 어떻게 현재의 체제를 만들어냈는지를 날카롭게 분석하고, 그 속에서 변화의 단서를 찾았다. 그래서 정치란, 과거의 잘못을 바로잡고 미래를 재설계하는 "변혁의 연속"이 되어야 한다는 확신을 갖게 됐다. 정치는 과거의 영광이 아니라, 미래의 설계도이며, 국민 모두가 그 설계의 주체가 되어야 한다는 것이다.

이재명에게 정치는 "말이 아니라 행동으로 증명되어야 하는 것"이다. 그는 언제나 책을 읽고, 그 책에서 얻은 교훈을 현실정치에 녹여내려고 했다. 정치적 결정은 단지 이념이나 구호에 그치지 않고, 국민의 고통과 희망, 분노와 웃음, 그 모든 감정을 포괄하는 복합적인 언어로 표현되어야 한다. 그래서 그는 링컨, 루스벨트, 김대중 같은 역사적 인물들의 연설문과 문장을 자신의 정책 언어로 재해석하며, 국민에게 다가갈 수 있는 진정성 있는 정치 메시지를 만들어냈다. 그는 "정치는 단지 한 사람의 독백이 아니라, 모두의 합의와 질문에서 시작된다"라고 말하며, 언제나 국민과의 대화를 우선시했다.

정치는 그에게 있어 "문제 해결의 도구"이자 "자신을 잃지 않기 위한 방패"다. 고통받는 국민의 목소리와 사회의 불합리함을 외면하면, 그 어떤 법률도, 제도도 단지 공허한 서류에 불과하다. 이재명은 독서를 통해 인간의 본질과 사회의 구조를 깊이 이해했고, 그 이해를 바탕으로 정치가 단순한 힘의 행사가 아니라, 인간의 존엄을 지키기 위한 체계적 대응임을 몸소 증명했다. 그는 "정치는 내가 만든 문장으로 끝나지 않는다. 그것은 국민의 목소리, 그들의 질문, 그리고 그들의 희망으로 완성된다."라고 강조한다.

이러한 이유로, 이재명에게 정치는 우리 모두의 삶을 지탱하는 근본적인 '사회 재설계'다. 그는 정치를 단순한 승리의 수단이 아니라, 한 사람 한 사람의 고통과 희망을 직접적으로 해결하는, 가장 실질적인 인간의 행위로 받아들인다. 이재명이 말하는 정치는, "사람의 뒷주머니를 돌보는 일"이자 "사람을 잃지 않는 일"이다. 그리고 그런 정치는 단지 이론이나 슬로건이 아니라, 책장을 넘기며 얻은 깊은 사유와, 그 사유를 바탕으로 한 끊임없는 행동, 그리고 실패 속에서도 다시 일어서는 내면의 힘에서 비롯된다.

이재명에게 정치는 우리가 매일 경험하는 고통, 불평등, 그리고 희망을 다시 읽고, 그 해답을 찾아내는 과정이다. 정치란 단순히 명령을 내리는 것이 아니라, 국민 각자가 자신의 삶을 선택할 수 있도록 돕는, '모든 사람을 위한 공공의 장'이다. 그는 정치를 통해 사회의 부조리한 구조를 깨고, 국민이 진짜로 원하는 변화를 이끌어내고자 한다. 그래서 그의 정치적 비전은, 숫자와 통계로만 승부하는 것이 아니라, 국민 한 사람 한 사람의 삶을 직접적으로 변화시키는, 진정한 '인간 중심'의 정치이다. 이러한 정치만이 우리 모두가 함께 살아갈 수 있는, 그토록 필요하고도 의미 있는 세상을 만들 수 있다고 이재명은 믿는다.

그는 독서를 통해 어떤 전략을 얻는가?

이재명에게 독서는 단순한 지식의 축적이 아니다. 독서는 그에게 '싸움의 무기'이자 '현실의 설계도'이며, 위기 속에서 길을 찾는 나침반이다. 그는 책에서 감정을 다스리는 방법을 배우고, 인간의 본성을 관통하는 통찰을 얻으며, 복잡한 사회구조를 어떻게 해체하고 재조립할 것인가에 대한 전략을 수집해왔다. 즉, 독서는 그의 정치 철학을 구성하는 원천이자, 매일같이 업데이트되는 실천의 인공지능 같은 존재다.

그는 특히 위기 상황에서의 리더십, 권력의 본질, 제도 설계의 기술, 여론과 감정의 흐름까지도 독서를 통해 전략화한다. 《군주론》에서는 마키아벨리식 권력 기술을 배우고, 《21세기 자본》에서는 불평등을 관리하는 구조를, 《정의란 무엇인가》에서는 도덕이 아니라 시스템이 정의를 결정한다는 사실을 재확인한다. 그는 책에서 얻은 전략을 삶과 연결하고, 이론을 곧바로 실천으로 끌어당기는 특이한 정치인이다.

예를 들어, 마키아벨리는 "사자의 용맹과 여우의 교활함을 겸비하라"고 했고, 이재명은 이 구절을 읽고 실제로 "때론 미움받을 용기도 전략이다"라는 철학을 세웠다. 정치는 이미지 게임이 아니라, 실질

제3부 ——— 싸우는 자의 독서

을 바꾸는 기술이어야 한다는 마키아벨리적 전략을 그대로 현실에 적용한 것이다. 그래서 그는 때로는 거칠고 직설적인 언어로 여론을 흔들지만, 그 이면에는 계산된 전략과 시뮬레이션이 숨어 있다.

또 다른 전략적 영감은 링컨의 리더십에서 온다. 그는 링컨의 연설과 정치적 타협술을 읽으며, "정치는 감정을 다루는 심리전이며, 상대를 완전히 꺾기보다 스스로 물러나게 만드는 기술"이라는 통찰을 얻었다. 링컨이 남북전쟁이라는 내전을 민심의 흐름을 읽고 승리로 이끈 것처럼, 이재명은 공세와 후퇴, 개혁과 유연함 사이의 균형을 독서로 훈련해왔다. '감정은 리더의 최대 적이자 무기'라는 전략적 태도도 여기에서 비롯된다.

이재명의 독서 전략은 또 하나의 특징이 있다. 그는 고전과 현대서를 넘나들며, '시대의 압력'을 견디는 방법을 책에서 배운다. 한나 아렌트의 《전체주의의 기원》을 읽고 권력의 과도한 집중이 어떻게 인간의 자발성을 억누르는지를 배우고, 조지 오웰의 《1984》에서 감시 사회의 본질과 언어의 통제를 파악한다. 그에게 독서는 "권력은 어떤 얼굴로 다가오는가?"라는 질문에 끊임없이 답을 제공하는 '미래 예측 툴'이다.

하지만 그가 독서를 통해 얻는 전략은 단지 구조 분석에 머물지 않는다. 그는 책을 읽으며 '정서의 흐름'을 읽는다. 한 권의 시집에서, 한 줄의 에세이에서 그는 '국민은 무엇을 원하는가', '대중은 어떤 언어에 위로받는가'라는 통찰을 얻는다. 정치가 단순한 구조 개편이 아니라, 사람의 감정을 다루는 기술임을 책에서 배운다. 그래서 그는 전략을 설계할 때 숫자와 통계보다 '말의 힘', '톤의 높낮이', '침묵의 의미'까지 고려한다.

독서를 통해 그는 한 가지 핵심 전략을 확신하게 된다. "정치는 이길 수 없는 싸움에서 밀리지 않는 기술"이라는 것이다. 그는 이 전략을 칼 마르크스의 체제 비판에서, 마이클 샌델의 공정론에서, 그리고 빅터 프랭클의 생존 철학에서 배운다. 그는 체계의 오류를 설계도로 고치기 위해, 매일같이 책을 도면처럼 펼쳐놓고 스스로를 점검한다. 어떤 날은 《국가란 무엇인가》를 읽고 국가의 실체에 대해 회의하고, 어떤 날은 《죽음의 수용소에서》를 다시 꺼내며 인간 내면의 용기와 인내를 전략적으로 재구성한다.

이재명에게 독서란 "정치를 살아 있게 하는 소프트웨어 업데이트"다. 책은 단순한 참고서가 아니라, 현장 전투에서 무기가 되고, 밤늦은 고뇌 속에서는 나침반이 된다. 그는 말한다.
"나는 책에서 배운 것을 내일의 정책으로 바꾸지 않으면 독서를 했다고 생각하지 않는다."
그의 독서는 곧 실전이고, 실전은 곧 책의 재해석이다. 이재명은 그런 독서 전략을 통해, 혼란스러운 정치의 전장 속에서도 자신만의 싸움법을 확립하고, 국민과의 신뢰를 쌓고자 한다.
그리고 그 과정에서 그는 수많은 책을 경유하여, 단 한 권의 정치인이라는 살아 있는 책이 되어간다.

이재명의 서재

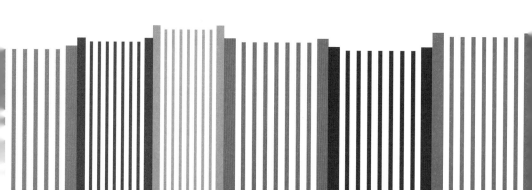

이재명의 책장에는
어떤 책이 꽂혀 있는가

이재명의 책장은 단순한 수집 공간이 아니다. 그것은 전략의 창고이자, 삶의 방어
막이며, 현실을 재설계하기 위한 실전 매뉴얼이다. 그 안에는 고전이 있고, 경제
서가 있고, 정치 비평이 있고, 법철학이 있다. 마키아벨리의 냉철함부터 피케티의
분배론, 샌델의 정의론까지 – 그의 책장은 늘 치열하게 현실을 향하고 있다. 이 부
는 이재명의 사유를 만든 책들과, 그가 직접 읽고 행동으로 옮긴 독서의 흔적들을
따라간다.

031

이재명이 반복해서 읽은 책은 무엇인가?

이재명이 반복해서 읽은 책은, 단 하나의 제목으로 고정되진 않는다. 그에게 반복 독서는 마치 전투 전에 검을 버리는 행위, 혹은 낡은 설계도를 다시 펴고 수정 선을 덧그리는 작업에 가깝다. 그러나 그중에서도 유독 그가 반복적으로 손에 쥐었던 책 몇 권이 있다. 그 책들은 단순히 '감명 깊은 독서 경험'이 아니라, 정치라는 불확실한 세계를 건너기 위한 실전 매뉴얼이자 전략 도감이었기 때문이다.

가장 자주 언급되는 책은 마키아벨리의 《군주론》이다. 이 책은 이재명에게 있어 '정치판 생존의 바이블'과도 같았다. 그는 이 책에서 "사자의 용맹과 여우의 지혜를 겸비하라"는 구절을 인용하며, 정치적 상황에 따라 말의 날을 세우거나 감정을 숨기고 전략을 펼치는, 두 얼굴의 리더십이 필요함을 깨달았다. 특히 그는, 정의와 이상만으로 정치가 돌아가지 않는다는 냉혹한 현실을 이 책을 통해 받아들이게 되었고, 마키아벨리가 말한 "인간은 선하지 않다"는 전제를 통해, 인간 군상의 욕망과 기득권의 본능을 이해하기 시작했다. 그래서 《군주론》은 그에게 단순한 고전이 아니라, 현실정치에서 살아남기 위한 생존 기술서였다.

그가 또 자주 꺼내 읽은 책은 조지 오웰의 《1984》였다. 언어의 통제, 감시 체계, 무형의 권력이 사람들의 사유마저 장악하는 디스토피아적 세계를 묘사한 이 소설은, 그가 공직에 몸담으면서 부딪힌 현실 권력의 '이중성'을 예리하게 포착하는 데 큰 도움을 주었다. 그는 종종 언론 보도와 검찰의 논리를 비판하면서, "이것이 바로 오웰적 언어의 세계다"라고 말한다. 이재명은 《1984》를 통해, 권력의 진짜 무서움은 총이나 감옥이 아니라, '말의 의미를 바꾸는 것'이라는 점을 끊임없이 되새긴다.

빅터 프랭클의 《죽음의 수용소에서》 역시 그의 반복 독서 목록에 자주 등장한다. 이 책은 그에게 "고통 속에서도 인간은 의미를 발견할 수 있다"는 강력한 신념을 심어주었다. 이재명은 소년공 출신으로 온몸에 쇳가루와 땀을 묻히며 살아왔고, 정치인이 된 이후에도 숱한 조롱과 공격을 견뎌야 했다. 그때마다 그는 이 책을 다시 꺼내 들고, "인간은 조건에 지배당하는 존재가 아니라, 조건을 초월하는 존재다"라는 프랭클의 말을 마음속에 새겼다. 반복 독서를 통해 그는 스스로의 '고난 서사'를 정의의 무기로 바꾸는 법을 배웠다.

그 외에도 그는 자주 《정의란 무엇인가》를 읽으며, 이론적 고민을 실천적 언어로 번역하는 연습을 했다. 마이클 샌델의 문장은 대학 강의실을 넘어, 시민들과의 토론장에서 그대로 사용될 수 있을 만큼 직관적이었다. 이재명은 공정과 정의를 말할 때, 그 언어가 추상적으로 들리지 않도록 노력했고, 샌델의 방식에서 커뮤니케이션의 힌

트를 얻었다. 그는 이 책을 읽고 "정의는 단순히 옳고 그름의 문제가
아니라, 우리가 어떤 사회에서 살고 싶은가에 대한 선택이다"라는
신념을 세웠다.

　그리고 간과할 수 없는 책이 하나 있다. 도스토옙스키의 《죄와
벌》. 그는 이 작품을 반복해서 읽으면서 인간 내면의 선악, 특히 '의
로운 폭력'의 한계를 깊이 고민했다. 주인공 라스콜니코프가 '자신의
정의'를 실현하기 위해 살인을 저지른 뒤 죄책감에 시달리는 모습을
통해, 그는 정의란 무엇이며, 법과 도덕은 어떤 경계에서 충돌하는
지를 생각했다. 이 책은 그에게 "정치가 어디까지 사람의 고통을 감
당할 수 있는가"라는 질문을 끊임없이 던지게 했다.

　요약하자면,
《군주론》은 정치의 기술과 냉정한 생존 전략을,
《1984》는 권력과 언어의 본질을,
《죽음의 수용소에서》는 고통 속에서도 의미를 찾는 내면의 용기를,
《정의란 무엇인가》는 시민과 함께 말할 수 있는 정의의 언어를,
《죄와 벌》은 인간의 죄책감과 도덕적 모순을 탐구하게 만들었다.

　그는 단순히 책장을 넘기지 않는다. 책을 읽고, 밑줄을 긋고, 다시
꺼내 읽으며, 그 책 속 전략과 통찰을 현실 속 상황에 맞게 수정하
고 조율한다. 그래서 그에게 반복 독서는 "예전에 읽었을 때는 안 보
이던 문장을 이제는 내 인생이 보이게 만든다"는 것이다. 책은 늘 같

은 곳에 있지만, 독자는 변한다. 그렇게 변한 독자가, 책에서 또 다른 전략을 꺼내는 것이다. 이재명은 그런 방식으로 책을 반복해 읽는다. 그리고 그렇게 책은, 그의 머리가 아닌 몸으로 흡수된다.

전략이란 기억이 아니라 반복에서 완성되니까.

032

이재명이 가슴에 새긴 시는 무엇인가?

이재명이 가슴에 새긴 시, 단연 신동엽의 〈껍데기는 가라〉다.

그의 삶과 이 시는 어쩌면 운명처럼 맞닿아 있다.

껍데기로 가득한 이 사회, 포장과 이미지로 뒤덮인 정치, 그리고 '진짜'가 사라진 시대 속에서, 그는 늘 껍데기를 벗기려는 자였다. 때로는 너무 날것이라 불편했고, 때로는 너무 진심이라 공격받았다. 하지만 그는 껍데기를 벗기지 않고선 정의도 공정도, 사람도 보이지 않는다고 믿었다. 신동엽의 이 시는 짧지만, 무겁다.

"껍데기는 가라 / 4월도 알맹이만 남고 / 껍데기는 가라."

이 시를 이재명은 "내 정치 인생의 서문"이라고 말한다.

정치가 포장과 홍보, 말의 기술로 점철되는 현실 속에서 그는 시인의 분노처럼, "껍데기는 가라"고 외친다. 그가 말하는 껍데기란 무엇인가?

- 입으로만 공정을 외치는 이념
- 법을 무기로 바꾸는 기득권

- 약자를 위하는 척하면서 부를 축적하는 제도
- 국민을 위한다며 국민을 소외시키는 정치

그는 그런 껍데기를 보며 자랐다. 소년공 시절, 공장장과 중간관리자는 늘 "노동자의 권리를 지켜주겠다"고 말했다. 하지만 현실은 손가락이 기계에 끼어도 아무도 책임지지 않았다. 껍데기뿐인 말이었다. 그런 기억이 그의 뼈에 각인됐다. 그래서 그는 시인의 이 명령을 자신의 정치적 존재 이유로 삼았다.

"알맹이만 남겨야 한다. 진짜만 말하고, 진짜만 보여주자."

이재명은 이 시를 강단이 아닌, 거리에서 읽었다. 수많은 기자들의 질문 세례를 받으며 답했다.

"내가 하는 이 말도 껍데기처럼 들릴지 모른다. 하지만 나는 적어도 내 말에 책임지는 정치인이 되려 한다."

이것은 그의 선언이었다. 그는 껍데기라는 비난을 피하려 하지 않았다. 오히려 스스로의 껍질을 벗기며 말했다.

"나는 껍데기가 아니고자, 매일 스스로를 찢는다."

〈껍데기는 가라〉는 단지 분노의 시가 아니다. 그것은 새로운 시대의 시작을 알리는 호령이자, 모든 위선과 가식, 형식과 절차 속에서 '진짜 사람', '진짜 가치', '진짜 사회'를 갈망하는 외침이다. 이재명은 이 시를 통해 자신에게 끊임없이 묻는다.

"나는 알맹이인가? 아니면 말만 그럴듯한 껍데기인가?"

그래서 그는 말한다.

"내가 정치를 하며 가장 무서운 건 비판이 아니라, 내가 껍데기가 되는 것이다."

이 말은 정치인 이재명이 가진 가장 독한 자기 점검이자, 시인 신동엽의 문장을 자신의 심장에 새긴 증거다. 그는 이 시를 민주주의의 윤리적 미니멀리즘이라 부른다.

"껍데기는 가라"는 말 안에 정치, 언론, 교육, 경제, 법률, 사법 모든 체계의 거짓과 부조리를 향한 최소한의 분노와 최상의 이상이 함께 담겨 있다는 것이다. 이재명에게 신동엽의 시는 그냥 한 편의 시가 아니다. 그건 그의 거울이고, 각성이며, "말하지 말고 증명하라"는 조용한 비명이다.

정치가 쇼가 되어버린 시대에서, 그는 지금도 묻는다.

"나는 껍데기인가? 알맹이인가?"

그리고 스스로 답한다.

"나는 알맹이가 되고 싶다. 진짜로."

033

철학책 중 그가 추천하는 책은?

이재명이 여러 철학책을 읽었다고 말했지만, 그중에서도 가장 자주 추천한 책은 마이클 샌델의 《정의란 무엇인가》이다. 단순히 유명해서가 아니다. 이 책은 그가 평생 고민해온 "정치란 무엇인가?", "국가는 누구를 위해 존재하는가?", "공정이란 과연 무엇인가?"라는 질문에 명료하면서도 대중적인 언어로 접근했기 때문이다.

이재명은 이 책이 "정치를 처음 시작한 사람에게 가장 필요한 철학 입문서"라고 표현한 바 있다. 그는 《정의란 무엇인가》를 단순한 윤리학 서적이 아니라, 국민과 소통할 수 있는 언어의 훈련장이라고 본다. 어려운 개념어로 도배된 정치 담론이 국민에게 닿지 못할 때, 그는 샌델의 문장을 빌려 대화했다.

"정의는 단순히 공평하게 나누는 것이 아니다. 누구의 몫이, 왜 그렇게 결정됐는지를 함께 설명하고 공감하는 과정이다."

이 말은 샌델이 했을 수도 있고, 이재명이 반복한 문장이기도 하다. 그는 이 책에서 특히 다음과 같은 세 가지 철학적 질문을 유심히 본다.

1. 결과를 중시하는 공리주의자들

2. 동기를 강조하는 칸트적 입장

3. 공동체적 미덕을 강조하는 공동체주의자들

이 세 가지 접근 방식은 이재명이 정책을 고민할 때마다 스스로에게 던지는 세 갈래의 질문과 닮아 있다.

"이 정책이 많은 사람에게 혜택을 주는가?"

"내 동기는 정당한가?"

"공동체는 이것을 어떻게 받아들일까?"

그는 단순히 어떤 이론 하나에 올인하지 않고, 실제 현실에 맞게 조율하고 섞어내는 '실천철학적 태도'를 견지한다.

또 하나, **그가 자주 언급한 철학서는 한나 아렌트의 《인간의 조건》**이다. 《인간의 조건》(The Human Condition)은 **한나 아렌트가 인간 존재의 본질과 인간 활동의 조건을 철학적으로 분석한 대표작이다.** 아렌트는 이 책에서 인간의 삶을 노동(labor), 작업(work), 행위(action)라는 세 가지 활동으로 구분하며, 각 활동이 인간의 삶과 세계에 어떤 의미를 갖는지 밝힌다. 이 세 범주는 인간 존재의 조건이자 인간답게 사는 방식을 설명하는 핵심 키워드다.

이재명은 이 책을 통해 "정치는 본질적으로 인간의 활동이며, 말하고 행동함으로써 세계를 만들어가는 것"이라는 관점을 받아들였다. 아렌트가 강조한 '공적 영역'에 대한 사유는, 이재명이 강조하는 "정치는 국민의 삶에 얼마나 개입할 수 있느냐"라는 현실적 태도와 연결된다.

그는 "정치인은 말만 해서는 안 된다. 말한 것을 현실로 만들어야 한다. 그것이 진짜 '행위'다"라고 말하곤 하는데, 이는 아렌트식 '활동적인 삶(vita activa)'에 대한 현실적 응답이라고 할 수 있다.

그밖에도 그는 칼 마르크스의 《공산당 선언》을 고전으로 존중하지만, 현실에 그대로 적용하진 않는다. 오히려 그는 마르크스의 문제의식 ─ 즉, 자본의 집중과 불평등의 구조화 ─ 를 이해하고, 그에 대한 현대적 해법을 고민하는 쪽이다. 이는 샌델과 아렌트, 그리고 아마르티아 센까지 이어지는 '진보적 자유주의'의 계보에 가까운 철학적 독서 태도라고 볼 수 있다.

요약하자면,
- 그가 추천하는 철학책 1순위는 마이클 샌델의 《정의란 무엇인가》
- 그 철학에서 배운 건 '공감 가능한 정의', '소통되는 철학', '실천 가능한 공정'
- 이어지는 철학적 동반자들은 한나 아렌트, 칼 마르크스, 아마르티아 센의 문제의식.
- 독서를 통해 얻은 전략은 단순히 '이론'이 아니라, 국민에게 다가갈 수 있는 '언어', 실천 가능한 '정치의 감각'이었다.

이재명은 이런 책들을 단순히 읽는 데 그치지 않고, 자기 말과 정책으로 번역해왔다. 그가 책을 추천하는 이유는 단순하다.

"정치인은 철학을 현실로 번역해야 한다. 안 그러면, 그냥 인용하는 사람일 뿐이다."

그는 인용자가 아닌, 번역자이고자 했다. 그래서 이재명이 추천한 철학책은 결국, 국민에게 설명할 수 있는 철학, 시민과 말이 통하는 철학, 현실을 바꿀 수 있는 철학이었다.

034

이재명이 애독하는
현대 소설가는 누구인가?

이재명이 애독하는 현대 소설가 중 자주 언급되는 이름은 단연 조정래다. 《태백산맥》, 《아리랑》, 《한강》 이 세 작품은 단순히 한국 현대사의 거대한 서사를 넘어, 그에게는 "역사를 관통한 정치학 교과서"로 자리 잡았다. 이재명은 이 책들을 통해 정치란 무엇인지, 민중의 삶과 권력의 움직임이 어떻게 맞물리는지, 가난하고 힘없는 사람들이 왜 분노하고 때로는 절망하는지에 대해 생생하게 체득했다.

《태백산맥》을 읽으며 그는 이렇게 토로했다.

"책 속 인물들은 실제 내 주위에 있던 노동자, 실향민, 가족 같았다. 그들이 왜 죽어야 했고, 왜 싸웠는지를 알게 된 순간, 나는 더 이상 정치적 중립을 말할 수 없게 됐다."

여기서 '중립'이라는 단어는 이재명이 왜 정치인이 되기로 마음먹었는지를 가감 없이 보여준다. 중립이란 결국 가장 편한 자리에 앉은 사람들의 사치라는 걸 깨달았고, 누군가는 분명히 약자의 편에 서야 한다는 결론에 도달했다.

그가 처음 공장에서 일하던 시절, 이재명은 동료 노동자들의 땀과 피, 그리고 기계 소음 속에서 《태백산맥》 속 민초들의 현실을 떠올렸다고 한다. 하루하루 노동력을 착취당하며 살아가던 그의 주변 사람들, 이름 없는 청춘들, 빚더미에 짓눌린 가장들 모두가 조정래 소설 속 인물들과 겹쳐졌다. "이 소설은 나의 주변을 고스란히 비춘 거울이었다"는 그의 고백처럼, 그는 이 소설에서 피로 얼룩진 역사와 현재의 비루한 현실이 다르지 않음을 발견했다.

《아리랑》을 읽고는 "식민지 시대의 수탈이 얼마나 구조적으로 정교했는지 알게 됐다"고 했다. 그에게 있어 일제강점기의 착취 구조는 현재의 경제적 불평등과 다르지 않았으며, 뿌리 깊은 약탈적 자본주의가 지금도 유령처럼 사회를 떠돌고 있다는 직감을 안겨주었다.

특히 《한강》을 읽고 난 뒤, 그는 "산업화의 이면이 이토록 잔혹할 수 있다는 걸 처음 실감했다"고 털어놓았다. 고도성장의 그늘에서 희생된 노동자들, 도시 빈민들의 처절한 삶을 조정래는 철저히 사실주의적 시선으로 포착했고, 이재명은 그 묘사 속에서 자신의 과거와 대한민국의 부끄러운 그림자를 마주했다. 그래서 이재명의 복지정책, 기본소득과 공공배당제 같은 구상들은 단순히 숫자의 논리가 아니라, 살아 있는 인간 군상의 아픔에서 출발한 것이다. 그는 경제정책을 설계할 때마다 "숫자가 아니라 사람의 얼굴을 떠올린다"고 말했는데, 그 '얼굴'들은 조정래 소설 속 민초들의 모습이기도 하다.

이재명은 조정래의 문체를 "사실의 힘을 믿는 문장"이라고 평가했다. "과장이 없어도 진실은 충분히 강력하다는 걸 보여준다."

이재명의 연설에도 그런 경향은 분명하다. 그는 불필요한 수사나 과장된 약속을 배제하고, 구체적이고 사실적인 언어로 국민을 설득한다. 예를 들어, "청년 기본소득 100만 원 지급"이라는 공약 역시 복잡한 미사여구 없이, 수혜 대상과 금액을 명확히 제시하는 식이다.

"정치는 단순해야 한다. 국민이 알아듣지 못하는 정치는 죽은 정치다."

그가 수차례 강조한 이 철학 뒤에는 조정래식 문장력이 밑받침되어 있다. 그뿐만 아니라, 이재명의 문학적 감수성은 그의 정치적 태도에까지 영향을 미쳤다. 조정래가 민중을 숭고화하거나 신화적으로 미화하지 않고, 그저 살아남으려 발버둥 치는 인간으로 묘사하는 것처럼, 이재명 역시 "정치는 이념이 아니라 누가 밥을 먹고, 누가 굶는가의 문제"라고 단언한다. 그는 책에서 배운 감정과 현실을 정책으로 전환하며, 구호가 아닌 구체적 실천으로 국민의 삶을 개선하려 한다.

직접적으로 언급한 바는 없지만 이재명의 언어 감각과 연설을 분석해보면, 조지 오웰과 무라카미 하루키의 문체적 영향도 짙게 감지된다. 오웰처럼 직설적이고 명료하면서도, 하루키처럼 반복을 통해 집요하게 문제의식을 환기하는 전략적 언어 구사가 그의 특징이다. 실제로 그는 "나는 가끔 하루키처럼 말하고, 오웰처럼 분노하며, 조정래처럼 뿌리에서 출발하고 싶어진다"는 식의 표현을 회의 자리에서 비공식적으로 밝히기도 했다. 이런 문학적 취향은 그의 연설과 토론에서도 드러난다. 모호하거나 추상적인 말을 경계하고, 가능한 한 구체적인 이미지와 숫자를 제시하며 대중과 호흡하는 방식이 그것이다.

정리하자면, 이재명에게 있어 조정래는 단순히 애독하는 소설가가 아니라, 정치적 사고의 촉매이자 현실을 감각하는 방법을 가르쳐준 스승이다. 《태백산맥》, 《아리랑》, 《한강》은 그에게 역사와 인간, 그리고 정치가 교차하는 지점을 명확히 인식하게 만든 책들이었다. 문학은 이재명에게 구호나 메시지가 아니라, '감정을 조직하는 훈련'이었고, 그 감정이야말로 정치가 국민과 연결되는 진짜 언어라고 믿는다.

그는 문학을 통해 고통받는 민중의 얼굴을 떠올리고, 그 얼굴이 사라지지 않도록 정책으로 응답하는 정치인이 되기를 자처한다. 정치는 현실을 바꾸는 기술이라면, 소설은 현실을 감각하는 능력이다. 그리고 조정래는 그 능력을 가슴에 새기게 만든 가장 강력한 소설가였다.

이재명은 말한다.

"문학은 나의 정치적 직관을 키워준 뿌리다. 조정래 선생님의 글을 읽지 않았다면, 나는 지금의 내가 아닐 것이다."

035

그는 왜 토마 피케티를 추천하는가?

이재명이 토마 피케티를 추천하는 이유는 간단하다. 피케티는 자본주의의 핵심을 "미화하지 않고, 수치로 고발하는" 경제학자이기 때문이다. 토마 피케티의 《21세기 자본》은 그에게 있어 단순한 경제학 책이 아니었다. 그건 "불평등이 어떻게 구조화되고, 얼마나 뻔뻔하게 합리화되고 있는가"를 드러낸, 말 그대로 자본주의의 흑역사를 까발린 보고서였다.

《21세기 자본》은 현대 자본주의 사회에서 부와 소득이 어떻게 축적되고 분배되는지, 그리고 왜 불평등이 심화되는지를 방대한 데이터와 이론을 통해 분석한 경제학의 기념비적인 저작이다. 피케티는 18세기부터 21세기 초까지 세계 각국의 세금 자료, 자산 통계 등을 바탕으로 자본과 소득의 장기 추세를 추적하며, 자본주의가 본질적으로 부의 불평등을 심화시키는 체제임을 입증한다.

이재명은 이 책을 읽고, 부의 집중이 단순한 결과가 아니라, 설계된 시스템의 산물이라는 사실에 전율했다고 한다.

특히 피케티가 제시한 핵심 공식, $r > g$ (자본 수익률은 경제성장률보다 높다). 이는 자본 수익률(r)이 경제성장률(g)보다 높다는 공식이다.

이 간단한 부등식은, 이재명이 오래전부터 직감했던 '부자는 부자가 되고 가난한 사람은 더 가난해지는' 현상의 수학적 증거이자, "왜 분배를 말하지 않으면 성장은 거짓이 되는가"에 대한 명확한 답이었다. 자본을 보유한 계층은 자산이 자연스럽게 불어나지만, 노동 소득만으로 생계를 유지하는 다수는 상대적으로 가난해질 수밖에 없다는 것이다.

피케티는 산업혁명 이후 20세기 중반까지 이 공식이 불평등을 가속했으며, 2차 세계대전 이후 잠시 평등이 확대된 시기는 대규모 전쟁과 정책적 개입의 결과였다고 분석한다. 하지만 1980년대 이후 신자유주의적 경제정책과 세계화가 확산되면서 다시 자본이 노동보다 훨씬 더 빠르게 축적되고 있다고 경고한다.

그는 이 책을 통해 '공정'이라는 가치가 단지 입에 달고 다니는 말이 아니라, 구조 개혁 없이는 불가능한 목표라는 걸 다시금 확인했다. 특히 피케티가 강조한 '세습 자본주의' ─ 즉, 돈이 돈을 낳고, 그 돈이 다시 정치와 문화를 장악하는 현실 ─ 을 보며, 이재명은 한국 사회의 상황과 놀랍도록 닮아 있다고 느꼈다.

부동산, 교육, 일자리, 심지어 여론까지 '돈의 영향력'에서 자유롭지 않다는 것. 그는 피케티를 통해 이를 제도적으로 해소하지 않으면 정의로운 사회는 불가능하다는 확신을 얻었다. 피케티가 단지 문제 제기만 하는 학자가 아니라, "부유세", "글로벌 자산 과세", "기본소득형 재분배" 등의 대안까지 제시했다는 점도 이재명에게 매력적이었다. 그는 항상 이렇게 말한다.

"비판은 누구나 할 수 있다. 해법을 가져와야 진짜다."

그런 점에서, 피케티는 불평등을 고발하면서도 실천 가능한 대안을 던지는 경제학자, 즉, '행동하는 지성'이었다. 이재명은 기본소득, 지역화폐, 공공배당 등의 정책을 설계할 때 피케티의 "조세 정의" 개념을 상당 부분 참고했다.

"자산은 정당하게 축적되었는가?",

"그 자산은 사회 전체의 발전에 기여하는가?",

"조세는 역진적이지 않은가?"라는 질문은, 그가 매번 정책을 검토할 때 쓰는 기준점이기도 하다. 또 하나, 이재명이 피케티를 추천하는 이유는 그의 문체와 태도가 지식인의 전형을 깨트리기 때문이다. 피케티는 말한다.

"경제학은 수학이 아니라 정치이며, 윤리다."

이재명은 이 말을 무척 좋아한다. 그 말 한 줄에, 피케티가 단지 데이터만 보는 사람이 아니라, 인간의 삶 전체를 조망하는 정치적 감각을 지닌 경제학자임을 느꼈기 때문이다.

요약하자면 다음과 같다.

- 피케티는 불평등을 데이터로 증명한 최초의 경제학자 중 한 명이다.
- 그의 핵심 명제(r〉g)는 이재명의 분배 중심 경제관에 확신을 줬다.
- 피케티는 대안을 제시하는 '실천적 지식인'으로, 이재명의 정책 철학과 닮아 있다.

- 조세 정의, 자산 재분배, 기본소득 등의 담론을 구조적으로 뒷받침해주는 지적 배경이 된다.
- 무엇보다, 피케티는 이재명에게 "정치는 경제이고, 경제는 인간"이라는 명제를 책으로 증명해준 사람이다.

그래서 이재명은 이 책을 읽고 단지 고개를 끄덕인 것이 아니라, 정책의 방향을 꺾었고, 연설의 언어를 바꿨고, 경제를 말할 때마다, "이건 단지 숫자의 문제가 아니라 사람의 문제입니다"라고 말하게 됐다. 그게 이재명이 토마 피케티를 추천하는 이유다.

책이 아니라, 태도를 추천하는 것이다.

036

한나 아렌트는
그의 무엇에 영향을 주었는가?

한나 아렌트는 이재명의 '정치에 대한 존재론적 태도'에 깊은 영향을 끼쳤다. 그녀는 그에게 정치란 단순한 권력 투쟁이 아니라, 사람들이 '말하고 행동하는 공간'을 지켜내는 일이라는 철학적 기반을 제공했다.

이재명은 늘 "정치는 사람을 위한 것"이라고 말해왔지만, 그 말에 철학적 무게를 실어준 사람이 바로 아렌트였다. 한나 아렌트의 대표작 《인간의 조건》은, 이재명이 반복해서 언급하고 또 곱씹는 책이다. 그 책에서 아렌트는 인간 활동을 세 가지로 나눈다.

- 노동(labor) – 생존을 위한 행위
- 작업(work) – 인공물과 제도를 만드는 행위
- 행위(action) – 타인과 함께 말하고 행동하며 세계를 만드는 정치적 행위

이재명은 이 세 가지 구분 중 자신이 가장 몰두한 것이 '행위', 곧 정치적 실천으로서의 행동이라는 점에 동의하며, "정치는 내가 혼자

앉아 설계하는 게 아니라, 국민과 함께 말을 하고 싸우는 행위다"라는 철학을 내면화했다.

그는 아렌트의 말처럼, 정치란 "함께 있는 사람들이 서로를 드러내는 무대"라는 믿음을 갖고, 연설, 대화, SNS, TV 토론까지 모두 정치의 장(場)으로 여긴다. 모든 발언은 전략이자 실천이며, 그가 말할 때마다 정치적 '행위'가 생성된다고 여긴다.

한나 아렌트는 또 '악의 평범성'이라는 개념으로 유명하다. 나치 전범 아이히만을 보며 그녀는 "괴물 같지 않다. 그는 아무 생각 없이 일상적 규범에 순응한 평범한 인간이다"라고 말한다. 이재명은 이 구절을 두고 "부패는 드라마처럼 거대한 게 아니다. 일상 속에서 아무 생각 없이 기득권이 되는 것이다"라고 해석한다. 그에게 '악'이란 음모가 아니라, 반성 없는 관성, 책임 없는 순응이다. 그래서 그는 행정가로서, 정치인으로서, 늘 기계적인 권위주의와 싸우는 행위를 실천해왔다.

공무원 조직에서도, 정치권에서도, "왜 이걸 이렇게 합니까?" "이게 국민에게 더 좋은 건가요?"라고 되묻는다. 그에게는 질문하는 행위 자체가 정치이며, 그 시작이 바로 아렌트로부터 왔다.

아렌트는 "진정한 자유는 고립된 개인의 자유가 아니라, 다른 사람들과 함께 세계 속에서 '행동할 자유'"라고 말한다. 이재명은 이것을 '공정'의 철학으로 받아들인다. 기회의 평등, 행동의 기회, 존재의 목소리가 없는 사회는 결코 자유로운 것이 아니라는 것. 이재명이 기본소득, 지역화폐, 공공배당을 주장하는 이유도 단순한 복지정책이 아니라, 모두가 '행위의 자격'을 획득하게 만드는 정치적 공간 확보라는 점에서 아렌트적이다.

정리하자면,
- 정치는 말하고 행동하는 공적 공간이다 – 이 생각은 이재명이 SNS와 거리 정치, 국민과의 토론을 중시하는 이유다.
- 악은 거창하지 않고, 평범함 속에 숨어 있다 – 그래서 그는 기득권 관행과 행정의 타성에 늘 문제를 제기한다.
- 자유는 함께 행동할 수 있는 조건에서 시작된다 – 그는 이를 기본소득과 공정 시스템 설계로 구체화했다.

이재명에게 한나 아렌트는 철학자 그 이상이다. 그는 아렌트를 읽으며 스스로에게 끊임없이 질문한다.
"나는 지금 말하고 있는가?"
"나는 지금 행동하고 있는가?"
"나는 지금 공적 공간을 확장하고 있는가?"
그 질문을 통해 그는 단지 '정치하는 사람'이 아니라, '정치를 실천하는 인간'으로 살아가고자 한다. 한나 아렌트는 그의 철학에 언어를 주었고, 그 언어는 오늘도 그의 행동을 밀어붙이는 연료다. 그래서 이재명은 말한다.
"아렌트를 읽고, 나는 말의 무게를 더 무겁게 느끼게 되었다. 말은 정치다. 정치란, 나 자신을 증명하는 말과 행동의 반복이다."

037

그는 조지 오웰의 어떤 점을 강조하는가?

이재명이 조지 오웰에게서 강조하는 건 단 하나, 권력은 언어를 훔쳐 거짓을 진실처럼 만든다는 사실이다. 그는 오웰의 소설을 문학 작품이 아니라 정치 기술의 해부도로 읽는다. 그중에서도 가장 자주 인용되는 건 《1984》.

이 소설을 읽은 뒤 그는 "정치는 언어의 전쟁"이라는 결론을 얻었다. 진실을 은폐하는 말, 책임을 회피하는 말, 공포를 포장하는 말이 난무하는 사회 속에서 정치는 누가 언어의 주도권을 쥐느냐의 싸움이라는 것이다. 《1984》에서 오웰은 "빅 브라더는 당신을 보고 있다"는 구절로 감시의 공포를 상징했다. 하지만 이재명이 더욱 주목한 건 '새로운 언어(Newspeak)'와 '이중사고(Doublethink)'였다. 새로운 언어는 기존 언어를 단순화하거나 왜곡시켜 생각 자체를 봉쇄하는 기법이고, 이중사고는 상반된 개념을 동시에 믿게 만드는 자기세뇌의 구조다.

예를 들면,
"전쟁은 평화다"
"자유는 예속이다"
"무지는 힘이다"

이재명은 한국 정치가 이런 언어적 이중사고에 얼마나 노출돼 있는지, 그리고 권력이 국민의 언어 감각을 얼마나 철저히 탈취하고 있는지를 오웰을 통해 통찰하게 되었다.

그는 말한다.
"진짜 무서운 권력은 총이 아니라 말이다. 말을 장악하면 사람의 머릿속까지 바꿀 수 있다."

이재명은 특히 언론의 언어에 민감하다. 그는 언론 보도를 분석하며, '문장 구조'가 어떻게 현실을 왜곡하는지 자주 지적해왔다. '~한 것으로 보인다', '관계자는 말했다', '정황상' 같은 모호한 표현들. 그런 문장들이 오웰식 뉴스피크와 흡사하다는 것이 그의 판단이다. 국민은 정보를 얻는 것이 아니라, 누군가 가공한 언어를 주입받고 있는 셈이다.

또 하나, 그는 오웰에게서 비겁하지 않은 감시자 정신을 배운다. 조지 오웰은 직접 총을 들고 스페인 내전에 참가했으며, 권위주의와 전체주의에 맞서 기득권 언론과 지식인들의 눈치를 보지 않고 글을 썼다. 이재명은 그 점에서 오웰을 단순한 소설가가 아니라 "정치적 용기를 실천한 지식인"이라 부른다. 그는 《동물농장》 역시 깊이 읽었다. 돼지가 점점 인간과 닮아가는 이야기, "모든 동물은 평등하다. 그러나 어떤 동물은 더 평등하다"라는 구절을 "한국 사회의 현실 버전으로 존재한다"고 본다.

- 법 앞에 모두가 평등하다? 현실은 자산순, 학벌순.
- 국민을 위한다는 구호 뒤엔 늘 권력자들의 '더 평등한' 처우가 있다.

이재명이 조지 오웰을 통해 국민에게 주고 싶은 메시지는 이것이다.
"언어를 의심하라. 그게 진실을 지키는 첫걸음이다."
그가 SNS에 직접 글을 쓰고 자신의 연설문을 직접 편집하는 이유도, 누군가 대신 말하는 순간, 의미가 뒤틀릴 수 있다는 오웰적 두려움 때문이다.

요약하자면 이렇다.
- 그는 오웰이 언어의 권력을 해부한 통찰을 강조한다.
- 특히 '신어'와 '이중사고' 개념은 정치적 언어전쟁의 핵심으로 받아들인다.
- 언론의 프레임과 정치적 수사가 진실을 가리는 방식에 대한 경각심을 오웰에게서 배운다.
- 《1984》와 《동물농장》은 그에게 정치의 비극적 메커니즘을 이해하게 해준 "경고문"이었다.

이재명에게 조지 오웰은 소설가가 아니라 진실을 되찾기 위한 언어의 방어자다. 그는 조용히 경고한다.
"당신이 말하는 단어는 정말 당신의 것인가?"
그 질문이야말로 오웰이 남긴 가장 강력한 정치 전략이며, 이재명이 그를 애독하는 진짜 이유다.

038

그는 왜 《국가란 무엇인가》를 추천했는가?

이재명이 유시민의 《국가란 무엇인가》를 추천한 이유는 명확하다. 국가라는 추상적 개념이 어떻게 구체적 현실과 삶의 조건으로 작동하는가, 즉 "국가란 도대체 누구를 위한 기계인가?"라는 질문에 가장 실제적인 언어로 답하는 책이기 때문이다. 그는 이 책을 단지 교양서로가 아니라, "시민이 국가를 의심하는 법을 배우는 안내서"로 본다.

《국가란 무엇인가》는 유시민이 '국가'라는 거대한 존재가 우리 삶에 어떤 의미인지, 왜 필요한지, 어떤 방식으로 운영되어야 하는지 질문하고 답하는 책이다. 유시민은 국가의 본질부터 시작한다. 국가는 자연발생적이지 않다. 인간이 만들어낸 가장 거대한 공동체이자, 구성원들의 안전과 자유, 재산을 보호하기 위해 존재하는 '필요악'이다. 그러나 아이러니하게도 국가는 때로 개인의 자유를 억압하고, 심지어 생명을 위협하는 괴물로 돌변하기도 한다. 홉스의 '리바이어던'에서처럼 국가는 우리를 보호하는 동시에 지배하는 양면성을 지닌다.

유시민은 이 책에서 국가를 단순히 법과 제도의 집합체로 보지 않는다. 그는 국가를 인간 욕망의 산물로 해석하며, 국가란 결국 "권력을 어떻게 쓸 것인가"에 관한 문제라고 말한다. 국가는 사회 구성원들의 이해 충돌을 조정하는 최종적인 권위이자, 공적 질서를 유지하는 도구이다. 따라서 국가가 어떤 철학과 원리에 따라 운영되는지가 그 사회의 민주주의 수준, 복지 수준, 심지어 국민의 행복까지 좌우한다.

《국가란 무엇인가》는 이재명에게, 정치란 무엇이며 국가는 누구의 편이어야 하는가를 되묻는 민주주의적 성찰의 출발점이었다. 그는 이 책을 여러 차례 언급했고, 자신의 정치철학의 기초에 해당하는 책으로 소개했다. 그가 특히 주목한 부분은, 국가는 결코 중립적인 존재가 아니며, 그 실체는 '누구의 이익을 보호하고, 누구를 소외시키느냐'에 따라 달라진다는 관점이다.

국가는 기술도 아니고 개념도 아니며, 실제로는 기득권의 방패가 되기도 하고, 소수자의 삶을 짓누르는 거대한 기계가 되기도 한다는 것. 이재명은 이 점에서 유시민의 해석에 전적으로 공감했고, 그렇기에 이 책을 "국가의 본질을 이해하기 위한 국민 교과서"로 권한다.

유시민은 이 책에서 홉스의 리바이어던, 루소의 사회계약론, 마르크스의 국가론까지 폭넓게 소개하면서, 국가를 단지 선하거나 악한 것으로 보지 않고, 끊임없이 시민의 감시를 받아야 할 대상으로 설명한다.

이재명은 바로 이 점, 국가란 "항상 국민이 질문을 던져야 하는 대상"이라는 점에서 깊은 영향을 받았다. 그는 이 책을 읽으며 다음과 같은 세 가지 통찰을 가졌다고 말한다.

1. 국가는 중립적이지 않다 – 법과 제도는 기득권에게 유리하게 설계될 수 있으며,

2. 시민은 국가를 감시하고 개입해야 한다 – 정치 참여는 선택이 아니라 생존 전략이며,

3. 국가는 국민을 보호해야 한다 – 약자 보호 없이 존재하는 국가는 폭력의 다른 이름일 뿐이다.

이재명의 정치철학 중 "국가는 약자의 편에 서야 한다"는 명제는, 이 책의 핵심 문장 중 하나와 거의 일치한다. 유시민은 책에서 말한다. "국가는 우리가 혼자 감당할 수 없는 고통과 불안을 나눠지기 위해 존재한다."

이재명은 이 문장을 읽으며, 자신이 왜 소년공 시절에 국가의 존재를 느낄 수 없었는지, 그리고 왜 정치에 나서야 했는지를 되짚게 되었다.

그가 말하는 '국민 중심 행정'이나 '기회 총량의 공정', '기본소득' 같은 정책 기조는 단순한 복지 확장이 아니라, 국가란 무엇이어야 하는가에 대한 철학적 고민에서 출발한 전략적 실험이다. 그는 국민이 국가를 단지 세금 걷고 법 집행하는 조직이 아니라, 삶을 함께 버티는 파트너로 느껴야 한다고 믿는다.

《국가란 무엇인가》는 말이 쉽고 개념이 어려운 정치 담론을 대중적 언어로 풀어낸 '소통의 책'이다. 이재명은 책을 고를 때 "국민이

이해할 수 있는 책인가?"를 항상 기준으로 삼는데, 이 책은 그 점에서 모범적이다. 그는 이 책을 두고 "정치인을 꿈꾸는 청년들에게, 그리고 정치를 불신하는 시민들에게 동시에 필요한 책"이라고 말했다.

요약하자면 이렇다.
- 이재명은 《국가란 무엇인가》를 읽고 이를 통해 국가의 실체와 책임을 다시 정의했다.
- 국가는 항상 약자의 편에 서야 하며, 시민의 질문과 감시 속에서만 정당성을 얻는다는 철학을 확인했다.
- 이 책은 그의 기본소득, 공정국가론, 불평등 개혁 정책의 뿌리가 되는 관점을 제공했다.
- 동시에 그는 이 책을 통해, 국민과 소통하는 정치 언어의 중요성을 배웠다.

그래서 이재명은 이 책을 '국가에 대해 생각하고 싶은 모든 사람에게 주고 싶은 책'이라고 말한다.
"우리는 국가를 다시 질문해야 한다. 국가는 누군가의 위엄이 아니라, 모두의 숨결이 되어야 하니까."
그 질문이 정치의 시작이고, 그 시작점이 바로 이 책이다.

039

그가 말하는 '좋은 책'이란 무엇인가?

이재명이 말하는 '좋은 책'은 딱 한마디로 요약된다.

"현실을 바꾸게 만드는 책."

읽고 '좋았다'로 끝나는 책이 아니라, 읽고 나면 가슴이 움직이고, 생각이 바뀌고, 손발이 달라지는 책. 그는 책을 감상의 대상이 아니라 정치적 실천의 연료로 여긴다. 그래서 누군가 "어떤 책이 좋은 책이냐"고 물으면, 그는 미간을 찌푸리며 이렇게 되묻는다.

"그 책 읽고 뭐라도 바꿨나?"

그에게 좋은 책이란, 이념에 갇힌 책도, 현실을 회피하는 책도 아니다. 정답을 주는 책보다 질문을 던지고 삶을 건드리는 책이다. 그가 즐겨 말하는 비유가 있다.

"좋은 책은 사람을 흔든다.

잠든 사람의 멱살을 잡고, 무기력한 사람의 등을 미는 책."

그래서 그에게 있어 《죽음의 수용소에서》는 고통을 견디게 한 책, 《1984》는 권력의 언어를 해독하게 한 책, 《군주론》은 싸움의 전략을 구성하게 만든 책이다. 단지 '좋은 문장'을 담은 게 아니라, 자기 삶을 전환시킨 문장을 가진 책들이다.

그는 소설도, 철학도, 경제도 구분하지 않는다. 장르보다 중요한 건 책이 삶에 흔적을 남기는가다. 그래서 그는 국문학과를 나온 사람보다, 현장에서 읽고 분노하고 움직이는 시민이 읽은 한 권의 책을 더 높이 평가한다.

그의 관점은 '고상한 독서'보다 실전 독서다. 그는 좋은 책은 읽는 이의 질문을 바꾸는 책이라고 말한다. 읽기 전에는 "나는 왜 이렇게 불행한가?"였다면, 읽고 나선 "우리는 이걸 왜 이렇게 받아들이고 사는가?"가 되어야 한다는 것이다.

개인의 운명론에서, 사회적 구조로 생각이 확장되게 만드는 책, 그게 바로 이재명이 말하는 '좋은 책'이다. 좋은 책의 조건, 그가 자주 말한 세 가지는 이렇다.

1. 현실을 해석하는 언어를 준다.
2. 나 아닌 타인의 고통을 상상하게 만든다.
3. 읽고 나면 행동하게 만든다.

그는 읽고 나서 아무것도 달라지지 않는 책을 "고급스러운 사탕"이라고 말한다. 달콤하나 영양가는 없고, 중독되기 쉬운 '지적 자기만족의 폐허'라는 것이다. 그래서 그는 아무리 유명한 책이라도, 그 책이 "현실을 벗어나게 만들고, 실천을 포기하게 만든다면" 그건 '나쁜 책'이라고 단언한다. 그에게 《정의란 무엇인가》는 그런 점에서 국민과 정치인이 함께 읽어야 할 책이다.

정의가 말이 아니라 선택이며, 행위이며, 삶의 구조에 대한 감각이라는 걸 보여주는 책. 그는 이 책을 통해 "내 정책이 철학 없는 행정이 되어선 안 된다"는 걸 다짐했다.

이재명은 말한다.

"책은 멋진 말로 날 감탄시키는 게 아니라, 내 삶과 사회를 낯설게 보는 눈을 만들어줘야 한다."

그 눈으로 세상을 보면, 비로소 "왜 우리가 불평등한지", "왜 어떤 이는 출발선이 다른지", "왜 국가가 약자의 편에 서야 하는지"가 보인다고 한다. 그가 말하는 '좋은 책'이란 현실에 불을 붙이는 책이다. 기억에 남는 책이 아니라, 행동하게 만드는 책. 그런 책이, 정치를 바꾸고, 세상을 뒤흔들고, 때론 대통령 후보를 만든다.

그러니 이재명에게 좋은 책은, 책장에서 반짝이는 장식물이 아니다. 현실을 해체하고 다시 조립하는 도끼, 가슴을 겨누는 질문이자, 또 한 번의 '정치적 각성'이다.

040

책을 통해 그는
국민에게 어떤 메시지를 전달하려 했는가?

이재명이 책을 통해 국민에게 전달하려 했던 메시지는 단순하고도 근본적이다.

"정치는 고상한 언어로 치장하는 일이 아니라, 당신의 삶을 구체적으로 바꾸는 기술이며, 그 기술은 책에서 시작된다."

그는 늘 말했다. 정책 하나를 만들어내기 위해 그는 수많은 책을 읽었고, 또 그 책들 속에서 발견한 질문과 분노, 해법을 국민과 공유하고자 했다. 그에게 책이란 혼자만의 사색의 도구가 아니라, 국민과 함께 읽고 토론하며 현실을 이해하고 바꿔내는 공통의 언어였다.

이재명은 책을 '전문가만의 전유물'로 두지 않았다. 그는 책을 통해 국민과 눈높이를 맞추고 싶어 했다. 어려운 정치 개념을 누구나 이해할 수 있는 언어로 번역하고, 철학의 추상성을 시장 한복판의 문제로 끌어내는 그의 방식은 철저히 독서에서 비롯되었다. 그는 책 속 문장을 인용하기보다, 그것을 현실의 맥락에서 풀어내고 해석하는 데 주력했다. 정치란 "국민의 고통에 대한 응답"이라고 그는 말했으며, 그 응답을 가장 설득력 있게 만드는 도구가 바로 책이었다.

그가 추천하는 책들은 대개 구조의 문제를 드러내는 책들이었다. 피케티의 《21세기 자본》에서 불평등의 수학적 증명을 가져왔고, 조지 오웰의 《1984》에서는 감시와 언어의 독재를, 샌델의 《정의란 무엇인가》에서는 공정한 사회란 무엇인가에 대한 토론의 시작을 빌려왔다. 그러나 단지 그 내용이 좋아서가 아니라, 그는 그 책들을 통해 국민이 질문을 던지기를 바랐다. "왜 우리는 불공정을 당연하게 여기며 살아왔는가?", "왜 정치인은 약속하고 지키지 않는가?", "왜 국가란 항상 멀고 무거운 존재인가?" - 그는 이 질문들을 책으로부터 끌어내 국민에게 돌려주었다.

그가 말하는 '책 정치'는 선언이 아니라 설득이다. 일방적인 주입이 아니라, 함께 낭독하며 의문을 품는 과정이다. 그는 대통령 후보 시절에도 수시로 책 제목을 꺼내며 정책의 철학적 뿌리를 설명했고, 시장 시절에도 시민들에게 책을 나눠주며 독서 모임을 권했다. 그에게 책은 정책의 출발점이었고, 시민의 각성 도구였다. 책을 통해 말하되, 국민이 그 책을 통해 스스로 생각하고 판단하길 바랐다. 그래서 그는 늘 강조했다.

"책은 내가 당신에게 주는 정책 설명서가 아니라, 당신이 나에게 던질 질문의 씨앗이다."

이재명이 국민에게 책으로 전하려 했던 또 하나의 메시지는 "지식은 위계가 아니라 공유되어야 한다"는 것이다. 그는 소년공 출신의 정치인으로서, 기성 엘리트의 말투와 포장된 담론에 저항했다. 스스로 독학했고, 밑줄 긋고, 질문을 다시 써가며 책과 싸웠다. 그는 이런 독서의 과정을 감추지 않았고 오히려 강조했다.

"공장에서 점심시간마다 짜장면 값 아껴가며 산 책을, 저는 조심스럽게 찢어가며 읽었습니다."

그 말은 단순한 감동 코드가 아니었다. 책은 누구나 읽을 수 있고, 누구나 정치의 주체가 될 수 있다는 그의 실천적 메시지였다.

그는 책을 통해 국민에게 이렇게 말하고 싶었던 것이다.

"당신도 이 질문을 해도 됩니다. 당신도 이 세상을 다시 설계해도 됩니다. 그 시작은 바로 이 문장, 이 책, 이 질문에서 출발합니다."

책은 그에게 정책의 연료였고, 국민에게 던지는 조용한 정치의 호소였다. 그가 강조한 '읽는 정치'는 말 많은 정치가 아니라, 말을 책임질 수 있는 정치, 그리고 국민이 스스로 읽고 생각할 수 있는 정치였다.

그래서 그는 책을 권하며, 권하지 않았다. 대신 묻는다.

"당신은 어떤 세상에 살고 싶은가?"

그리고 다시 책을 펼친다. 거기에서 그는 답을 말하지 않는다. 다만 함께 읽고, 함께 묻는다.

"이 문장을 우리 삶의 문장으로 바꿔보지 않겠습니까?"

그것이 이재명이 책으로 말하고자 했던, 조용하고도 가장 정치적인 메시지였다.

.

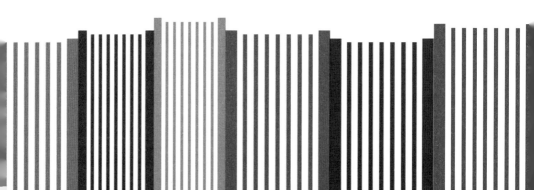

시대를 읽는 책들

이재명은 책을 현실의 반영이자, 시대의 거울로 읽는다. 그에게 독서는 과거를 복기하고 현재를 진단하며 미래를 설계하는 방법이다.

이 장에서는 그가 주목한 시대 해석의 키워드 – 불평등, 분배, 권력, 민주주의, 생존 – 를 중심으로 어떤 책들을 읽고 사유했는지를 따라간다. 세계의 흐름을 구조적으로 이해하고, 그 구조를 다시 재설계하기 위한 지적 여정을 담았다. 정치인의 책장이 아니라, 시대의 동맥을 짚는 독자의 책장을 펼쳐보는 장이다.

041
이재명은 시대정신을
어떤 책에서 찾는가?

이재명에게 시대정신이란 유행하는 단어나 구호가 아니다. 그것은 "지금 이 순간, 가장 많은 사람이 가장 고통스러워하는 지점"이다. 그래서 그는 시대정신을 말할 때, 고전이 아닌 현장을 읽는다. 그리고 그 현장을 가장 정확하게 해석해주는 책을 곧 시대정신의 교과서로 삼는다. 이재명이 반복적으로 언급하고 손에 쥔 책 중에서, 시대정신을 가장 선명하게 보여준 책은 단연 토마 피케티의 《21세기 자본》, 그리고 마이클 샌델의 《정의란 무엇인가》, 더 나아가 한나 아렌트의 《전체주의의 기원》까지다.

그는 《21세기 자본》에서 오늘날의 시대정신이 "자유 시장이 아니라, 불평등을 해소하려는 집단적 윤리"라고 봤다. 더 이상 "성장하면 모두 잘살게 된다"는 신화를 믿지 않는 사람들에게, 피케티는 데이터와 역사로 말했다. "

아니다. 이대로 두면, 부는 상속되고 불평등은 세습된다."

이재명은 이 책을 읽으며, 시대정신은 단지 "공정"이 아니라 "기회의 재설계"라는 데 확신을 갖게 되었다. 공정이 추상적일 수 있지만, 자본

이 세습되고, 노동이 소모되며, 기회가 닫히는 사회를 방치한다면 그
것은 정의가 아니라 폭력적 안정이라는 것을 그는 이 책에서 배웠다.

그는 《정의란 무엇인가》를 통해 시대정신의 윤리적 좌표를 얻었
다. 공리주의, 자유지상주의, 공동체주의를 넘나드는 철학적 토론
속에서, 그는 단순히 "무엇이 옳은가?"보다 "사람들이 왜 분노하는
가?"에 주목했다. 그는 이 책에서 공정에 대한 감각, 즉 "사람들이
느끼는 박탈감이 숫자보다 앞선다"는 사실을 포착했다. 이재명은 시
대정신을 철학으로만 설명하지 않는다. 그는 시대정신은 감정의 합
이다, 라고 말한다.

"불만이 많다고 해서 시대정신이 생기지 않는다. 그러나 사람들이
말도 안 되는 걸 너무 오래 참으면, 시대정신은 분노로 바뀐다."

이재명이 시대정신을 이해하는 또 하나의 렌즈는 바로 한나 아렌
트다. 《전체주의의 기원》에서 아렌트는 말한다.

"대중은 불만이 아니라, 소외에서 전체주의로 향한다."

이재명은 이 구절을 '한국 사회의 현재'를 설명하는 문장으로 해석
한다. 그는 시대정신이란 소외의 구조를 걷어내는 작업이라고 본다.
소외된 사람들 – 가난한 청년, 벼랑 끝 중소기업, 지방 도시의 소멸
세대 – 이 느끼는 박탈이 쌓이면, 민주주의는 피로해지고, 사람들은
강한 지도자를 원하게 된다. 그때 필요한 건 더 많은 힘이 아니라,
더 깊은 이해다. 그는 이 책을 통해 "강한 말이 아니라, 설득의 언어
를 준비해야 한다"고 다짐했다.

이재명이 시대정신을 찾기 위해 집어 드는 책은 늘 현실에 맞닿은 책들이다. 그것은 철학서일 수도, 경제학 책일 수도, 때로는 문학일 수도 있다. 《1984》에서 그는 감시와 통제의 사회가 어떻게 일상이 되는지를, 《죽음의 수용소에서》를 통해서는 절망의 끝에서도 어떻게 인간이 존엄을 지킬 수 있는지를 읽는다. 하지만 그 모든 책의 공통점은 하나다. 지금 이 시대가 무엇에 병들어 있고, 어디에서 회복을 시작해야 하는가를 말해주는 책.

이재명이 말하는 시대정신은 이것이다.
• 불평등의 심화에 저항하는 정의감
• 소외와 무력감을 회복하려는 연대감
• 말뿐인 자유보다 함께 사는 공존의 가치

이 세 가지의 교차점에 놓여 있다. 그래서 그는 국민에게 권한다. 읽으라고. 분노하라고. 질문하라고. 그리고 묻는다.
"당신이 지금 시대의 고통을 읽고 있다면, 그것이 바로 당신이 만들어야 할 시대정신이다."

책은 시대정신을 쓰는 펜이고, 국민은 그 펜을 쥔 작가라는 것이다. 이재명에게 시대정신은 책에서 시작되지만, 책으로 끝나지 않는다. 그것은 책을 읽은 사람들이 현실에 남긴 발자국이다. 그 흔적이 모일 때, 시대정신은 슬로건이 아닌 변화의 힘이 된다.

042

그는 왜 '불평등'을
시대의 병으로 보는가?

이재명에게 있어 불평등은 단지 경제적 격차의 문제가 아니다. 그것은 사회 전체의 감각을 마비시키는 전염병이다. 누군가는 "조금 가난할 뿐"이라며 넘길 수 있겠지만, 그는 불평등을 삶의 가능성과 존엄, 희망 자체를 송두리째 갉아먹는 구조적 질병으로 본다. 치명적인 건 그 증상이 겉으로 잘 드러나지 않는다는 점이다.

멀쩡히 아침에 등교하고, 출근하고, 택배를 받고, 커피를 마시는 사람들 속에서 누구는 매일 같은 삶을 꾸역꾸역 버티는 게 아니라, 매일 조금씩 내려앉고 있다는 사실을 아무도 말해주지 않기 때문이다. 이재명은 불평등을 병이라고 말하면서도, 단순한 '결과의 차이'로 보지 않는다. 그가 진짜 문제 삼는 건 '출발선이 다른 사회'다. 출발선이 다르면 경쟁 자체가 조작이다. 그리고 조작된 경쟁은 패배자에게 능력 부족이라는 자기혐오를 던져주고, 승자에게는 당연한 우월감이라는 오만을 선물한다.

"결과는 달라도 좋다. 하지만 시작은 같아야 한다. 기회가 부족한 사람이 지는 건 차별이고, 기회를 줬는데 진 건 경쟁이다."

그가 강조하는 '기회 총량의 공정'이라는 개념은, 바로 여기서 나왔다. 그는 성남시장 시절부터 '무상복지'로 대표되는 정책들을 추진하면서 "복지란 돈을 나누는 게 아니라, 가능성을 평평하게 만드는 일"이라고 말했다. 누군가는 그걸 '포퓰리즘'이라고 욕했지만 이재명은 단호했다.

"불평등을 방치하는 국가야말로 가장 위험한 포퓰리즘이다. 그건 불만을 키우고, 혐오를 조장하며, 민주주의를 스스로 잠식한다."

불평등이 개인을 무너뜨리는 방식은 은근하다. 한때는 꿈이던 것이 점점 선택지가 사라지고, 다음엔 비교가 되고, 마침내는 "나는 안 되는 사람"이라는 낙인이 된다. 그는 그 과정을 누구보다 잘 안다. 소년공 시절, 그가 집에 돌아와 책을 펴는 이유는 공장에서의 수모를 씻기 위함이었다. 그에게 공부는 단지 출세의 수단이 아니라 불평등을 비껴갈 유일한 탈출구였다. 그래서 그는 안다.

책 한 권 읽을 여유조차 없는 누군가에겐 국가가 마지막 '기회의 경계선'을 제공해야 한다는 걸. 이재명은 또, 불평등이 공동체를 파괴한다고 말한다. 왜냐하면, 사람은 자신의 불행보다 남의 부당한 행복에 더 크게 분노하기 때문이다. 그래서 불평등은 단지 가난한 사람을 아프게 하는 게 아니라, 부유한 사람도 불안하게 만든다. '이 사회는 언제 터질지 모른다'는 집단적 불안. 이재명은 이 불안을 감지했고, 그래서 더 일찍 소리쳤다.

"지금 우리가 서 있는 곳이 기회의 나라가 아니라, 사다리 걷어찬 기득권의 성벽 앞이라면, 그 성벽은 안에서부터 무너진다."

그가 자주 인용하는 학자, 피케티도 불평등을 '민주주의의 적'이라 말했다. 자본이 세습되고, 노동의 가치는 하락하며, 정치는 돈을 따라가고, 교육은 계층 재생산의 도구가 된다면, 그 사회는 더 이상 '능력 중심의 자본주의'가 아니라, '세습 귀족의 사회'라는 것이다.

이재명은 그 현실을 한국에서도 목격했다. 아파트 값, 부모 찬스, 불공정 입시, 청년의 꺾인 어깨들. 그 모두가 불평등의 얼굴이었다.

그는 말한다. 불평등이 심해지면, 정치는 극단화되고, 사회는 분열되고, 민주주의는 선택지가 아니라 불신과 혐오의 싸움터가 된다. 그러니 불평등을 줄이는 건 윤리의 문제가 아니라 생존의 문제다. 사회 전체가 지속 가능하려면, 적어도 누구나 "내일은 오늘보다 나을 수 있다"고 느껴야 한다.

그래서 그는 불평등을 '시대의 병'이라 명명한다. 그 병은 느리게 퍼지지만, 치명적이다. 그 병은 회복의 희망을 갉아먹는다. 그 병은 공동체의 신뢰를 부순다. 그리고 그 병은 오직 정치만이 치료할 수 있다고 그는 믿는다.

이재명에게 책은 그 병을 진단하는 도구였고, 정치는 그 병을 치료하는 수술대다. 진단만 하고 치료를 포기하는 것은, 의사가 아니라 방관자라는 것이 그의 철학이다. 그는 말한다.

"불평등은 우리가 참아줄수록 더 정교하고 잔인하게 자라난다. 그래서 지금 당장, 여기서 막아야 한다."

043

기술 변화에 대한 그의 시선은
어떤 책에서 비롯되었는가?

이재명의 기술 변화에 대한 시선은 단지 미래를 상상하는 데 머물지 않는다. 그는 기술을 삶의 분기점이자 불평등의 새로운 전장으로 바라본다. 그가 기술 변화에 본격적으로 눈을 뜨게 된 계기는 에릭 브린욜프슨과 앤드루 맥아피의 《제2의 기계 시대》(The Second Machine Age)를 읽고 나서였다. 이 책은 단순한 기술 찬가가 아니다. 기술이 가져올 미래가 누구에게 축복이 될지, 누구에겐 저주가 될지를 냉정하게 따지는 책이다. 이재명은 이 책을 읽으며 기술을 "인류의 운명을 바꾸는 칼"이라고 표현했다. 잘 쓰면 생명을 구하지만, 잘못 쓰면 더 깊은 상처를 낸다는 의미다.

《제2의 기계 시대》는 디지털 혁명이 가져온 변화와 앞으로 다가올 미래의 경제, 사회적 함의를 분석한 책이다. 저자인 에릭 브린욜프슨과 앤드루 맥아피는 MIT 슬론 경영대학원의 교수들로, 기술이 인간의 일과 삶을 어떻게 변화시키는지를 날카롭게 파고든다. 제목에서 알 수 있듯이, 책은 산업혁명을 '제1의 기계 시대'로 보고, 현재 우리가 직면한 디지털 혁명을 '제2의 기계 시대'로 규정한다. 제1의 기계 시대가 기계적 동력을 통해 인간의 육체노동을 대체했다면, 제2의 기계 시대는 컴퓨터와 인공지능이 인간의 정신노동까지 대체하는 시대다.

《제2의 기계 시대》는 인공지능, 자동화, 디지털 전환의 속도가 인간의 적응 능력을 초월할 수 있음을 경고한다. 이재명은 이 경고를 한국 사회에 대입했다. 로봇과 알고리즘이 일자리를 대체하고, 플랫폼 노동이 일상의 구조를 바꿔버리는 상황에서, 그는 묻는다.
"기술은 발전했는데, 왜 사람들은 더 불안한가?"
바로 여기에서 기술 변화에 대한 그의 핵심 시선이 나온다. 기술은 진보지만, 그 진보가 사람을 밀어낸다면 그것은 퇴보다. 그는 기술이 불평등을 심화시키는 도구로 전락하지 않으려면 반드시 제도적 안전망이 병행되어야 한다고 주장한다. 이 관점은 그의 기본소득론, 디지털 복지, 노동의 전환 전략까지 고스란히 연결된다.

그는 또 레이 커즈와일의 《특이점이 온다》를 통해 기술 변화의 속도감과 범위에 충격을 받았다. 《특이점이 온다》는 기술 발전이 기하급수적으로 가속화되면서 인류가 머지않아 '특이점(Singularity)'에 도달할 것이라고 예측하는 책이다. 여기서 특이점이란 인공지능(AI), 나노기술, 생명공학, 로봇공학, 뇌과학 등이 융합되어 인간의 지능을 넘어서는 초지능(Superintelligence)이 출현하는 시점을 말한다. 커즈와일은 이 시기가 2045년 무렵이 될 것이라고 주장한다.

이 책에서 커즈와일은 인공지능이 인간의 지능을 넘어서는 '기술적 특이점'을 예견하며, 기존의 사회 시스템이 근본적으로 재구성되어야 한다고 말한다. 이재명은 그 경고를 단지 기술자들의 예언으로 보지 않았다. 그는 그것을 "미래 정치의 과제"로 해석했다. 즉, 기술이 사회를 급변시키기 전에, 정치가 먼저 대안을 준비해야 한다는 것이다. 교육, 복지, 노동, 경제 시스템 모두가 기술의 영향권 안에 들어가 있다는 점에서, 기술은 더 이상 과학자의 전유물이 아니며, 정치의 핵심 변수라는 점을 그는 인식했다.

기술 변화에 대한 이재명의 시선은 '두려움'보다 '설계'에 가깝다. 그는 기술이 사람을 대체하는 데 집중되는 것이 아니라, 사람을 보완하고 보호하는 방향으로 사용되기를 바란다. 따라서 그는 《AI 2041》 같은 책도 주목한다. 카이푸 리는 이 책에서 AI 기술이 어떻게 사회를 재편할지를 이야기하면서도, 그 변화에 적응하지 못한 사람들을 위한 보호 체계가 반드시 필요하다고 역설한다. 이재명은 이 책을 읽고 "기술이 사회를 재편할 수 있다면, 정치도 기술을 통해 정의로워져야 한다"는 확신을 얻었다. 기술을 통한 공정의 재설계, 디지털 플랫폼 노동자의 권익 보호, AI 세대에 맞춘 교육 개혁 등 그의 구체적인 정책 방향은 이런 책들에서 얻은 통찰로부터 출발했다.

요컨대, 이재명의 기술 변화에 대한 시선은 기술 그 자체보다 기술이 어떤 사회를 만들 것인가에 대한 고민에서 비롯된다. 그는 기술이 인간을 소외시키는 방식으로 발전하는 것을 경계한다. 기술 발전은 가속화되고 있지만, 인간의 감정과 윤리는 여전히 오래된 속도로 움직인다는 점을 잊지 않는다.

그래서 그는 말한다.
"기술은 앞서가고, 정치는 뒤따르며, 사람은 낙오되는 시대를 멈춰야 한다."

기술의 변화는 막을 수 없지만, 그 기술이 누구를 위한 것이 되어야 하는가는 정치가 결정해야 할 몫이라는 것. 이재명에게 기술은 놀라운 미래가 아니라, 지금 여기에 도착한 현실이며, 책은 그 현실을 통찰하고 설계할 수 있는 가장 강력한 도구다.

044

이재명이 추천한 미래 관련 책은?

이재명이 미래에 대해 이야기할 때 추천한 책은 단연 레이 커즈와일의 《특이점이 온다(The Singularity Is Near)》다. 그는 이 책을 단순한 기술 전망서가 아니라, 정치가 반드시 개입해야 할 예언서로 읽었다. 20년도 전에 오늘날의 AI 혁명을 예고한 《특이점이 온다》에서 커즈와일은 인공지능과 생명공학, 나노기술이 결합된 기술적 특이점 (singularity)의 도래를 경고 아닌 경고처럼 풀어낸다. 즉, 인간의 뇌를 능가하는 AI가 만들어지고, 생명이 기계와 융합되며, 죽음조차 기술로 극복하려는 시대가 온다는 것이다.

이재명은 오래전 이 책을 읽고 기술 발전 그 자체보다, 그 발전을 감당하지 못하는 사회의 준비 부족에 경각심을 느꼈다. 그는 말했다.
"기술은 이미 인간을 넘어설 준비를 하고 있는데, 우리는 여전히 조선시대 관료제에 머물러 있다."
그가 디지털 기본소득, 플랫폼 노동자의 권리 보호, 데이터 주권 등 미래지향적 정책을 제안하게 된 데에는, 이 책이 주는 시간적 긴박감과 기술적 리얼리즘이 큰 영향을 주었다.

또 하나 이재명이 자주 언급한 미래 관련 책은 유발 하라리의 《호모 데우스》다. 《호모 데우스》는 인류가 스스로를 넘어서는 신적 존재, 즉 '호모 데우스(Homo Deus : 신이 된 인간)'가 되어가는 과정을 통찰하는 책이다. 유발 하라리는 《사피엔스》에서 인류의 과거를 탐구한 데 이어, 이 책에서는 미래를 탐색한다. 인류는 전염병, 기아, 전쟁 등 생존의 위협으로부터 어느 정도 벗어나면서, 이제는 불멸 (immortality), 행복(happiness), 신성(divinity)이라는 새로운 목표를 향해 달려가고 있다. 하라리는 이 과정에서 어떻게 윤리, 정치, 경제가 붕괴하거나 재구성될 수 있는지를 날카롭게 지적한다.

이재명은 《호모 데우스》를 통해, 미래는 단지 기술로 이루어지는 게 아니라, 기술이 재편한 질서에 우리가 어떤 규범을 설정하느냐에 달려 있다는 사실을 인식하게 되었다. 그는 특히 다음과 같은 질문에 주목했다.

- AI가 인간보다 더 정확한 판단을 내릴 때, 민주주의는 어디에 존재할 수 있는가?
- 인간의 생명을 연장할 수 있는 기술이 생겼을 때, 그것은 누구에게 돌아가는가?
- 데이터는 누구의 것인가?
- 기술은 자유를 확장하는가, 감시를 강화하는가?

이러한 질문들은 이재명의 정치적 언어로 번역되었다. 그의 말 중 자주 반복되는 구절은 이것이다.

"미래는 선택의 문제가 아니다. 이미 와 버렸다. 이제 어떻게 공정하게 나눌 지를 결정해야 할 뿐이다."

그 외에도 그는 제러미 리프킨의 《한계비용 제로 사회》를 통해 플랫폼 경제, 공유경제, 자동화 사회가 만들어낼 '소유 개념의 해체'를 주목했고, '디지털 사회에 필요한 새로운 복지 체계'에 대한 실마리를 얻었다. 《한계비용 제로 사회》에서 제러미 리프킨은 인류 경제 시스템의 거대한 전환을 진단한다. 기존의 자본주의 체제가 디지털 기술과 정보화 혁명의 발전으로 인해 한계비용이 거의 제로(0)에 가까운 사회로 진입하면서, 경제의 법칙이 근본적으로 바뀌고 있다는 것이 그의 핵심 주장이다.

'한계비용'이란 추가로 제품이나 서비스를 하나 더 생산하는 데 드는 비용을 뜻하는데, 디지털 기술과 자동화 덕분에 이 비용이 거의 없어진다는 것이다. 예컨대, 한 번 개발된 소프트웨어는 복제하고 배포하는 데 추가 비용이 거의 들지 않는다. 음악, 영화, 책 같은 콘텐츠뿐 아니라 3D 프린팅, 재생 에너지, 사물인터넷(IoT) 같은 물리적 생산까지 이 원리가 확장되면서, 경제 전체가 한계비용 제로에 가까운 상태로 이동 중이다.

이재명은 이 구절에 밑줄을 그었다.

"소유하지 않아도 되는 사회가 가능해질 때, 우리는 무엇을 기준으로 가치를 나눌 것인가?"

정리하자면, 이재명이 추천한 미래 관련 책은 단순히 "앞으로 무엇이 유행할 것인가"를 다루는 게 아니라, 기술과 인간, 정치와 윤리의 충돌과 재편을 예측하고, 그에 대해 숙고하게 만드는 책들이다. 그는 그런 책을 읽고 "정치가 미래에 뒤처지지 않기 위해선 철학과 상상력이 필요하다"고 말했다.

그래서 그는 미래를 말하면서, 기술자가 아닌 시민과 함께 읽을 책으로 다음 세 권을 추천한다.

1. 레이 커즈와일, 《특이점이 온다》
기술의 방향과 속도를 이해하고 대응할 정치적 감각을 깨우는 책
2. 유발 하라리, 《호모 데우스》
인간이라는 존재가 어떻게 변모할 것인가를 성찰하게 만드는 책
3. 제러미 리프킨, 《한계비용 제로 사회》
자본주의 이후 사회에 필요한 새로운 분배 논리를 탐색하는 책

이재명에게 이 책들은 단지 미래 예측이 아니라, 정치가 지금 바로 시작해야 할 준비의 목록이었다. 그리고 그는 그렇게, 책을 통해 다가올 세상을 읽고, 정치를 통해 그 세상을 설계하려 한다.

045

그는 어떤 국제정세 분석서를
참고하는가?

이재명이 국제정세를 바라볼 때 참고하는 책은 대체로 힘의 논리와 구조의 불균형, 그 안에서 약자가 어떤 전략을 취할 수 있는가에 주목하는 분석서들이다. 그는 단순한 외교관계 매뉴얼이나 국익 중심의 보수적 관점보다, 권력의 재편과 지정학의 역사적 맥락을 함께 설명해주는 책들에 흥미를 느낀다.

그런 점에서 그가 특히 자주 언급하거나 인용한 저자는 바로 파리드 자카리아(Fareed Zakaria)와 그레이엄 앨리슨(Graham Allison)이다. 자카리아의 《흔들리는 세계의 축(The Post-American World)》는 미국 중심의 세계 질서가 어떻게 균열되고 있으며, 새로운 강대국들 - 중국, 인도, 브라질 - 이 어떻게 미국의 독점적 권위를 분산시키는지를 설명한다. 이재명은 이 책을 통해 "힘의 중심은 변하고 있지만, 기득권은 여전히 과거의 언어를 쓴다"는 사실을 통찰했다고 말한다. 그는 한국이 처한 국제적 입지를 정확히 인식하기 위해서라도, 미국의 약화가 아닌, 세계의 다극화 현상에 눈을 떠야 한다고 강조한다.

또 하나 중요한 참고서가 되는 책은 그레이엄 앨리슨의 《예정된 전쟁(Destined for War)》이다. 이 책은 고대 그리스의 투키디데스 함정을 근거로, 패권국과 신흥국 간의 충돌이 얼마나 필연적으로 반복되는가를 역사적으로 분석한다. 이재명은 이 책을 읽으며 미국과 중국의 대립 구도가 한국에 던지는 함의를 민감하게 받아들였다. 단지 양국 사이의 외교 기술로 풀 수 있는 문제가 아니라, 구조적으로 갈등이 내재된 지정학적 시대에 들어섰다는 점을 인식했고, 이 상황에서 한국이 독립적 외교 전략을 세우지 않으면 주변국들이 세운 전술 속 말 한 수로 전락할 수 있다는 위기의식도 공유했다. 그는《예정된 전쟁》에서 특히 "충돌을 피하는 유일한 방법은 명확한 이해와 절제된 행위"라는 대목에 깊이 공감했다. 이 말은 그가 대통령 후보 시절 외교 정책을 말할 때 반복적으로 인용한 문장 중 하나다.

그 외에도 이재명은 존 미어샤이머(John Mearsheimer)의《강대국 정치의 비극(The Tragedy of Great Power Politics)》을 통해 현실주의 국제정치의 냉정한 분석 틀을 공부해왔다. 그는 이 책을 통해 강대국이 언제나 스스로의 안보를 명분으로 주변국의 안정을 흔들 수 있으며, 이상이 아닌 힘의 균형이 국제 질서를 움직인다는 현실을 받아들였다. 이재명은 이를 바탕으로 한국의 외교 전략도 "이념보다 생존, 선언보다 실리"가 우선되어야 한다고 판단한다. 그러면서도 그는 "현실주의만으로는 정의로운 세계는 오지 않는다"며, 국제 정의와 인권 문제에 있어서는 윤리적 판단과 국제 연대가 함께 작동해야 한다는 점을 강조하기도 했다. 즉, 국익과 윤리, 외교와 인권 사이의 균형을 고민하게 만든 책이 바로 이들 국제정세 분석서다.

이재명이 이런 책들을 통해 궁극적으로 얻고자 하는 건 단순한 분석력이 아니다. 그는 지정학이 국민의 밥값을 결정하는 시대라고 본다. 반도체 수출, 에너지 가격, 환율, 물가 – 이 모든 게 미국의 금리 인상과 중국의 수요 하락, 러시아의 전쟁 결정 하나에 따라 요동친다는 것을 피부로 느껴왔다. 그래서 그는 국제정세 분석을 학문이 아니라 실전의 기술로 배운다. 국제관계를 다룰 때, 이재명은 외교적 수사보다 행동하는 전략가의 언어를 선호한다. 누구와 싸울 것인가가 아니라, 누구의 존엄을 지킬 것인가, 어떤 국가가 아닌 어떤 국민에게 유리할 것인가를 기준으로 판단한다.

이재명이 읽는 국제정세 분석서는 특정 국가에 줄을 대거나 이념을 선택하기 위한 책이 아니다. 그것은 어떻게 살아남을 것인가, 어떻게 흔들리지 않을 것인가를 묻는 현실의 책이다. 세계가 재편될 때, 누군가는 소리를 지르고 누군가는 눈치를 보지만, 그는 책을 읽고 상황을 설계할 준비를 한다. 그것이 그의 외교 철학이며, 독서 전략이다.

046

한국 사회에 대한 그의 인식은 어떤 저자에게서 영향을 받았는가?

이재명의 한국 사회에 대한 인식은 구체적이고 단단하다. 그것은 체험에서 비롯되었지만, 체계를 갖추게 된 데에는 분명히 영향을 준 몇 명의 저자가 있다. 그중에서도 가장 뚜렷하게 언급할 수 있는 이름은 강준만, 장하성, 그리고 정희진이다. 이들은 서로 전혀 다른 지점에서 글을 써온 사람들이지만, 이재명은 이들 모두에게서 한국 사회를 바라보는 눈, 말하자면 사회 구조를 감각하는 능력을 얻었다고 말한다.

먼저 강준만. 그는 이재명에게 '권력의 언어'를 해석하게 만든 인물이다. 강준만은 《한국 현대사 산책》 시리즈와 《인물과 사상》 등을 통해, 한국 사회의 권위주의, 지역주의, 학벌주의, 언론 권력 등을 일관되게 비판해왔다. 이재명은 강준만을 통해 "보이지 않는 계급은 어떻게 일상 속에서 언어를 지배하는가", 즉 현실 정치의 '프레임 전쟁'이 단순한 홍보가 아니라 사회적 인식의 구조 문제임을 인지하게 되었다. 예컨대 '지역 갈등'이나 '포퓰리즘'이라는 단어가 어떤 식으로 정치인을 누르고 여론을 왜곡하는지를 보며, 이재명은 "언어가 권력이고, 그 권력은 정치 이전에 작동한다"는 것을 절감했다. 그에게 강준만은 언어 정치학의 교사였다.

두 번째는 장하성이다. 보수 정권 시절 '소득주도 성장'을 외치며 논란의 중심에 섰던 장하성은, 이재명에게 한국 경제의 이면을 해부하는 냉정한 데이터 분석가로 기억된다. 《왜 분노해야 하는가》, 《한국 자본주의》 등을 통해 장하성은 재벌 중심 경제 구조, 소득 불균형, 기회의 봉쇄를 구체적 지표로 보여주었다. 이재명은 장하성의 글을 통해 "성장은 곧 불평등의 심화라는 말이 더는 급진적이지 않다"는 걸 알게 되었고, '성장은 축복이 아니다'는 사고방식을 체화하게 되었다. 기본소득, 지역화폐, 자산 재분배 같은 그의 정책 아이디어는 이처럼 장하성식 '경제 해체론'의 그림자 안에서 자라났다.

세 번째는 정희진이다. 이재명은 페미니스트 저자이자 사회비평가인 정희진의 글을 읽으며, 기존 정치 담론에서는 잘 다루지 않는 타자의 시선, 구조적 약자에 대한 감각, 그리고 지배 담론의 구조화에 대해 깊이 고민하게 되었다고 밝힌 바 있다. 그는 《페미니즘의 도전》과 《혼자서 본 영화》 같은 정희진의 에세이를 통해, "사회적 약자에 대한 감수성은 의지의 문제가 아니라 시선의 훈련"이라는 깨달음을 얻었다. 특히 정희진의 '차이와 권력의 관계를 인식하는 능력'은, 이재명이 행정가에서 정치인으로 전환하는 과정에서 중요한 역할을 했다. 누군가에게 작동하지 않는 정책은 그 자체로 폭력이라는 인식을 갖게 된 것이다.

이 외에도 그는 한홍구의 《대한민국사》를 통해 현대 정치사에 대한 비판적 감각을 키웠고, 고종석이나 노회찬의 연설문 같은 '생활밀착형 정치언어'의 사례에서 국민과 감정적으로 연결되는 말의 방식을 배웠다. 그는 학술적 논문보다는 현장을 번역한 책, 그리고 데이터를 이야기로 풀어내는 작가들을 선호한다고 말했다. 요컨대, 이재명은 이론적 무장보다는 현실을 정밀하게 재단하고, 대안까지 상상하는 저자들을 통해 한국 사회를 입체적으로 읽는 힘을 기르게 된 것이다.

그에게 한국 사회는 여전히 봉건적이고, 폐쇄적이며, 겉으론 민주적이지만 내부는 엘리트 독점 구조로 작동하고 있다. 이 시선은 단지 체험에서만 나온 게 아니라, 위에서 언급한 저자들의 책을 통해 개인적 분노가 구조적 분석으로 발전한 결과다. 그러니까 이재명의 한국 사회 인식은 혼자만의 고집이 아니라, 현실 정치와 비판적 사회학, 경제 구조와 감정 정치학이 서로 충돌하면서 구축된 복합적 산물이다. 이 구조 의식이 그의 정치 언어와 정책 방향성에 그대로 녹아 있다. 그리고 그 시작은 항상 책이었다. 읽고, 분노하고, 말하고, 바꾸는 그 일련의 흐름에서, 그는 책이야말로 사회 구조를 해체하고 재조립하는 유일한 도구라고 믿는다.

047

그는 왜 '시민의식'을 강조하는가?

이재명이 '시민의식'을 강조하는 이유는 단순히 국민의 자발성을 기대해서가 아니다. 그는 한국 사회에서 시민의식이란 "억압에 대한 예의 바른 저항이자, 통제에 맞선 집단적 각성"이라고 본다. 다시 말해, 시민의식은 '좋은 국민 되기'가 아니라, 권력의 부당함을 감지하고 거절하는 능력이라는 것이다. 그는 시장과 도지사를 거쳐 대선후보에 이르기까지 수많은 시민을 만났다. 그때마다 그는 느꼈다. 시민은 무지하거나 무관심한 존재가 아니라, 단지 제대로 된 정치적 언어와 통로를 박탈당한 주권자라는 것. 그래서 그가 말하는 시민의식은, "눈치 보지 않는 민원"이고, "시끄럽지만 정당한 항의"이며, "투표 이상의 실천"이다.

그가 시민의식을 강조하게 된 직접적인 계기는 정치인이 되기 전, 변호사 시절 노동 현장과 행정 소송의 부조리들을 직접 겪으면서부터다. 그는 현장에서 법이 제대로 작동하지 않을 때, 그것을 바로잡는 유일한 힘이 '깨어 있는 시민의 집단적 목소리'라는 것을 체험했다. 특히 밀양 송전탑 반대 투쟁, 쌍용차 해고 사태, 용산 참사 같은 사건들을 지켜보며, "국가는 대화를 가장 잘하는 시민에게는 조용히 침묵하고, 가장 크게 외치는 사람에게만 반응한다"는 불편한 진실을 깨달았다. 이재명은 이런 구조가 바뀌지 않는 한, 아무리 좋은 법이나 정책도 현실에선 무력화된다고 본다. 제도를 움직이는 건, 시민의 숫자가 아니라 깨어 있는 시민의 태도라는 것이다.

그는 시민의식을 강조하면서 정당 정치의 실패를 역설적으로 반증한다. 왜냐하면 한국 사회에서 정당은 여전히 이념보다 이익, 논리보다 이미지에 휘둘리며, 국민의 의사를 대변하기보다 정파적 이익에 충실한 폐쇄집단으로 작동하는 경우가 많기 때문이다. 그는 그런 정당 구조 안에서 정치가 정상화되기를 기다리는 건 공공의 몽상이라고 말한다. 그러니 시민이 정당을 감시하고, 때론 흔들고, 정치인을 교체하는 능력을 갖추지 않으면, 민주주의는 껍데기만 남게 된다는 것. 그가 강조하는 시민의식은 그래서 "정당을 믿지 않되, 정치의 가능성은 포기하지 않는 태도"에 가깝다.

책을 통해 이재명이 시민의식에 눈뜨게 된 계기 중 하나는 알베르 카뮈의 《페스트》와 한나 아렌트의 《전체주의의 기원》이었다. 그는 《페스트》에서 드러난 "무관심과 체념이야말로 악을 지속시키는 조건"이라는 통찰에 깊은 충격을 받았고, 《전체주의의 기원》에서는 "정치적 소외가 전체주의를 잉태한다"는 구조적 경고를 읽어냈다. 이런 독서 경험은 그로 하여금, 시민의식이란 단지 투표율로 측정할 수 없는, 공공을 향한 실천적 감각이라는 점을 깨닫게 했다. 그는 말한다.

"시민은 정치인이 잘할 때 손뼉 치는 존재가 아니다. 시민은 정치인이 잘못할 때 두려워해야 할 존재다."

그래서 그는 SNS를 적극 활용하고, 말장난보다 말걸기를 선호하며, 일방적 홍보가 아니라 양방향 소통의 무대를 정치의 핵심으로 본다. 그는 '소통'이라는 말을 '공감의 메타포'로 포장하지 않는다. 오히려 불편한 말, 날선 비판, 조직화된 반대를 시민의 권리이자 국가의 수용능력을 재는 시험지로 여긴다. 그에게 있어 시민의식이 강하다는 건, 국가가 무너지지 않는 최고의 안전장치이자, 민주주의의 마지막 보루다.

이재명이 시민의식을 강조하는 이유는 다음과 같다.

첫째, 권력이 선을 넘지 않도록 감시할 유일한 주체이기 때문이고,

둘째, 정당과 제도가 부패하거나 고장났을 때 사회를 지탱할 마지막 시스템이기 때문이며,

셋째, 공동체가 살아남기 위해 반드시 필요한 집단적 윤리 감각이기 때문이다.

그가 정치의 길에 들어서며 쓴 수많은 글과 연설문들 속에는 이런 문장이 반복된다.

"시민이 주권을 자각하는 순간, 정치는 비로소 긴장한다."

그는 이 말을 하나의 구호가 아니라, 권력자들이 가장 두려워하는 진실이라고 믿는다. 그 두려움을 만들어낼 수 있을 때, 시민은 더 이상 구경꾼이 아니라, 진짜 정치의 주인이 된다.

048

이재명이 읽은
'기득권 비판'의 책들은?

이재명이 읽은 '기득권 비판'의 책들은 그의 정치철학과 현실 인식의 뿌리를 형성한 지적 자산이라 할 수 있다. 그는 단순히 기득권을 욕하는 데 만족하지 않았다. 그들이 어떻게 기득권이 되었는지, 어떤 메커니즘으로 구조화되고, 또 어떻게 그것이 재생산되는지를 보여주는 책들에 집중했다. 이재명이 손에 들고, 밑줄을 긋고, 정책 구상에 녹여낸 책들은 그런 구조적 비판에 능한 작가들의 책이었다. 대표적인 저자가 노엄 촘스키, 마이클 샌델, 조지프 스티글리츠, 그리고 하워드 진이다.

가장 빈번하게 언급되는 이름은 노엄 촘스키(Noam Chomsky)다. 이재명은 촘스키의 《누가 무엇으로 세계를 지배하는가》를 통해, 기득권이 작동하는 방식 – 특히 언론과 정치, 학문과 법률을 포장지 삼아 대중을 길들이는 기술 – 에 대해 깊은 통찰을 얻었다고 말한다. 촘스키는 "기득권은 정면으로 싸우지 않는다. 대중이 그들의 이익을 이해하지 못하게 만드는 방식으로 작동한다"고 했고, 이재명은 그것을 대한민국 사회의 현실로 치환해 받아들였다. 그는 이 책에서 프레이

밍의 기술, 즉 "누가 말하느냐에 따라 진실의 무게가 달라지는 사회"에 대한 분노를 배웠다. 이후 그가 정치인으로서 언론 권력, 검찰 권력에 강하게 저항하는 이유도 촘스키식 구조 비판과 무관하지 않다.

다음으로는 조지프 스티글리츠의 《불평등의 대가》다. 이재명은 이 책을 통해 기득권이 불평등을 유지하기 위해 동원하는 경제적 수단을 학습했다. 세금 회피, 금융 규제 완화, 재벌 중심 구조, 정경 유착 등의 문제를 구체적 사례로 제시하며 스티글리츠는 말한다.

"불평등은 경제의 자연 현상이 아니다. 기득권이 만든 정치적 산물이다."

이재명은 이 구절을 자신의 정책 언어로 바꾸었다.

"불평등은 정치로 만들어졌으니, 정치로 해소할 수 있다."

특히 그는 스티글리츠의 경제 분석을 통해 단순한 분노가 아닌 정책적 대응의 논리와 정당성을 얻었다고 말한다.

그는 마이클 샌델의 《정의란 무엇인가》와 《돈으로 살 수 없는 것들》을 통해, 기득권이 '공정'이라는 이름으로 만들어낸 불공정을 꿰뚫는 힘을 길렀다. 샌델은 능력주의의 이면, 시장가치의 지배, 윤리의 시장화 같은 개념을 들여다보며, '공정한 것처럼 보이는 불평등'의 허위성을 폭로한다. 이재명은 샌델의 관점을 자신의 '공정 정치'의 철학적 뿌리로 삼았고, 특히 기본소득과 사회적 배려 정책의 근거로 "결과가 아닌 기회의 불균형"을 자주 언급했다.

마지막으로 빼놓을 수 없는 인물이 하워드 진(Howard Zinn)이다. 그의 대표작 《미국 민중사(A People's History of the United States)》는, 승자의 서사가 아닌 억눌린 자의 관점에서 다시 쓰는 역사다. 이재명은 이 책을 읽고 "권력은 늘 기록을 점유해 왔다"는 사실을 깨달았다고 한다. 역사란 기득권이 자기를 정당화하는 데 쓰는 도구이며, 정치는 그것을 다시 쓸 수 있는 기회라는 생각이 들었다는 것이다. 그는 이후 역사와 정치, 언론과 사법이 어떻게 엘리트주의에 갇혀 대중을 외면하는지를 성찰했고, 하워드 진의 입장을 현실 정치에서 구현해 내려 했다.

이재명이 이들 책을 통해 얻은 공통된 인식은 분명하다. 기득권은 단순히 많이 가진 자가 아니다. 기득권은 정의의 외양을 걸치고 불의를 구조화하는 자들이다. 그들은 싸우지 않고 이긴다. 대신 구조를 지배한다. 그래서 진짜 싸움은 프레임을 바꾸는 것, 가려진 구조를 드러내는 것, 기회 자체의 설계를 바꾸는 것이다.

그는 이 싸움이 혁명적일 필요는 없다고 말한다. 단지 국민에게 제대로 된 책 한 권을 읽히는 것만으로도 그 거대한 구조는 흔들리기 시작한다고 믿는다. 그래서 그가 읽는 책은 언제나 기득권의 내장을 해부하는 책이다. 그리고 그 책을, 그는 국민과 함께 읽고 싶어한다. 그 읽기의 결과가 정치가 될 수 있도록.

049

그는 어떤 책을
'민주주의의 나침반'이라 보았는가?

이재명이 '민주주의의 나침반'이라 표현하며 가장 자주 언급한 책은 바로 마이클 샌델의 《정의란 무엇인가》다. 그에게 이 책은 단순한 철학 입문서가 아니었다. 오히려 혼란한 시대에 민주주의가 어디로 가야 하는지를 보여주는 좌표계, 즉 방향과 기준을 함께 제시하는 도덕적 나침반이었다. 그는 이 책에서 정치가 단순히 기술이 아니라 윤리적 판단의 연속이라는 점, 더 정확히는 선택의 순간마다 '공정'과 '정의' 사이에서 끊임없이 스스로를 되묻는 작업임을 배웠다고 말했다.

《정의란 무엇인가》는 복잡하고 논쟁적인 정의의 문제를 일상적인 사례와 철학적 논의를 통해 풀어내며, '정의란 무엇인가?'라는 근본적인 질문을 던지는 책이다. 샌델은 단순히 정의의 정의를 내리기보다, 다양한 철학적 관점들을 소개하고 그 한계를 짚으며 독자 스스로 정의를 사고하도록 이끈다. 마이클 샌델은 공리주의, 자유 지상주의, 공동체주의 등 다양한 정치철학을 풀어놓지만, 가장 중요한 메시지는 하나다.

"정의란 무엇인가를 묻는 일은 곧 우리가 어떤 사회를 만들고자 하느냐를 묻는 것이다."

이재명은 이 구절에 깊은 인상을 받았다.

그는 그 문장을 다시 자신의 언어로 번역했다.

"법이 말하는 정의가 아니라, 사람들이 느끼는 정의가 정치의 출발점이 되어야 한다."

이 책은 그런 점에서, 이재명에게 있어 정치적 타협의 기술서가 아니라, 정치의 윤리를 다지는 문장집이었다.

그는 '공정성'이라는 단어가 무색하게 소비되던 시기에, 이 책을 통해 공정이란 단지 같은 룰을 적용하는 것이 아니라, 다른 출발선을 고려하는 것이라는 점을 되새겼다. 누군가는 특권으로 출발했고, 누군가는 생존으로 시작했을 때, 같은 룰을 적용하는 것이 과연 진짜 공정인가? 샌델은 그것을 철학적으로 묻고, 이재명은 정치적으로 대답했다. 이재명에게 정의와 공정은 추상명사가 아니라 정책으로 번역되어야 하는 언어였다. 그래서 그는 청년 기본소득, 무상복지, 지역화폐 같은 정책을 "공정의 물리적 구현"이라고 불렀다.

그는 이 책이 정치의 문턱을 낮춘다는 점에서도 민주주의적이라고 보았다. 철학자들이나 읽을 법한 주제를 구체적 사례로 끌어내어 시민과 함께 토론할 수 있게 만들었기 때문이다. 그는 《정의란 무엇인가》는 책으로 민주주의를 실현할 수 있다는 가능성을 보여준 최초의 시민 교양서"라고 평가한 바 있다.

이재명은 실제로 성남시장 재임 시절, 시민과 함께 이 책을 읽는 공개 북토크를 진행했고, 정책 설명회에서도 자주 이 책의 사례들을 인용했다. 어떤 이는 이 책이 너무 많이 팔렸다고 비꼬지만, 이재명은 오히려 그것이 민주주의의 가능성을 보여주는 증거라고 본다.

"책을 통해 사회적 윤리를 함께 고민하는 사회가 민주주의다."

요컨대, 이재명이 《정의란 무엇인가》를 민주주의의 나침반이라 부른 이유는 세 가지다.

첫째, 혼란의 시대에 정치가 어떤 원칙으로 움직여야 하는지를 알려주었기 때문이고,

둘째, 공정과 정의에 대한 감각을 정치 언어로 전환하는 데 도움을 줬기 때문이며,

셋째, 시민들과 함께 읽고, 함께 토론할 수 있는 '민주주의적 책'의 전형이었기 때문이다.

그는 말했다.

"정치는 늘 길을 잃는다. 그럴 때마다 다시 펼쳐야 할 책이 있다면, 나는 이 책을 꺼낼 것이다. 여기엔 답이 없지만, 방향은 있다. 그리고 그 방향은 언제나 사람을 향하고 있다."

민주주의는 이상이 아니라 습관이고, 선택이 아니라 과정이라는 것을 그는 이 책을 통해 배웠다. 그러니까 《정의란 무엇인가》는 단지 읽는 책이 아니라, 국가를 운영할 때마다 펼쳐보는 나침반이었던 것이다.

050

그는 왜 '디스토피아 소설'을 현실처럼 읽는가?

이재명은 '디스토피아 소설'을 단지 상상의 장르로 읽지 않는다. 그는 그런 책들을 현실의 예언서이자, 현재를 고발하는 메타포로 읽는다. 그에게 디스토피아는 먼 미래가 아니라 지금 여기, 우리가 눈감고 지나치는 일상 속에 이미 부분적으로 도착해 있는 풍경이다. 그래서 **조지 오웰의 《1984》, 올더스 헉슬리의 《멋진 신세계》, 레이 브래드버리의 《화씨 451》 같은 작품은 그에게 "문학이자 보고서"였다.** 그는 그 안에서 권력의 본질, 통제의 기술, 자유의 파괴 방식 등을 읽고, 그것이 현실 정치와 얼마나 닮아 있는지를 하나씩 짚어냈다.

그가 《1984》를 가장 많이 인용하는 이유도 여기에 있다. 이재명은 이 소설에서 권력이 대중을 어떻게 조작하고 길들이는지, 그리고 진실이 어떻게 삭제되고 재구성되는지를 통해 현실의 언론, 검찰, 정치 시스템의 작동 방식을 떠올린다. '빅 브라더'는 특정 독재자가 아니라, 모든 것을 감시하고 아무도 책임지지 않는 권력의 구조다. 이재명은 한국 사회에서 "감시받지 않는 권력일수록 더 당당하고, 감시받는 시민일수록 더 위축되어 있다"고 지적하며, 이것이 바로 《1984》

가 그저 소설이 아닌 이유라고 말한다. '이중사고(Doublethink)', '새로운 언어(Newspeak)' 같은 개념은 현실 정치의 언어 왜곡, 프레임 전쟁, 조작된 여론조사의 메커니즘으로 너무도 자연스럽게 옮겨온다.

그는 또 《멋진 신세계》를 통해 쾌락과 소비가 어떻게 사람의 저항성을 제거하는가를 경계한다. 올더스 헉슬리의 《멋진 신세계》는 기술이 인간의 삶을 지배하는 미래 사회를 배경으로, 과학적 통제와 쾌락적 소비주의가 개인의 자유와 인간성을 어떻게 억압하는지를 그린 디스토피아 소설이다. 소설 속 세계는 유전공학과 조건화 교육을 통해 사회 질서를 유지하며, 인간은 태어나기 전부터 계급별로 설계된다. 알파, 베타, 감마, 델타, 엡실론으로 나뉜 계급 체계 속에서 각자는 자신의 역할에 만족하며 살아가도록 프로그래밍 된다.

인간은 시험관에서 배양되고, 어린 시절부터 수면 학습(hypnopaedia)을 통해 계급의식과 순응을 주입받는다. '자유'는 위험하고 피곤한 것으로 간주되며, 감정과 충동은 통제된다.

이재명은 헉슬리의 세계처럼, "사람들이 고통을 느끼지 않도록 만드는 기술이 등장하는 시대"가 되면, 민주주의는 고통을 없애는 대신 생각을 없애는 체제가 될 수 있다고 본다. 헉슬리가 보여준 디스토피아는 폭력으로 지배하지 않는다. 오히려 지나친 편의, 무제한 소비, 끊임없는 엔터테인먼트를 통해 사람이 생각하지 않도록 만드는 시스템이다. 그는 이런 디스토피아가 "현재 한국 사회 곳곳에 이미 침투해 있다"고 말한다. 스스로 생각하지 않는 대중, 기득권을 욕하지만 구조를 분석하지 않는 여론, 오락과 혐오에 소비되는 공론장. 그런 맥락에서 디스토피아는 미래 예언이 아니라 현실 분석서가 된다.

그는 《화씨 451》도 반복해서 언급한다. 레이 브래드버리의 《화씨 451》은 책이 불법이 된 미래 사회를 배경으로, 지식의 억압과 대중의 무관심이 초래하는 디스토피아를 그린다. 제목의 '화씨 451도'는 종이가 불타기 시작하는 온도다. 소방관이 더 이상 불을 끄지 않고 책을 태우는 직업이 된 사회에서, 주인공 가이 몬태그는 충실한 소방관이었다. 그는 그저 시스템이 명령하는 대로 책을 불태우며 살아간다.

하지만 이웃 소녀 클래리스와의 만남이 그의 삶을 뒤흔든다. 자유롭게 사고하고 질문하는 클래리스는 몬태그에게 의문을 품게 만든다. "왜 우리는 책을 태우는가?" "우리는 행복한가?"라는 질문이 그의 머릿속을 떠나지 않는다. 결정적으로 한 노파가 책과 함께 스스로 불길에 몸을 던지는 사건을 목격하면서, 몬태그의 내면은 깊이 흔들린다. 책 속에 분명 무언가 중요한 것이 있다고 확신하게 된다.

이 소설에서 사람들은 책을 읽지 않고, 스크린만을 바라본다. 독서는 범죄이고, 소방관은 불을 끄는 것이 아니라 책을 태우는 존재가 된다. 이재명은 이 소설을 통해 "지식이 아니라 정보만 쌓이는 시대의 공포", "질문이 사라진 사회의 침묵"을 읽는다. 그는 말했다.

"생각하지 않는 사람은 통제하지 않아도 통제된다."

그는 디지털 환경이 만든 '자발적 무관심'과 '정보의 폭포 속 우둔화'를 가장 위험한 현대형 독재로 간주한다.

이재명이 디스토피아 소설을 현실처럼 읽는 이유는, 그것이 단지 '정치의 실패'가 아니라 사회의 무감각, 시민의 수동성, 언어의 파괴, 윤리의 퇴행이 만들어내는 복합적 붕괴를 미리 경고해 주기 때문이다. 그리고 그는 이런 소설들을 통해 정치가 감히 침묵해서는 안 되는 이유를 발견한다. 디스토피아는 단 한 번의 거대한 탄압으로 오지 않는다. 아주 천천히, 아주 친절하게, 아주 편안하게 스며든다. 마치 정치인들이 감언이설로 시민을 안심시키며, 그들의 질문을 사라지게 만들 때처럼.

그래서 그는 디스토피아를 읽으며 정치를 다시 정의한다. 정치란 현실을 조금 덜 디스토피아적으로 만드는 노력이어야 한다는 것. 그것이 그가 독서에서 얻은 통찰이고, 디스토피아를 소설이 아닌 '정치 매뉴얼'로 읽는 이유다. 그는 말한다.

"디스토피아는 멀리 있지 않다. 우리가 아무 말도 하지 않는 순간, 우리가 아무 책도 읽지 않는 사회에서 그것은 조용히 완성된다."

6

부

삶과 고통, 그 철학

정치는 제도적 설계라 하지만, 그 바탕에는 삶에 대한 깊은 이해가 있어야 한다.
이재명에게 삶이란 고통의 연속이었고, 고통은 곧 정치와 철학의 출발점이었다.
이 장에서는 그의 생애 곳곳에 뿌리내린 상처, 실패, 분노, 희망이 어떤 책들과 연
결되었는지를 따라간다. 인간의 조건을 직시하는 고전에서부터, 실존의 밑바닥을
건드리는 철학서까지 – 이재명은 그 속에서 자기 자신을 재구성했고, 정치의 본질
을 다시 발견했다. 고통은 그에게 감정이 아니라, 사유였다.

051

이재명은 '고통'을 어떻게 견뎠는가?

이재명에게 고통은 피해야 할 대상이 아니었다. 그는 고통을 견딘게 아니라, 고통을 '이용'했다. 흔히 사람들은 고통을 감내하거나 무시하거나, 혹은 잊는 데 집중하지만, 이재명은 오히려 그것을 기억하고 발효시켜 자신만의 에너지로 바꾸는 쪽을 택했다. "삶은 고통을 먹고 자란다"는 말이 있다면, 이재명은 그걸 문자 그대로 실천한 인물이었다.

그의 고통은 단순히 가난하거나 병들거나 맞고 사는 정도가 아니었다. 그것은 한 인간이 정상적인 성장 과정을 박탈당한 채, 사회라는 정글에 생으로 내던져졌을 때, 생존을 위해 선택할 수밖에 없는 처절한 옵션들이 만든 고통이었다. 그는 그것을 "인간으로 태어나, 인간답게 살기 위해 벌인 투쟁의 기록"이라 표현하곤 했다. 다친 팔을 치료할 병원이 없어 장애를 얻었고, 학교를 포기하자 선택지는 곧바로 공장 바닥, 녹슨 철판 위, 쉼 없이 돌아가는 프레스 기계뿐이었다. 이 고통은 물리적이면서도 동시에 철저히 사회적이었다. 이재명은 이 고통이 자신의 분노와 이성을 동시에 일깨운 시작점이었다고 말한다.

그가 고통을 견딘 방식은, 요컨대 두 가지로 요약된다. 하나는 기억하고 말하는 것, 또 하나는 그 고통의 재현을 멈추기 위한 정치적 실천이다. 그는 자기 삶의 고통을 결코 미화하거나 신화화하지 않았다. 오히려 그 고통을 리얼하게 꺼내 보여줌으로써 "나는 이것을 겪었고, 당신이 겪지 않기를 바란다"는 메시지를 던졌다.

그는 자주 말한다.

"내가 겪은 고통이 '나만의 경험'으로 끝나는 순간, 그건 고통이 아니라 상처로 굳어버린다. 하지만 내가 겪은 고통이 누군가의 방패가 된다면, 그건 기억할 만한 가치가 있다."

이재명이 견딘 고통은 단지 개인적 회고의 대상이 아니었다. 그는 그 고통을 정치 언어로 번역하는 법을 알고 있었다. 그래서 그는 '기본소득', '기회 총량의 공정', '무상복지' 같은 개념을 단지 정책적 수단으로 말한 것이 아니라, 자신이 겪은 고통의 사회적 반복을 막기 위한 전략적 장치로 설명했다. 그에게 정치란 불평등을 없애는 이상주의가 아니라, 고통의 분포도를 수정하는 실용주의였다. 고통이 특정 계층과 세대를 향해 집중될수록 사회는 병든다. 따라서 그는 자신이 받았던 고통을 불행으로 끝내지 않고, 사회 구조를 교정하는 레퍼런스로 삼은 셈이다.

그렇다면 그는 고통을 마주할 때마다 어떻게 견딜 수 있었을까?

그는 "내일을 상상하는 능력"이야말로 고통의 진통제였다고 말한다. 아무도 없고, 도와줄 사람 하나 없고, 세상이 등을 돌려도, 그는

"내일은 오늘보다 나을 수 있다"는 아주 희박한 가능성에 의지했다. 그 가능성을 붙잡기 위해 그는 책을 읽었고, 사법고시에 도전했고, 권력을 가진 자들과 싸웠다. 그리고 그 모든 싸움이 끝날 때마다 그는 한 문장을 되뇐다.

"나는 여전히 이 사회의 낙오자지만, 낙오자에게도 존엄이 있다는 걸 증명하고 싶었다."

이재명은 자신이 겪은 고통을 자서전의 재료로만 삼지 않았다. 그는 그 고통이 제도와 시스템 속에 어떻게 내장되어 있는지를 찾아냈고, 그것을 바꾸려는 시도를 '정치'라 불렀다. 그는 고통을 견딘 것이 아니라, 고통을 재가공해 의미로 만든 사람이다. 고통을 잊은 이들은 되풀이하고, 고통을 감추는 자들은 위선 하지만, 고통을 기억하고 말하는 자만이 진짜 변화를 만든다. 그래서 이재명은 여전히 고통을 기억한다. 그 고통이 그의 정치가 아직 끝나지 않았다는 증거이기 때문이다.

052

그는 고통에서 무엇을 배웠는가?

　이재명이 고통에서 배운 것은 단순히 '참는 법'이 아니었다. 그는 고통을 '스승'이라 불렀다. 누군가는 '삶의 짐'이라며 고통을 피하고, 또 다른 누군가는 그 고통을 숙명이라며 덮어두지만, 이재명은 그 고통을 해부하고, 분석하고, 해석했다. 고통은 그에게 "왜 이 사회가 이렇게 생겨 먹었는가"를 이해하는 열쇠였고, 사람을 보는 눈을 얻는 통로였으며, 무엇보다 정치가 왜 존재해야 하는지를 자각하게 만든 계기였다.

　가장 먼저, 그는 고통에서 불공정의 구조를 배웠다. 어린 시절, 공장에서 사고로 팔을 다치고도 치료받지 못해 영구 장애를 얻은 경험, 땀으로 번 돈보다 사장의 기분이 중요한 현실, 법 없이도 살 선한 사람일수록 법의 보호를 받지 못하는 모순 – 이 모든 고통은 '운명'이 아니었다. 그는 그것이 제도의 실패, 국가의 무관심, 권력의 외면이라는 사실을 너무 빨리 배워야 했다. 그래서 그는 "고통은 나에게 분노를 줬고, 분노는 나를 공부하게 만들었고, 공부는 나를 사회 구조로 이끌었다"고 말한다. 그는 자신이 공부한 건 법이 아니라, 고통의 메커니즘이었다고 회고한다.

둘째, 그는 고통에서 존엄의 의미를 배웠다. 세상은 가난한 이들에게 '성실'을 강요하지만, 성실하다는 이유만으로 존중받는 일은 드물다. 그는 "가난하면 성실해야 한다는 말은 부유한 자들의 구호일 뿐"이라고 말한다. 하지만 그럼에도 불구하고, 그는 성실했다. 다만 그 성실은 누군가에게 잘 보이기 위한 것이 아니라, 자기 자신을 포기하지 않기 위한 유일한 방어기제였다. 고통이 아무리 커도, 사람은 "자기 존재가 가치 없다는 판단에 무너지는 순간"에 진짜 부서진다는 걸 그는 알았다. 그래서 그는 절망 속에서도 스스로에게 존엄을 허락하는 법을 배웠고, 이 감각은 훗날 그가 정치인이 된 이후에도 '기초생활보장', '기본소득', '사회적 약자 보호' 같은 정책에 담겨 나왔다.

셋째, 그는 고통에서 타인의 아픔을 상상하는 능력을 배웠다. 인간은 본래 자기 고통에는 민감하지만 남의 고통에는 둔감한 존재다. 하지만 이재명은 자신의 고통이 제도의 사각지대에서 반복되는 일이라는 걸 자각한 순간, 남의 고통을 남처럼 느끼지 않게 되었다. 그는 말했다.

"내 고통이 남의 고통과 닮아 있음을 깨달았을 때, 나는 더 이상 개인이 아니었다."

이 감각은 정치의 핵심이다. 고통은 그를 정치로 데려온 유일한 감정이었고, 그는 그것을 잊지 않기 위해 지금도 일부러 아팠던 시절의 일기를 들춰본다고 한다. 그는 "고통을 지우는 정치인이 아니라, 고통을 기억하는 정치인"이 되겠다고 선언했다.

넷째, 그는 고통을 통해 힘이 무엇인지, 그리고 왜 위험한지를 배웠다. 세상은 강자의 고통엔 무감하고, 약자의 고통엔 조롱을 던진다. 그는 권력과 힘이 '무엇을 할 수 있느냐'보다, '무엇을 하지 않을 수 있느냐'에서 진짜 드러난다고 말한다. 그래서 그는 힘을 가진 뒤에도 고통받는 사람들의 편에 서 있으려 애썼다. 단지 도와주는 척하는 연민이 아니라, 구조를 바꾸는 연대의 태도로. 그것은 동정이 아니라, "한때 나도 그랬다"는 자각에서 나오는 정치적 책임이었다.

마지막으로, 그는 고통이 말의 힘을 가르쳐 줬다고 말한다. 고통스러운 사람은 말을 하지 않는다. 아니, 말할 수 없게 된다. 그래서 이재명은 말한다.

"나는 말하는 편이 아니라, 말을 못 하던 쪽이었다."

고통은 그에게 말할 수 있는 사람의 책임을 가르쳤고, 그래서 그는 말을 던지는 게 아니라 길게 듣고, 끝까지 설명하려는 태도를 유지했다. 정치인이 되어 수많은 비난과 오해를 받는 상황에서도, 그는 되도록 말을 잃지 않으려는 습관을 지켜왔다. 그것이 고통을 겪어본 자의 정치적 말하기였기 때문이다.

요약하자면, 이재명이 고통에서 배운 것은 단순한 생존 기술이 아니다. 그는 고통을 통해 불공정의 본질, 존엄의 감각, 타인의 고통을 감지하는 촉각, 그리고 힘의 윤리, 정치의 책임, 말의 방식을 배웠다. 고통은 그를 무너뜨리지 않았고, 오히려 그를 만들었다. 그는 고통을 견딘 사람이 아니라, 고통으로부터 배운 사람이다. 그래서 그의 정치는 슬픔을 부정하지 않고, 상처를 숨기지 않는다. 그는 말한다.

"정치는 누군가의 고통을 얼마나 오래, 얼마나 정확히 기억하고 있느냐에 달려 있다."

053

불우한 삶에서 그가 의지한 책은?

이재명이 불우한 삶에서 의지한 책 중에 감동적인 자서전이나, 성공 비결을 가르쳐주는 자기계발서는 단 한 권도 없었다. 그는 '살아남는 법'을 알려주는 책, 혹은 스스로에게 살아도 된다는 정당성을 부여해주는 책들에 의지했다. 고된 삶 속에서 그는 책을 통해 인간이라는 존재가 얼마나 복잡하고, 또 얼마나 억울하게 만들어지는가를 배웠고, 그 과정에서 자신을 비로소 이해하게 되었다. 그리고 바로 그 책이, 조지 오웰의 《1984》였다.

많은 이들이 이 책을 독재와 감시 체제의 경고문 정도로 읽지만, 이재명에게 《1984》는 더 깊은 의미였다. 그것은 곧 "진실을 말할 수 없는 사람들의 언어가 무엇인지", 그리고 "시스템이 어떻게 인간의 감정을 억압하고 의심하게 만드는지"에 대한 해설서였다. 공장에서 일하며 다친 팔로 인해 정규 교육을 포기해야 했고, 빈곤과 불공정 속에서 차별의 구조를 일찍 체험한 그는, 윈스턴이 빅 브라더 체제 속에서 겪는 심리적 파괴와 감정의 검열을 통해 자신의 고통에 이름을 붙일 수 있었다고 말한다. 오웰은 말하지 못했던 분노를, 책 속에서 대신 외쳐주는 존재였던 것이다.

그리고 또 하나, 이재명이 어려운 시기에 반복해서 읽은 책은 빅터 프랭클의 《죽음의 수용소에서》였다. 그는 이 책에서 가장 중요한 문장을 이렇게 기억하고 있다.

"인간은 모든 것을 **빼앗길** 수 있어도, 어떻게 반응할지를 선택하는 자유만은 **빼앗을** 수 없다."

이재명은 어린 시절의 가난, 부당한 대우, 장애, 소외, 배제 같은 경험들 앞에서 종종 무력감을 느꼈지만, 이 문장을 곱씹으면서 자신의 감정을 단지 피해자의 분노가 아니라, '어떻게 살아야 할까'를 고민하는 정치적 감각으로 승화시켰다. 프랭클이 아우슈비츠에서 인간의 존엄과 의미를 잃지 않으려 했던 것처럼, 이재명도 자신의 수용소와 같던 환경 속에서 "나는 누구이며, 어떻게 살아야 하는가"를 책을 통해 배워나갔다.

그 밖에 그가 의지했던 책 중 하나는 톨스토이의 《인생독본》이다. 이 책은 러시아 대문호 레프 톨스토이가 생의 말년에 집대성한 지혜의 정수로, 하루하루를 위한 명상과 성찰의 문장을 모아 둔 인생 안내서이다. 그는 평생 독서하고 사유하며 얻은 교훈들을 바탕으로 세계의 위대한 사상가들 – 공자, 소크라테스, 에픽테토스, 바뤼흐 스피노자, 파스칼, 루소, 괴테, 불교 경전, 신약성서 – 의 글귀를 모으고, 여기에 자신의 통찰을 덧붙였다. 집필에는 15년 이상이 걸렸고, 톨스토이가 80세 가까운 나이에 완성한 그의 마지막 대작이다.

《인생독본》은 단순한 명언집이 아니다. 이 책은 톨스토이 자신의 고민과 실천이 녹아든 '생활의 철학'이라 할 수 있다. 매일 한 쪽씩 읽을 수 있도록 구성된 이 책은 하루를 살아가며 곱씹을 가치 있는 문장들로 채워져 있다. 주제는 인간의 본성과 윤리, 사랑과 죽음, 노동과 만족, 탐욕과 절제, 평화와 분쟁, 신앙과 무신앙 등 광범위하다.

이 책은 매일 한 페이지씩 읽는 형식의 단상집으로, 톨스토이 특유의 간결하고 깊이 있는 문장이 "하루를 견딜 힘"이 되어주었다. 삶이 반복되고, 내일이 어제와 다르지 않을 것 같은 암담함 속에서, 그에게 이 책은 "오늘을 다르게 살 수 있다는 생각의 가능성"을 심어주는 장치였다. 그는 《인생독본》 속 구절들을 메모지에 적어 공장 숙소 벽에 붙여놓고 외우곤 했다고 한다. 그것은 기도도 아니고, 철학도 아닌, 자기 암시와 자기 구원의 언어였다.

한편, 그는 정치인이 되기 전 《법학 입문》이나 《헌법학 개론》 같은 딱딱한 책들조차도 자신에게는 '의지의 책'이었다고 말한다. 그것은 지식을 주는 책이라기보다, '세상이 나를 버렸다고 생각할 때, 나는 여전히 무언가를 해낼 수 있다'는 가능성의 상징이었기 때문이다. 그는 그 책들을 통해 단지 법조인이 된 게 아니라, 시민으로서 자신이 설 자리를 확보하려 했다.

이재명이 불우한 삶에서 의지한 책은 위로의 책이 아니라, 자기 존재를 증명하고, 현실을 해석하고, 사회를 이해하며, 나아가 체제를 바꾸기 위한 도구로서의 책이었다.

그에게 독서란 "도피"가 아니라, "저항"이었다. 눈을 감는 게 아니라, 눈을 뜨는 행위. 포기하지 않기 위해 버티는 무기. 그리고 어떻게든 끝까지 살아보자는 몸부림의 일환이었다. 그래서 그는 말한다.

"책은 나에게 사치가 아니라 생존이었다."

그리고 그 생존이 끝내 정치를 만들었다.

054

이재명은 종교적 책을
어떻게 해석하는가?

이재명은 종교적 책을 경전으로 읽지 않는다. 그는 그것을 신의 말씀으로 받아들이기보다는, 인류가 고통 속에서 짜낸 가장 절실한 윤리의 언어로 해석한다. 그러니까 그에게 《성경》은 교회용이 아니라 거리용이고, 《불경》은 수행자의 것이 아니라 고통받는 민중의 것이다. 그는 말한다.

"경전은 신의 뜻을 말하는 게 아니라, 인간이 절망 속에서 신의 입을 빌려 자기 마음을 털어놓은 기록이다."

이 점에서 그는 전형적인 신앙인은 아니다. 하지만 누구보다 종교적 언어의 힘과 무게를 알고, 그것을 자기 정치와 사유 속에 흡수하는 방식으로 받아들인다.

이재명이 가장 자주 인용하는 구절은 《성경》의 다음 문장이다.

"너희 중에 죄 없는 자가 먼저 돌을 던져라."

그는 이 문장을 고발이나 훈계가 아니라, 정치적 윤리의 기준선으로 삼는다. 그는 이 구절을 통해 "비난은 쉽지만, 공정한 잣대를 들이대기는 어렵다"는 냉정한 사실을 말하고자 한다. 그는 공직자의 윤리도 여기서 시작된다고 본다. 누군가를 단죄하려면, 먼저 자신이 그만큼 투명한가를 돌아봐야 한다는 것이다. 특히 선거 국면에서 온갖 네거티브가 오갈 때, 그는 이 《성경》 구절을 거울처럼 들이대며 "정의라는 이름으로 이뤄지는 폭력"을 경계해왔다.

또 하나, 그가 종종 언급하는 종교적 문장은 "하늘은 스스로 돕는 자를 돕는다." 이는 사실 경전이 아니라 고전적 금언에 가까운 문장이지만, 그는 이 말을 통해 책임 있는 주체로서의 인간을 강조한다. 아무리 힘들고 불공정한 세상이라 해도, 스스로 일어나려는 의지가 없다면 변화는 오지 않는다는 것이다. 그렇다고 이것이 신자유주의식 '자기 책임론'으로 흐르진 않는다. 그는 늘 덧붙인다.

"국가는 그 자조의 가능성을 만들어주는 시스템이어야 한다."

즉, 신의 도움을 기다릴 게 아니라, 인간 스스로 서로를 돕는 시스템을 설계해야 한다는 종교적 인문주의를 표방하는 것이다.

불교적 텍스트에서는 고(苦)와 무상(無常)의 개념에 주목한다. 그는 불교의 가르침 중 "모든 것은 괴로움이며, 그 괴로움은 집착에서 온다"는 통찰을 인간과 사회를 동시에 설명하는 언어로 받아들인다. 가난과 상처, 분노, 질투, 경쟁 - 이 모든 고통의 뿌리는 결핍에 대한 집착, 혹은 존재가치에 대한 강박이라는 것이다. 그는 불교를 통해 세상의 부조리뿐 아니라 자신의 욕망과 두려움을 성찰하는 태도를 배웠다고 말한다. 특히 욕망의 정치화에 대해 깊이 고민하는 데 이 불교적 사유가 영향을 줬다.

그는 《논어》에서 정치적 덕목을 찾아낸다. 《논어》는 공자와 그의 제자들의 대화를 기록한 책으로, 인간다움, 도덕, 정치, 배움에 관한 공자의 가르침을 집대성한 유학의 핵심 경전이다. 공자는 도덕적 인간의 길을 '인(仁)'이라고 했으며, 인은 단순한 선행이 아니라 타인을 깊이 이해하고 사랑하는 실천적 덕목이라고 보았다.

《논어》는 정치철학에서도 중요한 가르침을 준다. 공자는 덕으로 다스리는 '덕치(德治)'를 이상적인 정치로 보았다. 법과 형벌로 억누르는 것이 아니라, 통치자가 모범을 보이고 인의(仁義)로 백성을 이끄는 것이 바람직하다고 했다. "덕으로 나라를 다스리면 북극성이 제자리에 있어도 많은 별들이 그를 따르는 것과 같다"고 비유하면서, 지도자의 도덕성이 국가의 기초라고 강조했다.

공자의 가르침에서 군자(君子)의 리더십, 민심에 대한 존중, 의(義)를 중심에 둔 통치 철학을 읽어내며, 유교를 '보수적 예의범절'의 학문이 아니라, 공공 윤리를 가르치는 고대의 시민 교육서로 해석한다. 그는 "인자는 사람을 사랑한다"고 말하며 인(仁)을 인간관계의 출발점으로 삼았다.

공자가 인간됨의 핵심으로 '인(仁)'을 강조했다면, 맹자는 이를 더 적극적으로 발전시켜 인간 본성은 근본적으로 선하다는 '성선설(性善說)'을 주장했다. 맹자에 따르면, 사람은 태어날 때부터 측은지심(惻隱之心, 남을 불쌍히 여기는 마음), 수오지심(羞惡之心, 옳지 않음을 부끄러워하는 마음), 사양지심(辭讓之心, 양보하는 마음), 시비지심(是非之心, 옳고 그름을 가리는 마음)을 갖추고 태어난다. 이것이 바로 인간 본성의 선함이며, 이를 잘 키워야 군자의 길로 나아갈 수 있다고 보았다.

맹자는 특히 민본주의(民本主義)를 강조했다. "백성이 가장 귀하고, 사직은 그 다음이며, 군주는 가볍다"고 하여, 국가의 존재 목적이 군주의 영광이 아니라 백성의 안위에 있음을 분명히 했다. 그는 민심이 천심이라고 믿었고, 백성이 편안해야 나라가 안정된다고 강조했다. 그래서 지도자는 백성을 배불리 먹이고 따뜻하게 입히며, 그 위에서 도덕적 교화를 해야 한다고 역설했다.

요컨대, 이재명은 종교적 책을 기복적 신앙의 도구로 보지 않는다. 그에게 그것은 인간의 가장 깊은 고민이 집약된 압축 언어이며, 고통에 대한 성찰의 문헌이다. 그는 신을 통해 구원을 말하지 않는다. 고통을 통해 인간을 구제하려는 의지를 종교의 본질로 해석한다. 그렇기에 그의 정치 속 종교는 특정 교리에 기대지 않는다. 오히려 그는 모든 종교에서 인간을 바라보는 따뜻한 시선을 추출해, 제도와 정책, 언어와 행동 속에 그것을 이식하려 한다.

그는 종종 말한다.
"신이 인간을 만든 게 아니라, 인간이 신의 이름으로 자기 윤리를 만든 것이다."

이 말이야말로, 이재명이 종교적 책을 읽는 방식의 핵심이다. 믿음보다 책임, 기도보다 행동, 신앙보다 연대를 강조하는 정치적 종교 해석학. 그 속에서 이재명은 자신만의 방식으로 구원 없는 구원의 정치를 시도해왔다.

055

그는 왜 니체에 주목하는가?

이재명이 니체에 주목하는 이유는 단순한 철학적 호기심이 아니다. 그는 니체를 "현실을 부수고 다시 설계하기 위한 도끼 같은 철학자"로 본다. 니체는 무거운 형이상학적 철학자가 아니다. 오히려 현실을 가장 깊게 해부하고, 고통을 가장 철저하게 응시하며, 그 속에서 새로운 인간을 만들어내는 잔인한 낙관주의자다. 이재명은 바로 그 점에서 니체의 《차라투스트라는 이렇게 말했다》에 빠져들었다.

《차라투스트라는 이렇게 말했다》는 니체의 대표작이자 철학적 문학의 정수로, 니체가 자신의 사상을 비유와 시, 우화의 형태로 풀어낸 작품이다. 주인공은 고대 페르시아의 예언자 '차라투스트라(조로아스터)'를 모델로 한 인물로, 그는 산속에서 은둔하며 사유를 거듭하다 세상으로 내려와 인간들에게 새로운 가르침을 전하려 한다. 니체는 차라투스트라를 통해 기존의 도덕, 종교, 전통적 가치들을 정면으로 비판하고, 새로운 인간상인 '초인(Übermensch)'을 제시한다.

가장 유명한 주제는 '신은 죽었다'라는 선언이다. 니체는 인간들이 스스로 신을 필요로 하지 않는 시대가 도래했음을 선포한다. 전통적 도덕과 종교의 구속에서 벗어나, 인간은 스스로 가치를 창조해야 하며, 그것이 바로 초인의 길이다. 초인은 기존의 선악 이분법을 넘어서는 존재로, 삶을 긍정하고 운명을 사랑하며 자신의 존재를 스스로 책임지는 자이다.

그는 말했다.
"나를 가장 많이 때려준 철학자. 하지만 그래서 내가 다시 일어나게 한 철학자."

첫째, 그는 니체를 통해 고통의 긍정을 배웠다. 이재명에게 고통은 단순한 생존의 문제가 아니었다. 존재의 정당성, 존엄성, 권리, 평등 – 이 모든 추상적 가치가 삶 속에서 지워질 때, 고통은 그 자체로 철학이 된다. 니체는 《차라투스트라는 이렇게 말했다》에서 말한다. "자신의 고통을 미워하지 말라. 고통은 너를 낳은 어머니이니." 이재명은 이 문장을 자기 삶의 설명서처럼 여겼다. 그는 공장 소년이었고, 장애인이었고, 낙오자였지만, 그 고통 속에서만큼은 자기 존재를 버티게 한 뿌리를 발견했다. 니체는 그런 고통을 도망치지 말고 정면으로 응시하라고 말했고, 이재명은 그것을 정치적 행동으로 전환했다.

둘째, 그는 니체에게서 기득권 해체의 언어를 얻었다. 니체는 도덕, 진리, 제도, 종교, 신 – 모두를 의심하고 전복하려 했다. 이재명은 이 해체 작업이 철학자만의 몫이 아니라고 생각했다. 오히려 그것은 불평등한 세계를 살아가는 정치인의 일상적인 무기여야 한다고 본다. 그가 검찰 권력, 언론 권력, 기성 정치에 맞설 때마다 "왜 그것이 당연한가?", "왜 그래야만 하는가?"라고 되묻는 건, 바로 니체의 철학적 회의에서 비롯된 전략이다. 그는 니체가 말한 "신은 죽었다"라는 문장을 정치적 언어로 번역해 이렇게 말하곤 했다.

"기득권은 죽지 않는다. 다만 계속 다른 얼굴로 살아남는다."

셋째, 그는 니체의 초인(Übermensch) 개념을 단순히 '힘센 인간'이 아니라, 자기 안의 무기력을 이기고 매일 다시 태어나는 인간으로 해석한다. 초인은 남을 지배하는 자가 아니라, 자기혐오와 고통을 껴안고, 스스로를 다시 쓰는 자다. 이재명은 매일 싸워야 했고, 매일 자기를 부정당하는 환경에서 견뎌야 했다. 거기서 무너지지 않고, 심지어 더 단단해지는 과정은, 니체적 의미에서의 '자기 극복'이었다. 그는 초인을 성공한 자가 아니라, 포기하지 않는 자, 그리고 시스템을 바꾸려는 자로 해석한다.

넷째, 그는 니체의 문장을 정치적 문장으로 전환할 줄 안다. 니체가 "도덕은 약자의 복수심에서 시작됐다"고 말할 때, 이재명은 그것을 한국 사회의 도덕적 위선 구조, 즉 위선적 정의감 뒤에 숨은 기득권의 기만과 연결시켜 읽는다. 정치에서 '도덕'이라는 단어는 자주 등장하지만, 실은 힘 있는 자들이 자기 도덕을 절대화하는 방식으로만 작동한다. 그는 이런 현실을 니체처럼 언어의 이면을 해체하는 방식으로 비틀고, 드러낸다. 그래서 그는 니체의 문체뿐 아니라, 비트는 감각까지 정치에 흡수했다.

　다섯째, 그는 니체를 통해 '가치의 창조'라는 정치의 본령을 되새긴다. 니체에게 삶은 본질이 없다. 의미는 주어지는 게 아니라, 만들어지는 것이다. 정치도 마찬가지다. 기존의 제도를 운영하는 데 그치지 않고, 새로운 가치와 기준을 제시해야만 진짜 정치다. 이재명은 기본소득, 지역화폐, 기본주택 같은 정책이 기존의 체제에서 보면 낯설고 불편하게 보일 수 있지만, 사실은 새로운 시대의 윤리를 만들어가는 작업이라고 믿는다. 그는 그것을 니체의 가치 전도(Value Revaluation) 작업과 연결 지었다.

　"이제 우리는 모든 가치를 다시 평가해야 한다. 가장 낮은 것이 가장 높은 것이 되는 그날까지."

　그래서 이재명은 니체를 '읽는 사람'이 아니라, 니체를 '정치적으로 실천하는 사람'이다. 그는 니체를 철학책 속에 가둬두지 않는다. 거리로 꺼내온다. 삶으로 끌고 들어온다. 그리고 말한다.

　"니체는 싸움의 철학자다. 내가 싸울 수 있었던 것도, 그가 내 고통을 혐오가 아닌 힘으로 바꾸어 주었기 때문이다."

　그래서 그는 니체에게 고마워하면서도, 그의 철학이 자칫 엘리트주의나 냉소로 흐르지 않도록 늘 경계한다. 그에게 니체는 철학자가 아니라, 고통의 무대 위에서 살아남는 법을 알려준 혁명가였던 셈이다.

056

이재명에게 '자기극복'이란 무엇인가?

이재명에게 자기극복이란 거창한 이상을 실현하거나, 감정을 억누르며 이겨내는 정신승리의 표어 따위가 아니다. 그것은 고통이 일상이 되고, 상처가 구조가 된 세계에서 인간으로 남기 위해 발버둥치는 행위, 끝내 꺾이지 않는 자기 의지의 실존적 기술에 가깝다. 그는 말한다.

"자기극복은 나를 부정하는 게 아니라, 나를 다시 쓰는 일이다."

이재명의 삶은 끊임없이 사회로부터 '불가' 판정을 받는 일의 연속이었다. 가난해서 학교를 포기해야 했고, 장애로 군대를 못 갔고, 노동자로는 출세의 사다리에 오를 수 없었다. 이런 상황에서 '극복'이란 단어는 대개 허위로 들린다. 하지만 그는 거기서 도망치지 않았다. 그는 단지 참고 견디는 데서 멈추지 않았다. 그는 '시스템이 정한 나의 자리'를 버리고, 스스로 자리를 다시 만든다. 그게 곧 이재명의 자기극복이다.

첫 번째 자기극복은 신체적 한계에 대한 도전이었다. 공장에서 프레스 기계에 손을 다쳐 영구 장애 판정을 받았을 때, 그는 노동 현장에서 퇴출당한 동시에 사회가 낙인찍은 '패배자' 명단에 강제로 이름을 올린 셈이었다. 하지만 그는 이 장애를 부끄러워하거나 숨기지 않았다. 오히려 이 불리함이 자신의 눈과 귀를 더 민감하게 만들었다고 말한다. 그는 "세상이 내게 준 약점을 내 방식으로 변형시켜 다시 돌려주었다"고 말했다. 그래서 이재명의 자기극복은 신체의 기능을 되찾는 것이 아니라, 신체의 결핍을 자각하며 더 예민한 인간이 되어가는 길이었다.

두 번째 자기극복은 지위와 배경에 대한 무의식적 열등감을 깨는 일이었다. 그는 검정고시 출신이고, 학벌로 말하면 정치권 내에서도 '비주류'다. 하지만 그는 이 열등감이 시스템이 만든 것임을 깨달았다. 그리고 시스템의 평가 기준을 바꾸지 않으면, 자신은 물론 수많은 '비정상'들이 계속해서 주변으로 밀려난다는 것을 뼈저리게 체감했다. 그래서 그는 스스로에게 '나는 어떤 인간이어야 하는가?'를 묻는 기준을, 세상이 아니라 자기 안에서 다시 만들었다. 그의 자기극복은 학벌이 없는 자가 엘리트처럼 굴려는 모방이 아니라, 엘리트의 기준 자체를 문제 삼는 전복의 전략이었다.

세 번째 자기극복은 분노를 정치로 승화시키는 과정이다. 그는 가난과 차별 속에서 분노했고, 그 분노를 무기처럼 품고 살았다. 하지만 그는 그 분노가 자기를 갉아 먹을 수 있다는 걸 깨닫고, 그 감정을 체계화하고, 정책화하고, 언어화했다.

그는 "분노를 사회화하지 않으면, 그건 파괴다. 하지만 분노를 구조화하면, 그건 정치다."라고 말했다. 그래서 그는 SNS에서 욕설을 들으면서도 최대한 성실하게 응답하려 하고, 불의에 대해 말하면서도 시스템 속에서 싸운다. 감정은 있지만, 감정에 먹히지 않는 그 태도. 그것이 그가 말하는 자기극복의 중요한 축이다.

마지막으로, 그는 자기극복을 '더 나은 인간이 되려는 반복적인 선택'으로 정의한다. 하루하루 실망하고, 무력감을 느끼고, 공격받고, 때로는 그 자신 실수하고 후회하지만, 그럼에도 다음 날 다시 나가 싸우는 것. 그게 이재명에게 자기극복이다. 단 한 번의 감동적인 반전이 아니라, 끝없이 패배하고 다시 도전하는 일상의 루틴 속에서, 조금씩 단단해지는 자신을 확인하는 일이다. 그는 그 반복을 '의지'라고 부르고, 그 의지의 원천은 늘 삶에 대한 책임감이었다.

요약하면, 이재명에게 자기극복은 다음과 같다.
• 불리함을 인정하면서도 포기하지 않는 태도,
• 사회가 던진 패배자 프레임을 스스로 다시 정의하는 행위,
• 분노를 파괴가 아닌 정치로 바꾸는 감정의 전환술,
• 매일매일의 실망을 견디고 다시 시작하는 반복적 의지.

그는 말한다.
"나는 영웅이 아니다. 하지만 나는 매일 나를 넘어야 했다. 그게 내가 말하는 자기극복이다."
그리고 그는 지금도, 정치인이라는 이름 아래, 스스로를 끊임없이 극복하려는 사람으로 남아 있다.

057

그는 어떤 인문서를 통해 인간을 이해했는가?

이재명이 인간을 이해하게 된 인문서는 한 권으로 정리되지 않는다. 오히려 그는 여러 권의 인문서를 "삶의 거울" 삼아 들여다보며, 인간이라는 복잡하고도 모순적인 생물을 해독해 갔다. 그의 관심은 인간의 본질이 선한가 악한가와 같은 추상적인 질문보다는, "왜 인간은 부조리한 사회에서 순응하는가?", "왜 정의보다 이익을 좇는가?", "왜 연대보다 혐오가 더 쉽게 확산되는가?" 같은 아주 현실적인 궁금증에서 출발했다.

그런 점에서 이재명은 특히 에리히 프롬의 《자유로부터의 도피》와 《사랑의 기술》을 반복해서 인용했다. 《자유로부터의 도피》는 에리히 프롬이 1941년에 발표한 사회심리학 고전으로, 인간이 자유를 획득하고도 왜 다시 자유를 포기하고 억압적인 체제나 지도자를 추종하는지를 분석하는 책이다. 프롬은 근대 사회에서 개인이 얻은 자유가 심리적 고립감과 불안을 낳았고, 많은 사람이 이 고통을 피하기 위해 다시 자발적으로 복종과 의존을 선택한다고 주장한다.

《자유로부터의 도피》에서 프롬은 말한다.

"현대인은 자유를 얻었지만, 그 자유가 주는 책임감과 고독을 감당하지 못해 스스로 복종의 체제를 선택한다."

이재명은 이 구절을 읽고 "인간은 단지 해방되어야 하는 존재가 아니라, 그 자유를 감당할 준비가 되어 있어야 한다"는 점을 깨달았다. 이는 그가 기본소득이나 사회적 배려 정책을 이야기할 때, 단지 경제적 보장만이 아니라 시민 개개인의 책임감 있는 주체로의 성장 가능성을 이야기한 이유이기도 하다. 그는 인간을 단지 보호받아야 할 존재로 보지 않고, 가능한 한 능동적 주체로 전환되어야 한다는 프롬의 철학에 깊이 공감했다.

그는 지그문트 바우만(Zygmunt Bauman)의 《액체 근대》 시리즈를 통해 현대 인간의 관계 맺기, 윤리, 책임, 고독의 문제를 탐구했다. 《액체 근대》에서 지그문트 바우만은 우리가 살고 있는 현대 사회를 '액체 근대'라고 정의한다. '액체'라는 비유는 모든 것이 고체처럼 고정되어 있지 않고, 계속해서 변하고, 흘러가고, 형태를 갖추지 못하는 사회적 특성을 설명하는 것이다. 이전의 '고체 근대' 사회가 견고한 제도, 안정된 직업, 예측 가능한 인생 경로를 제공했다면, 액체 근대에서는 이 모든 것이 불안정하고, 유동적이며, 언제든지 사라질 수 있다.

바우만은 특히 인간관계, 노동, 정체성, 국가, 공동체 등 삶의 거의 모든 측면이 액체화되었다고 본다. 바우만은 근대 이후 인간이 모든 것을 임시적이고 유동적으로 대하며, 진짜 연대보다는 '탈출구'를 더 선호하는 존재가 되었다고 지적한다. 이재명은 이 분석을 한국 사회의 '가짜 공동체성', '형식적 시민성', '도덕적 무책임'에 대입하며 읽었다.

"인간은 연결되어 있지만, 외롭다. 함께 있지만, 책임지지 않는다."

그는 정치란 이런 인간 조건 위에서 다시 신뢰를 설계하는 작업이어야 한다고 봤다. 그래서 연대, 공정, 책임이라는 단어를 그토록 자주 언급했던 것이다.

이재명이 애정하는 인문서 중 하나는 한나 아렌트(Hannah Arendt)의 《예루살렘의 아이히만》이다. 《예루살렘의 아이히만》은 철학자 한나 아렌트가 1961년 예루살렘에서 열린 나치 전범 아돌프 아이히만의 재판을 직접 취재하고, 이를 통해 "악의 평범성(Banality of Evil)"이라는 충격적인 개념을 제시한 책이다. 아이히만은 유대인 대량학살의 실무 책임자였으나, 법정에서는 자신이 단지 "명령에 충실히 따랐을 뿐"이라며 개인적 증오나 이념적 열정이 없었다고 주장했다. 아렌트는 바로 그 점에 주목했다. 악은 괴물처럼 특별한 존재에서 나오는 것이 아니라, 생각 없이 체제에 순응하는 평범한 인간을 통해 일상적으로 발생한다는 것이다.

아렌트는 아이히만이 괴물이 아니라 '사고하지 않는 관료'였다고 분석한다. 그는 복잡한 윤리적 숙고 없이 지시에 따라 서류를 처리하고, 숫자로만 존재하는 유대인을 열차에 태웠다.

이 책에서 아렌트는 "악은 괴물이 아니라, 생각하지 않는 평범한 인간에게서 나온다"고 말한다. 이재명은 이 문장에서 인간 이해의 본질을 발견했다. 누군가는 악당이라 부를만한 짓을 하면서도, 스스로는 아무 죄의식 없이 '시스템에 따라 움직였을 뿐'이라고 말한다. 그런 '생각 없는 복종'이 사회 전체를 병들게 하는 것이다. 그는 이 책을 통해 "정치는 시스템이 아니라, 생각하는 인간이 만드는 것이다"라는 신념을 확고히 했다.

그래서 그는 행정에서도, 캠페인에서도 '생각하는 시민'을 늘 강조했고, 그들이 질문하고 감시할 때 정치가 더 나아진다고 믿었다.

또 하나 빼놓을 수 없는 책은 프랑스의 철학자이자 인류학자인 르네 지라르(René Girard)의 《희생양》이다. 이재명은 이 책을 통해 인간 사회가 왜 반복적으로 희생양을 만들고, 그를 파괴하며 자신들의 정당성을 확보하려 하는지를 깊이 고민했다. 그는 한국 정치가 보여주는 '프레임 씌우기'와 '마녀사냥'의 구조를 보며, 이 책이 제시하는 모방 욕망 이론과 희생양 메커니즘이 그대로 현실에 작동 중임을 실감했다고 말한다. 그래서 그는 "나는 누구의 희생양이 되지도, 누군가를 희생양으로 만들지도 않겠다"는 다짐을 정치적 윤리로 삼았다.

이재명이 인문서를 통해 인간을 이해한 방식을 요약하면 다음과 같다.

- 인간은 선하거나 악한 존재가 아니라, 복잡하고 모순된 구조 속에서 끊임없이 반응하는 존재다.

- 그 구조는 경제, 정치, 언론, 문화라는 이름으로 인간을 형성하고 왜곡하기에, 인간은 때로는 저항하고, 때로는 순응하며 자신도 모르게 거기에 물들어간다.
- 그래서 정치인은 인간을 판단하기 전에, 그를 그렇게 만든 사회 구조를 먼저 분석해야 한다.

그는 인간을 이해하기 위해 책을 읽었고, 그 책을 통해 정치란 인간의 본성에 맞서는 일이 아니라, 그 본성을 인정하고 조율하며 더 나은 선택지로 유도하는 기술임을 배웠다. 그는 정치가 인간을 더 똑똑하게 만들지는 못하더라도, 덜 상처받게 만들 수는 있어야 한다고 믿는다. 그 믿음은 바로, 그가 읽어온 인문서들 속에서 자라난 것이다.

058

그는 슬픔과 상실을
어떻게 이야기하는가?

　이재명은 슬픔과 상실을 이야기할 때, 그 감정을 감추거나 미화하지 않는다. 그렇다고 해서 그것을 노골적으로 드러내거나, 정서적 위로에 기대지도 않는다. 그는 슬픔을 "사적 감정"으로 한정하지 않고, "공적 성찰"로 확장해 내는 방식으로 접근한다. 다시 말해, 이재명에게 슬픔은 단지 개인의 눈물이 아니라, 한 사회가 외면한 구조적 실패의 자국이고, 상실은 그 실패가 반복되지 않도록 하기 위한 기억의 정치적 훈련이다.

　그는 자주 말한다.

　"나는 운이 나쁜 게 아니다. 사회가 잘못된 것이다."

　이 문장은 불운에 대한 감정을 체념이 아닌 구조에 대한 인식으로 전환하는 말이다. 그에게 슬픔이란 운명에 대한 절망이 아니라, 바꿀 수 있었던 현실을 바꾸지 못했기에 생긴 집단적 책임의 감정이다. 그래서 이재명이 느끼는 상실은 종종 자기 인생의 실패가 아니라, 국가의 실패로 해석된다. 가난한 가정에서 태어난 것, 장애를 치료받지 못한 것, 사회복지 망의 부재, 교육기회의 박탈은 "나쁜 운"

이 아니라 나쁜 사회 시스템 때문이다.

이재명은 《죽음의 수용소에서》의 저자 빅터 프랭클처럼, 슬픔을 삶의 의미로 전환하려는 정신적 훈련을 이어왔다. 그는 말했다.

"상처를 숨기면 트라우마가 되지만, 상처를 말하면 기억이 된다."

이 말은 단순한 자기 고백이 아니다. 그는 정치적 연설에서도 종종 자신의 어린 시절, 공장 시절, 장애의 경험을 언급하지만, 그 감정은 철저히 정책적 언어로 번역된다.

"이런 내가 있었기에, 이런 제도를 만들었습니다."

"이런 슬픔이 있었기에, 이런 정책이 필요하다고 느꼈습니다."

슬픔은 그 자체로 끝나는 것이 아니라, 책임과 제도, 그리고 사회적 연대로 이어져야 한다는 것이 그의 일관된 태도다.

그가 말하는 상실은 단지 사랑하는 사람을 잃는 것, 기회를 놓치는 것, 실패하는 것이 아니다. 그것은 국가가 한 개인의 가능성을 지켜주지 못했을 때 발생하는 손실이며, 정치가 그 손실을 무시하거나 통계로 덮을 때 생기는 2차 피해다. 그는 이런 의미에서 상실을 절대 개인화하지 않는다. 상실은 정치적이다. 그래서 그는 슬픔의 서사를 "내 이야기"가 아니라, "모두의 이야기"로 바꾸고자 한다.

예컨대, 그는 코로나19 팬데믹 시기 유족을 만나러 갔을 때, 단순한 위로 대신 재난 앞에서 불평등하게 희생당하는 사람들의 구조적 문제를 먼저 언급했다. 슬픔은 위로받을 감정이기도 하지만, 다시는 반복되지 않게 만들어야 할 현실이기도 하다. 이중구조 속에서 그는 슬픔을 개인적인 일이 아니라, 공동체가 함께 책임져야 할 과제로 재정의한다.

그는 때로 문학의 언어를 빌려 슬픔을 설명한다. 정현종의 시 〈방문객〉, 혹은 도종환의 〈흔들리며 피는 꽃〉 같은 시들을 인용하며, 슬픔이란 인간을 무너뜨리는 것이 아니라, 인간을 더 깊고 넓게 만든다고 믿는다. 그렇다고 그것이 단순한 낭만주의로 흐르지는 않는다. 그는 현실의 슬픔을 시로 덮는 것이 아니라, 시를 통해 현실의 슬픔을 더 날카롭게 응시한다.

이재명이 말하는 슬픔과 상실은
- 숨기지 않고 말해야 하는 것이며,
- 말한 뒤에는 구조로 바꿔야 하는 것이고,
- 공감에서 끝나는 것이 아니라, 정책과 제도로 이어져야 하는 것이다.

그래서 그는 말한다.

"슬픔은 감정이지만, 정치가 그것을 외면하면 사회는 무감각해진다. 상실은 기억이지만, 정치가 그것을 복원하지 않으면 사회는 망각한다."

그는 정치인이기 이전에, 한 인간으로서 상실을 견디는 법을 배운 사람이고, 정치인으로서 그 상실이 다른 사람에게 반복되지 않게 만드는 일을 정치의 최종 책임이라 여기는 사람이다.

059
그는 어떤 책에서 '용기'를 배웠는가?

이재명이 '용기'를 배운 책은 많지만, 그중에서도 그는 한나 아렌트의 《예루살렘의 아이히만》을 가장 결정적인 책으로 꼽는다. 이 책은 1961년 나치 전범 아이히만의 재판을 직접 취재한 아렌트가 쓴 정치철학적 보고서이자, "악에 맞서는 인간의 가장 기본적인 덕목은 무엇인가"를 묻는 책이다. 이재명은 이 책을 통해, 용기란 대단한 담대함이나 감정적 의욕이 아니라, "생각하지 않는 세계에서 생각하려는 태도 자체"라는 것을 배웠다.

그는 말한다.

"나는 나를 구하려고 책을 읽었지만, 아렌트를 읽고 나서는, 타인을 위해 생각하려는 사람이 되고 싶었다. 용기는 그때 처음 의미가 바뀌었다."

《예루살렘의 아이히만》에서 아렌트는 악을 괴물처럼 묘사하지 않는다. 오히려 그것은 놀랍도록 평범한 얼굴을 하고, 평범한 말을 쓰고, 관료제의 절차를 따르며 등장한다. 그것이 바로 그녀가 말한 "악의 평범성(Banality of Evil)"이다. 이재명은 이 대목에서 자신이 일상에서 목격해 온 수많은 위선과 구조적 폭력들, 특히 불공정한 법 집행, 언론의 왜곡, 기득권의 침묵을 떠올렸다고 한다. 그리고 그는 결심했다.

"누구도 말하지 않는 상황에서 말하는 자가 되어야 한다."

이것이 그의 정치에서 '용기'가 갖는 위치다. 즉, 용기는 그저 싸움에 나서는 태도가 아니라, 침묵을 강요하는 체제 속에서 생각을 행동으로 옮기는 일종의 배신이다.

그는 투키디데스의 《펠로폰네소스 전쟁사》에 기록된 전몰자 장례식에서의 〈페리클레스의 연설〉에서도 용기의 원형을 찾는다. 페리클레스의 연설은 단순한 추도사가 아니다. 이는 아테네라는 도시 국가의 정신과 민주주의의 자긍심을 전 세계에 선언하는 정치적 메시지이자, 공동체를 하나로 결속시키기 위한 강렬한 담론이다. 페리클레스는 이 연설에서 먼저 전쟁터에서 목숨을 바친 이들을 기리면서, 그들의 죽음이 헛되지 않았음을 강조한다. 그러나 그의 관심은 단순히 죽은 자의 미덕을 칭송하는 데 그치지 않는다. 오히려 그는 이 기회를 빌려 아테네라는 도시의 위대함, 그리고 그 도시가 지향하는 가치들을 설파한다. 아테네의 시민들을 위로하고 독려하기 위해 페리클레스는 말했다.

"우리는 자유 속에서 가장 용감해졌고, 법 앞에서 평등했기에 스스로 책임지는 삶을 택했다."

이 유명한 구절에서 페리클레스는 아테네 시민들의 균형 잡힌 삶의 태도를 극적으로 드러낸다. 이재명은 이 연설에서 용기란 단지 전쟁터에서 죽음을 무릅쓰는 게 아니라, 시민으로서 공적 책임을 감내할 때 필요한 정신이라는 것을 배웠다. 그는 이 고대의 말들이 오늘날에도 유효하다고 말한다. 용기란 결국, "두려워하지 않을 권리보다, 말해야 할 의무를 먼저 떠올리는 태도"이기 때문이다.

그는 빅터 프랭클의 《죽음의 수용소에서》를 통해, 인간이 모든 것을 잃었을 때조차 선택할 수 있는 단 한 가지 – '태도' – 에 용기의 본질이 있다고 보았다. 그는 이 책에서 수용소의 고통 속에서도 존엄을 지키는 프랭클의 모습에 깊이 감동했다. "삶의 의미는 외부가 아닌 내부에서 결정된다"는 프랭클의 주장은, 이재명이 고된 인생의 여러 국면에서 자기 존재를 부정하지 않고, 오히려 사회 시스템을 향해 "이래도 되는가?"를 외치게 만든 내적 힘이 되었다.

그리고 《1984》의 주인공 윈스턴 스미스를 보며, 용기란 "승리할 가능성이 전무한 싸움에서도 진실을 말하려는 감각"이라고 정의했다. 그는 정치인이 되기 전, 그리고 된 이후에도 수많은 비난과 공격에 직면했지만, 그럴수록 "지금 말하지 않으면 나중엔 더 큰 침묵이 돌아온다"는 것을, 오웰의 세계를 통해 각성했다고 말한다.

요컨대, 이재명이 책에서 배운 '용기'는
- 감정적 흥분이 아니라 윤리적 판단을 행동으로 옮기는 태도이며,
- 적을 무찌르는 강함이 아니라 사회를 향해 말하는 책임감이며,
- 이기는 싸움이 아니라 지는 줄 알면서도 해내는 싸움에 나서는 결심이다.

그는 말한다.

"나는 용감해서 싸운 게 아니다. 용기란, 두려움을 느끼는 와중에도 포기하지 않는 태도였다. 그리고 그걸 나는 책에서 배웠다."

이재명에게 책은 도망치는 은신처가 아니라, 진짜 세상에 나서는 무장고였다. 그가 책에서 배운 용기는 문장이 아니라 행동의 형태로 남아 있다.

060

독서는 그에게 어떤 구원이 되었는가?

이재명에게 독서는 형벌로부터의 구원이 아니라, 존재 그 자체의 정당성을 입증해주는 유일한 통로였다. 누군가에게 책은 배움의 도구였고, 누군가에게는 취미였지만, 이재명에게 독서는 단순히 무엇을 '아는' 수단이 아니었다. 그것은 "내가 인간으로서 살아도 되는 이유를 확인하는 행위", 그리고 "이 사회에 나라는 존재가 사라지지 않아도 될 근거를 찾아가는 과정"이었다.

그의 어린 시절은 책을 읽기에 적합하지 않은 환경 그 자체였다. 10대 초반부터 공장에서 일했고, 손목이 눌려 장애를 얻었으며, 정규교육에서 탈락한 인생이었다. 텔레비전도 없고, 도서관도 멀고, 하루 12시간 이상 기계 앞에서 서 있는 삶 속에서, 책은 그야말로 가장 사치스러운 물건처럼 보였다. 그러나 그는 이 사치를 포기하지 않았다.

고된 노동이 끝나고 지친 몸을 누이는 순간에도, 그는 한 권의 얇은 책을 붙들고, 인간답게 사는 법을 배워갔다. 누군가는 잠자기 전에 기도를 올렸겠지만, 이재명은 책의 마지막 문장을 읽으며 오늘 하루를 정리했다. 그에게 구원이란 종교적 해방이 아니었다. 그건 곧 "내가 무의미하지 않다는 확신"이었다. 그리고 그 확신은 책이 줄 수 있는 유일한 선물이었다. 책 속의 인물들은 그를 낙오자로 보지 않았다. 그를 가르치려 하지도 않았고, 외면하지도 않았다. 그들은 그저 함께 생각하고, 함께 아파했고, 함께 분노했다. 그 경험이야말로 그가 말하는 진짜 구원이었다.

정치인이 된 뒤, 그는 끊임없이 독서를 강조했다. 이는 단지 지식인의 자세를 보여주기 위한 포즈가 아니다. 그는 안다. 한국 사회에서 배경 없는 자가, 스펙 없는 자가, 권력 없는 자가 목소리를 내기 위해선, 말의 무게와 생각의 깊이로 스스로를 증명해야 한다는 걸.

책은 그에게 그런 무기가 되어주었다. 동시에, 그 무기는 누구도 다치게 하지 않는 유일한 무기이기도 했다. 책은 그에게 자기 연민의 늪에서 벗어나게 해주는 해독제이기도 했다.

그는 말했다.

"가난은 고통이 아니라, 병이 된다. 이 병의 가장 무서운 증상은, '나는 이 정도밖에 안 되는 인간이야'라는 자기 부정이다."

이재명은 그 자기 부정을 이겨내기 위해 책을 읽었다. 책은 그에게 "너도 생각할 수 있어", "너도 물을 수 있어", "너의 분노는 틀리지 않았어"라고 말해주었고, 그 말들이 조금씩, 그러나 확실하게 그의 존엄을 회복시켰다. 검정고시로 고등학교 졸업 자격증을 따고 대학에 입학하고, 사법시험을 통과한 뒤에도 늘 속으로 "나는 가짜야, 들킬 거야"라는 불안을 안고 살았다. 그 자격지심은 수많은 외부 평가와 공격 앞에서 더 악화되곤 했다. 하지만 책은 그에게 이렇게 속삭였다.

"누가 너를 평가할 자격이 있는가?"

"너는 단지 시험에 통과한 것이 아니라, 세상을 견뎠다."

그는 이 목소리 덕분에 매일 무너지지 않고 다시 일어섰다. 그래서 그는 책을 읽을수록 단단해졌고, 조용해졌고, 명확해졌다.

요컨대, 이재명에게 독서는
- 자기 존엄의 회복이며,
- 고통의 의미화이며,
- 정치적 실천의 뿌리이고,
- 삶에 맞서기 위한 가장 깊고 고요한 저항이었다.

그는 말한다.

"책이 나를 구했다는 말은 틀렸다. 정확히 말하면, 나는 책을 읽으며 스스로를 구하기 시작한 것이다."

그리고 그 구원은 지금도 계속되고 있다. 정치의 광장에서, 수많은 비난 속에서, 그는 여전히 하루 끝에 책을 편다. 그것은 습관이 아니라, 존엄을 회복하는 일종의 기도이자, 다짐이자, 의례다. 그의 구원은 단 한 권의 책에서 오지 않았다. 그건 매일, 무수한 책 속에서 조금씩 자기 자신을 다시 쓰는 용기였다. 그리고 그 용기는 아직도, 한 문장 한 문장 속에서 자라고 있다.

이재명의 서재

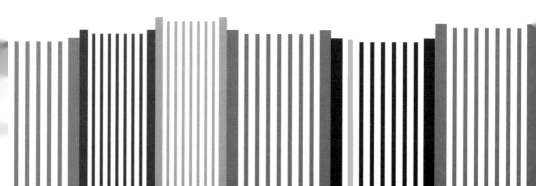

인간 이재명, 관계의 책들

정치는 시스템으로 보이지만, 본질은 사람과 사람 사이의 관계다. 이재명 역시 그어떤 정책보다, 관계 속에서 다져진 신념과 갈등 속에서 길어 올린 철학으로 정치를 해왔다.

이 장에서는 가족, 동료, 경쟁자, 시민과의 관계를 통해 인간 이재명이 어떤 책을 읽고, 어떤 방식으로 관계를 성찰했는지를 조명한다. 그는 관계에서 상처받았고, 때로는 관계를 통해 다시 일어섰다. 책은 그에게 사람을 이해하는 유일한 다리였고, 정치보다 더 정직한 거울이었다.

061

그는 사랑에 대해 어떤 책을 읽었는가?

이재명이 사랑에 대해 처음 진지하게 마주한 책은 에리히 프롬의 《사랑의 기술》이었다. 이 책은 1980년대 청춘들의 바이블처럼 읽혔던 책이다. 누군가는 이 책을 연애 지침서처럼 읽지만, 이재명은 사랑을 기술이자 책임, 자유이자 성찰로 보는 철학적 입문서로 받아들였다.

에리히 프롬은 이 책에서 사랑을 단순한 감정이입이나 유희가 아닌 배우고 연습해야 하는 능동적 기술로 정의한다. 그는 사랑이 운명적 감정이라는 대중적 오해를 비판하며, 사랑을 기술로 접근하지 않는다면 진정한 사랑을 경험할 수 없다고 말한다. 사랑은 기술인 만큼 지식, 노력이 필요하며, 이를 위해 성숙한 인간으로 성장해야 한다는 것이 그의 핵심 주장이다.

프롬은 사랑을 다섯 가지 주요 형태로 구분한다. 첫째, 부모와 자녀 사이의 사랑으로 '모성애'와 '부성애'가 있다. 모성애는 무조건적 수용과 보호, 부성애는 사회로 인도하고 규율을 가르치는 사랑이다. 둘째, '형제애'는 평등과 연대의 사랑으로, 인류 공동체를 포괄하는 넓은 사랑이다. 셋째, '에로스'는 남녀 간의 열정적 사랑이지만, 프롬은 에로스를 단순한 육체적 욕망으로 환원하지 않는다. 사랑이 깊어지려면 존중, 이해, 배려가 함께해야 한다고 강조한다. 넷째, '자기 사랑'은 이기주의가 아니라 타인에 대한 사랑과 균형을 이루는 건강한 자기애다. 다섯째, '신에 대한 사랑'은 인간 존재의 의미를 찾으려는 궁극적인 갈망이다.

가난과 생존의 늪 속에서 감정을 사치처럼 여겨야 했던 그의 삶에서, 사랑은 늘 멀찍이 떨어진 개념이었다. 그는 솔직하게 말한다.

"나는 사랑을 감정으로 먼저 배운 게 아니라, 개념으로 먼저 배웠다."

그 말은 결코 차갑거나 계산적이라는 뜻이 아니다. 오히려 그는 감정을 믿었기에, 그 감정이 망가지지 않도록 '사랑이라는 감정에 윤리와 책임의 구조를 입히려 했던 사람'이다.

《사랑의 기술》에서 프롬은 말한다.

"사랑은 대상의 문제가 아니라 태도의 문제이며, 성숙한 인격에서 나온 실천적 능력이다."

이 문장은 이재명이 사랑을 대하는 방식의 축소판이기도 하다. 그는 누군가를 '좋아하는 감정'이 아니라, 그 감정을 끝까지 책임질 수 있는 태도에 집중했다. 그래서 그는 사랑을 고백이 아니라 함께 살아내는 일, 또는 같이 견디는 일이라고 정의한다.

그가 정치인으로 활동하면서도 종종 인용했던 문장은 또 하나 있다.

"사랑은 '함께 있는 기쁨'이 아니라, '그가 없을 때도 그의 안녕을 바라는 마음'이다."

이 구절은 그에게 사랑이 단지 관계의 즐거움이나 정서적 교류가 아니라, 한 인간을 끝까지 존중하는 태도라는 걸 깨닫게 했다. 그래서 그는 결혼을, 혹은 가족을 운명이나 안정의 결말로 보지 않는다. 오히려 불완전한 두 사람이 서로를 끝까지 존중하려는 협약이자, 지켜지기 힘든 약속을 끝까지 붙들려는 의지의 공동체라고 말한다.

그 외에도 그는 앙드레 고르스의 《D에게 보낸 편지》, 혹은 가즈오 이시구로의 《남아 있는 나날》처럼 "사랑이 무엇인지 말하지 않고, 삶으로 스며들게 만드는 이야기들"을 깊이 인상적으로 읽었다고 한다. 고르의 편지에는 죽음을 앞둔 노철학자가 아내에게 보내는 마지막 사랑의 기술이 담겨 있고, 이시구로의 소설 속 집사는 삶 전체를 바친 헌신 속에서도 말하지 못한 사랑의 의미를 뒤늦게 되짚는다.

이재명은 이런 작품들을 통해 사랑이란 실천이고 유예이며, 때로는 침묵 속의 감정이라는 것을 깨달았다고 말한다. 그는 "사랑이란 말보다는, '사랑하지 않음'의 침묵이 더 무겁다"고 말한다.

요컨대, 이재명이 읽은 사랑의 책들은

• 사랑을 감정이 아니라 태도로 설명하며,
• 책임과 윤리를 함께 묶고,
• 함께 있을 때보다 없을 때 더 빛나는 신뢰의 감정을 다룬다.

그는 말한다.

"나는 사랑을 시처럼 배운 게 아니라, 책 속에서 논리처럼 배웠고, 삶 속에서 실수처럼 반복하며 배웠다. 하지만 책이 가르쳐준 것은 이거였다. 사랑이란, 말보다 행동이고, 확신보다 견딤이다."

그는 지금도, 사랑을 말하기보다 지키려는 방식으로 살아가는 중이다. 그 모든 근거는 한 권의 책에서 시작된 셈이다.

062

그는 가족을 어떻게 말하는가?

이재명에게 '가족'은 감상적인 울타리가 아니다. 그것은 생존의 최후 보루이자, 절대 외면할 수 없는 삶의 채무 관계였다. 그는 가족을 "마지막까지 등을 돌릴 수 없는 관계"라고 표현한다. 사랑이라기보다는 책임, 애정보다는 인연, 그리고 때론 상처와 죄의식으로 얽혀 있는 복잡한 집합체. 즉, 이재명에게 가족은 단순히 따뜻하고 아름다운 기억이 아닌, 가장 현실적이고 고통스러운 유산이었다.

그는 인터뷰에서 자주 말했다.
"나는 가족 때문에 울었고, 가족 때문에 싸웠고, 결국에는 가족 때문에 버티며 살아왔다."

어머니는 그의 삶에서 절대적인 존재였고, 아버지는 그의 고통의 시작이자 분노의 상징이었으며, 형제들과의 관계는 때로는 연대였고, 때로는 트라우마였다. 이 복잡한 가족 서사 속에서, 그는 가족을 무조건 긍정하거나 미화하지 않는다. 오히려 그는 가족을 통해 사회 시스템이 어떻게 인간을 파괴하는지를 설명하는 데 더 집중한다.

예컨대 그는 말했다.

"가난한 사람에게 가족은 버팀목이 아니라, 의무와 짐이 되기도
한다."

형이 병들고, 어머니가 늙고, 아버지가 망가지면, 그 부담은 고스
란히 가족 구성원에게 전가된다. 이재명은 어릴 적 그런 역할을 맡
아야 했던 사람이다. 형을 돌봐야 했고, 어머니를 지켜야 했으며, 집
안의 생계를 책임져야 했다. 그에게 가족은 사랑의 언어보다, 의무
의 노동으로 다가왔다. 하지만 그 의무 속에서도 그는 가족의 의미
를 단절시키지 않았다. 오히려 그 무게를 있는 그대로 인정하며, 그
책임을 견디는 것이야말로 인간으로서 가장 본질적인 윤리라는 신
념을 가졌다.

그래서 그는 정치에서도 '가족'을 자주 언급하지 않지만, 사회정책
에서는 돌봄, 간병, 복지, 관계의 부담을 국가가 함께 지자는 방향으
로 잇는다. 그건 개인의 경험이 제도 설계로 변환된 흔치 않은 사례
다. 그는 가족이 절대 이상화되어선 안 된다고 본다.
가족이라는 이름으로 폭력이 정당화되고, 희생이 강요되며, 감정
의 학대조차도 침묵 속에서 용인될 수 있다. 그는 이런 현실을 목격
하며 자랐고, "혈연이라는 이름으로 정당화되는 억압"을 비판하는
데 주저하지 않는다. 그는 가족을 사랑하지만, 가족이 무너졌을 때
그 책임이 개인에게만 돌아가는 사회를 더 증오한다.

요컨대, 이재명이 말하는 가족은

• 애틋함과 미움이 공존하고,

• 생존과 사랑이 충돌하며,

• 책임과 해방의 갈등 속에 놓인

한 인간의 가장 치열한 공동체적 실험실이었다.

그는 말한다.

"나는 가족을 떠날 수 없었고, 그래서 더 많이 상처받았고, 그만큼 더 많이 책임져야 했다. 정치도 결국은 그런 가족의 연장이 되어야 한다. 억울한 사람이 억울하다고 말할 수 있는 집, 그게 내가 만들고 싶은 나라다."

가족은 그에게 구원이 아니었다. 그러나 그 상처로 인해, 그는 누구보다 타인의 무게를 이해하는 정치인이 되었다. 그의 가족은, 그의 정치를 만든 원형이자 그가 끝까지 내려놓지 못할 가장 오래된 기억이었다.

063

아내와의 관계에서 영향을 준 책은?

이재명이 아내 김혜경 씨와의 관계에서 영향을 받은 책 중 가장 중요한 하나는 알랭 드 보통의 《왜 나는 너를 사랑하는가》이다. 그는 이 책을 읽으며 사랑이라는 감정이 단지 설렘이나 낭만이 아니라, 끊임없이 오해하고 실망하면서도 다시 관계를 구성하려는 반복적 노력이라는 것을 받아들였다고 말한다.

《왜 나는 너를 사랑하는가》는 알랭 드 보통이 인간의 사랑을 철학적이면서도 유머러스하게 해부한 에세이 형식의 소설이다. 저자는 평범한 연애의 시작부터 이별에 이르기까지 과정을 매우 세밀하게 관찰하고, 사랑의 감정이 우리 안에서 어떻게 발생하고 변화하는지 분석적으로 따라간다. 이야기의 화자는 파리에서 런던으로 향하는 비행기 안에서 클로이를 처음 만나며, 사랑이라는 복잡한 감정의 세계로 빠져들게 된다. 저자는 이 만남에서 시작해 사랑의 순간순간을 집요하게 파고들면서, 우리가 흔히 사랑이라고 부르는 감정의 기쁨과 고통을 철학적으로 재구성한다.

책은 사랑의 감정이 단순한 호감이나 본능이 아니라, 인간의 불완전함을 채우려는 욕망에서 비롯된다고 말한다. 우리는 사랑을 통해 자신이 완전해질 수 있으리라는 환상을 품고, 상대를 향한 강렬한 의미 부여를 시작한다. 저자는 사랑이란 "상대를 이상화하고, 그를 통해 자신의 부족함을 메우려는 시도"라고 정의한다.

보통은 책에서 이렇게 말한다.
"사랑은 타인을 이해하려는 오랜 해석 행위이며, 그 실패조차도 사랑의 일부다."

이 문장은 이재명에게 깊은 울림을 줬다. 그는 부부 사이의 많은 갈등과 오해, 그리고 정치인의 삶이라는 특수한 조건 속에서 발생하는 긴장을 "사랑이란 관계가 아닌 해석의 지속적 교섭"으로 받아들이게 되었다. 그는 "사랑은 내가 당신을 사랑하는 것이 아니라, 당신을 통해 나의 사랑이라는 감정을 유지하는 것"이라는 대목에서 특히 혼자 오래 생각에 잠겼다고 털어놓은 바 있다.

그는 아내 김혜경 씨와의 관계를 가리켜 "정치와 일상의 가장 복잡한 교차점"이라고 표현한다. 사랑하는 사람과 살아가는 동시에, 그 사람의 자유와 사생활을 대가 없이 정치적 폭풍 속에 던져야 했던 수많은 상황들. 그는 이 모순을 해결하지 못했고, 그래서 책을 통해 해석하려 했다. 또한, 그는 에리히 프롬의 《사랑의 기술》에서도 영향을 받았다. 특히 "성숙한 사랑은 필요에서 오는 것이 아니라, 필요에도 불구하고 사랑하는 것"이라는 구절은 그가 관계를 감정의 결과물이 아니라, 의식적 선택의 연속으로 바라보게 만든 철학적 근거였다. 아내와의 관계에 대해서도 이렇게 말한다.

"우리는 서로에게 많은 기대를 했고, 실망도 했고, 그러나 그 기대를 버리기보다 다시 조정하면서 살아왔다. 사랑은 끝나지 않는 조정의 기술이다."

이외에도 그는 롤랑 바르트의 《사랑의 단상》에서 사랑이란 단어로 설명되지 않는 감정들의 스펙트럼을 읽으며, "말할 수 없어도 존재하는 감정"에 대한 감수성을 키웠다. 정치인이라는 직업은 때때로 가장 가까운 사람에게도 진심을 다 전달하지 못하게 만든다. 그때 그는 이 책을 통해 "침묵도 사랑의 언어가 될 수 있다"는 위로를 받았다고 했다.

결론적으로, 이재명이 아내와의 관계에서 영향을 받은 책들은
- 사랑을 감정이 아니라 기술로,
- 운명이 아니라 선택으로,
- 정적 상태가 아니라 계속해서 해석하고 교섭해야 할 '상호작용'으로 바라보게 만들어줬다.

그는 말한다.
"사랑은 한 번 맺는 계약이 아니라, 매일 갱신하는 신용의 관계다. 책을 통해 나는 아내와의 계약을 다시 쓰는 법을 배워 왔다."
그의 관계론에는 감상 대신 인식, 로맨스 대신 책임, 열정 대신 지속 가능한 노력이 자리잡고 있다. 그리고 그 중심에는 언제나 한 권의 책, 그리고 그 책을 함께 견뎌준 사람이 있었다.

064

그는 자녀교육에 대해
어떤 책을 인용했는가?

이재명은 자녀교육에 대해 말할 때, 권위적이거나 성공 중심의 교육론보다 인간 중심의 교육 철학을 강조하는 책들을 자주 인용해왔다. 그중에서도 그가 특히 강조한 책은 미국 철학자이자 교육학자인 존 듀이(John Dewey)의 《민주주의와 교육(Democracy and Education)》이다.

이 책은 존 듀이가 민주주의 사회에서 교육이 어떤 역할을 해야 하는지를 체계적으로 논한 고전적 저작이다. 듀이는 교육을 단순히 지식 전달이나 기능 습득의 수단으로 보지 않는다. 그에게 교육은 민주주의를 유지하고 발전시키는 데 필수적인 사회적 과정이며, 개인이 사회적 존재로 성장하게 만드는 경험의 연속이다.

듀이는 인간이 태어날 때부터 완성된 존재가 아니며, 교육을 통해 사고력, 판단력, 그리고 공동체 의식을 길러야 한다고 주장한다. 그는 학교를 '작은 민주주의'라고 표현하며, 민주주의는 단순히 투표로 이루어지는 정치 체계가 아니라, 끊임없는 소통과 협력, 공동의 문제 해결을 통해 실현되는 생활 방식이라고 본다. 이런 맥락에서 학교는 학생들이 서로 협력하고 의견을 나누며 공동체의 일원으로 성장할 수 있도록 도와주는 사회적 장이어야 한다.

듀이는 전통적인 교육 방식, 즉 교사가 지식을 일방적으로 전달하고 학생은 수동적으로 암기하는 방식은 비판한다. 《민주주의와 교육》에서 듀이는 말한다.

"교육은 삶을 위한 준비가 아니라 삶 그 자체이다."

이재명은 이 구절을 곱씹으며 자녀교육에 접근했다. 그는 자녀가 시험에서 몇 등 했느냐보다, 삶 속에서 얼마나 주체적으로 질문하고, 세상의 불의에 얼마나 예민하게 반응하며, 타인과의 관계에서 얼마만큼의 연대감을 가졌느냐를 중요하게 여겼다. 이재명은 이 책을 통해, 교육이란 단순히 지식을 전달하는 것이 아니라, 시민을 길러내는 사회적 실험이라는 점을 깊이 받아들였다. 다시 말해, 그는 자녀를 '더 똑똑한 사람'으로 키우고 싶었던 것이 아니라, 더 나은 시민, 더 나은 인간, 더 책임 있는 존재로 성장하길 바랐던 부모였다.

그는 알피 콘(Alfie Kohn)의 《경쟁에 반대한다》도 인용하며, "외적 동기가 아이를 잠깐 움직일 수는 있어도, 스스로 움직이는 인간으로 만드는 데는 오히려 해가 된다"는 논지를 자주 언급했다. 《경쟁에 반대한다》은 제목 그대로, 보상이 교육에 미치는 부정적 영향을 폭로하는 책이다. 그는 "당근과 채찍"으로 상징되는 전통적 동기부여 방식이 교육 현장뿐만 아니라 직장, 가정, 사회 전반에 뿌리 깊게 자리 잡고 있다고 비판한다.

콘에 따르면, 외적 보상에 의존하는 시스템은 겉으로는 효과적으로 보일지 몰라도 장기적으로는 내적 동기와 창의성, 자율성을 갉아먹는다. 책에서 콘은 보상과 처벌이 본질적으로 같은 메커니즘임을 강조한다. 둘 다 외적 통제 수단이며, 사람들이 스스로 원하는 행동을 하도록 돕기보다는 외부의 자극에 의해 움직이도록 만든다.

이재명은 아버지로서 "칭찬을 도구로 쓰지 말라", "보상으로 아이를 길들이지 말라"는 메시지를 교육뿐 아니라 정치에도 적용하려 했던 사람이었다. 시민이든 자녀든, 자율성과 내적 판단을 키워주는 것이야말로 진짜 교육이라는 신념이었다.

비판적 교육 담론을 적극적으로 수용하며 한국식 '성적 지상주의 교육'에 비판적인 입장을 취해왔다. 그는 자녀에게 "너는 공부로 평가받는 존재가 아니다"라고 말했고, 학교 성적보다 "이 사회에서 무엇에 분노할 줄 아는가", "어떤 부조리에 침묵하지 않을 수 있는가"를 더 중요하게 여겼다.

요컨대, 이재명은 자녀교육에 대해
- 지식보다 태도,
- 경쟁보다 연대,
- 성공보다 성찰,
- 복종보다 자율,
- 기억보다 질문을 강조한 책들을 인용하며, 자녀를 '시스템에 적응시키는 존재'가 아니라, '시스템에 질문을 던질 수 있는 인간'으

로 키우고자 했다. 그는 말했다.

"나는 내 자식이 '잘된 사람'보다 '괜찮은 사람'이 되기를 바랐다. 그 믿음을 책들이 함께 만들어줬고, 그 믿음을 나도 내 정치에서 지켜내려 노력하고 있다."

그에게 자녀교육이란, 사람답게 사는 감각을 전수하는 일, 그리고 그 감각은 한 권의 책, 한 번의 대화, 한 장의 토론지에서 비롯되는 것이라 믿는 사람이었다.

065

이재명은 '우정'을 어떻게 생각하는가?

이재명은 '우정'을 단순한 사적 친분이나 의리의 감정으로 보지 않는다. 그는 우정을 권력으로부터 자유로운 인간관계의 최후 보루, 혹은 정치가 타락하지 않기 위해 반드시 지켜야 할 '비정치적 감정의 마지막 안전지대'로 여긴다. 다시 말해, 이재명에게 우정은 단지 가까운 사람을 뜻하는 게 아니라, 자신을 비판해줄 수 있는 사람을 곁에 두는 감정적 용기이자 이성적 통제장치다.

그는 종종 정치와 우정을 비교하며 말한다.

"정치는 동맹이고, 우정은 연대다. 정치는 목적을 향한 협력이고, 우정은 목적과 무관한 존재의 인정이다."

이 구절은, 그가 우정을 얼마나 정치와 다른 차원에서 이해하고 있는지를 잘 보여준다.

그에게 진짜 친구란, 자신의 이익에 따라 움직이는 동지가 아니라, "내가 잘못했을 때 조용히 눈빛으로 경고해주는 사람"이다. 즉, 우정은 '고마움'보다 '두려움'이 있어야 지켜지는 관계라는 것이다.

그가 가장 감명 깊게 읽은 우정 관련 서적 중 하나는 로마의 대

철학자이자 정치가였던 키케로(Cicero)의 《우정에 대하여(Laelius de Amicitia)》이다. 이 책은 키케로가 우정의 본질과 가치를 철학적으로 탐구한 대화체 에세이다. 이 작품은 키케로의 친구였던 라엘리우스를 화자로 내세워, 그가 친구 스키피오가 세상을 떠난 뒤 우정의 의미를 회고하는 형식으로 전개된다. 스키피오의 죽음이라는 상실의 경험을 바탕으로, 키케로는 인간 삶에서 우정이 갖는 중요성과 윤리적 가치를 설파한다.

키케로는 우정을 단순히 기쁨을 공유하는 사적인 감정이 아니라, 공동선을 추구하는 도덕적 동맹으로 본다. 그는 인간이 본성적으로 사회적 존재이며, 진정한 우정은 선의 기초 위에서만 존재할 수 있다고 주장한다. "선하지 않은 사람들 사이에는 참된 우정이 존재할 수 없다"는 그의 말처럼, 키케로는 우정을 이익을 위한 거래나 계산적 관계로 환원시키지 않는다. 오히려 우정은 정의로운 삶을 살아가는 과정에서 자연스럽게 피어나는 덕목이며, 친구란 서로의 미덕을 비추는 거울과도 같은 존재다.

이 고전에서 키케로는 우정을 다음과 같이 정의한다.
"우정은 위로가 아니라 훈련이다. 그것은 즐거움이 아니라, 서로를 더 좋은 인간으로 만들기 위한 고통스러운 반복이다."
이재명은 이 구절을 자주 인용하며, "우정이란 곁에서 손뼉 치는 사람이 아니라, 뒤에서 나를 단속해주는 사람"이라고 해석한다. 그에게 진짜 친구는 언제나 "동의하는 사람"이 아니라, 필요할 때 멈춰 세울 줄 아는 사람이다.

그는 《도스토옙스키의 인물들 간 우정의 긴장 관계》에서 친구라는 존재가 오히려 주인공의 거울이자 윤리적 시험대로 작용하는 장면들을 인상 깊게 기억했다.

"우정은 거울이다. 그 사람을 통해 내가 보인다."

이재명에게 친구란, 나를 확신하게 해주는 사람이 아니라, 나를 반성하게 해주는 존재이며, 그런 친구 하나를 갖기 위해 수십의 동지를 버릴 수 있다는 사람이었다. 그래서 그는 말한다.

"우정은 나와 닮은 사람과의 관계가 아니라, 나와 다른 사람과의 공존 훈련이다. 정치는 나를 지지하는 사람을 모으는 일이지만, 우정은 나를 혼내줄 사람을 지키는 일이다."

이재명의 삶을 보면, 그는 우정을 쉽게 맺지 않았고, 쉽게 말하지도 않았다. 그는 정치인의 언어에 너무 많이 노출된 사람일수록, '친구'라는 단어를 더 조심해서 써야 한다고 생각했다. 그래서 그는 '내 친구는 누구냐'는 질문을 받았을 때 늘 잠시 뜸을 들인 뒤, 조용히 한두 명의 이름을 말했다.

그에게 우정은,

• 확신이 아니라 의심을 허용하는 관계,

• 공감이 아니라 견제를 감당하는 거리,

• 계산이 아니라 비이익적인 선택을 견디는 의지다.

그리고 그는 그런 우정을 '정치의 피로와 욕망을 정화해주는 마지막 남은 감정적 생수통'이라 여긴다. 그래서 그는 지금도 말한다.

"나는 동지가 많을지 몰라도, 친구는 적다. 그건 내가 외로운 사람이기 때문이 아니라, 우정이란 그만큼 고귀하고 절제되어야 하는 감정이기 때문이다."

066

그는 국민과의 관계를
어떤 책으로 설명했는가?

  이재명은 국민과의 관계를 설명할 때 장 자크 루소의 《사회계약론》을 가장 자주 인용했다. 단순히 정치철학의 고전이어서가 아니라, 국가와 개인이 어떻게 신뢰를 맺을 수 있는가, 권력자는 어떻게 자기 권력을 정당화할 수 있는가를 질문하는 데 가장 명확한 이론적 도구였기 때문이다.

  루소의 《사회계약론》은 "인간은 자유롭게 태어났건만 도처에서 사슬에 묶여 있다"는 유명한 문장으로 시작한다. 그는 자연 상태의 인간이 본래 자유롭고 평등했으나, 사유재산의 등장과 사회적 불평등이 인간을 예속시키고 억압하게 되었다고 진단한다. 따라서 인간의 자유와 평등을 되찾기 위해 새로운 사회적 계약이 필요하다고 주장한다. 이 계약은 모두가 공동으로 동의하여 구성된 것으로, 개인의 자유를 공동체의 일반의지에 따라 조화롭게 결합시키는 것이 핵심이다.

  루소는 인간이 자유롭기 위해서는 단순히 자연 상태로 돌아가는 것이 아니라, 자유롭고 평등한 시민 공동체를 형성해야 한다고 본다. 이를 위해 그는 '일반의지'라는 개념을 중심에 둔다. 일반의지는 단순히 다수의 의견이 아니라, 공동선(common good)을 향한 전체 시민의 의지다. 각각의 개인은 자신의 사적인 이익을 내려놓고, 공동선을 위해 의사 결정에 참여함으로써 비로소 진정한 자유를 누릴 수 있다. 루소에게 있어서 자유는 방종이 아니라, 법을 스스로 만들고 복종하는 '자기 입법'에서 비롯된다.

《사회계약론》에서 루소는 말한다.
"개인은 전체에 자신을 바침으로써 자신보다 더 큰 자유를 얻는다."

이재명은 이 문장을 단순한 '복종의 정당화'로 읽지 않았다. 오히려 그는 그 안에서 '국민이 국가에 자기 권리를 위임한 만큼, 국가는 그 권리를 배신하지 않아야 한다'는 원칙을 읽었다. 즉, 그는 국민과 정치인의 관계를 단순한 지지자와 대표자의 관계가 아니라, 서로에게 신뢰를 위탁한 계약적 관계로 본다. 이재명은 자주 말했다.
"국민은 나의 고객이 아니다. 국민은 나의 고용주이며, 나는 그들에게 계약직 사장으로 고용된 사람이다."

그가 정치를 이해하는 방식은 철저히 '위임'과 '책임'의 이중구조이다. 정치인은 권력을 위임받았기에 그만큼 감시받아야 하고, 국민은 감시할 권리를 가졌기에, 충분한 정보와 참여의 기회를 가져야 한다. 그는 아렌트의 《정치의 약속》에서도 영향을 받았다.

《정치의 약속》은 아렌트가 평생에 걸쳐 천착한 정치의 본질과 인간 자유의 의미를 재조명하는 철학적 성찰의 집약이다. 아렌트는 이 책에서 정치를 단순히 권력 투쟁이나 국가 운영 기술로 축소하는 시각을 거부하며, 정치를 인간 존재의 핵심적 조건으로 재정의한다. 그녀에게 정치란 인간들이 서로 만나고 대화하며 공동의 세계를 창조하는 장(場)이다. 즉, 정치란 인간이 서로 다름을 인정하면서도 공존하는 삶의 방식이며, 인간의 자유가 가장 분명하게 발현되는 영역이다.

아렌트는 플라톤과 같은 고대 철학자들이 정치를 경멸한 데서 비극이 시작되었다고 본다. 플라톤이 철인정치라는 이상 아래 정치 세계를 무지한 대중으로부터 지혜로운 소수의 손에 맡기려 했던 시도가, 오히려 정치의 본질을 왜곡했다고 비판한다. 플라톤에게서 출발한 정치 혐오가 이후 근대 정치사상에서도 반복되며, 정치를 자유로운 시민들의 공론장이 아니라 통치 기술로 전락시켰다는 것이다.

책의 중요한 주제 중 하나는 "정치와 진리의 긴장 관계"이다. 아렌트는 "정치는 약속을 만드는 유일한 인간 행위"라고 했다. 이재명은 이 구절을 되새기며, **정치인의 말이야말로 국민과 맺는 가장 엄격한 계약서라고 보았다.** 그래서 그는 공약을 파기하거나 말을 바꾸는 정치인을 '정치적 배임자'라고까지 표현한 적이 있다. 국민과의 신뢰는 관념이 아니라 계약이며, 그 계약이 깨지는 순간 정치의 모든 근거는 무너진다는 게 그의 생각이다.

국민과의 관계를 설명하는 다른 책으로 그는 마이클 샌델의《정의란 무엇인가》도 인용했다. 샌델은 정치가 단순한 효율성과 계산의 문제가 아니라, 공동체적 가치와 상호 존중의 규범이라는 점을 강조했다. **이재명은 이 사유를 토대로 "국민과의 관계는 계약이면서도 윤리적 관계"라 보았고, "국민은 나에게 의무를 부여하고, 나는 국민에게 책임을 진다. 이 책임에는 숫자로 환산되지 않는 도덕적 무게가 들어 있다"고 말했다. 그는 국민과의 관계에서 다음 세 가지 원칙을 늘 강조해왔다.**

1. 계약적 위임 – 권력은 절대 위에서 아래로 흐르지 않으며, 국민으로부터 빌려온 것이다.
2. 윤리적 책임 – 국민의 기대를 배신할 경우, 법적 책임을 넘는 정치적 응징을 감수해야 한다.
3. 실시간 소통 – 권력은 감시받을 때만 정당하며, 그 감시는 참여를 통해서만 유지된다.

그래서 그는 SNS나 거리 유세 등에서 일방적인 홍보보다 "국민과의 계약을 다시 확인하는 질문의 시간"을 더 중요하게 여겼다. 요컨대, 이재명은,

• 루소의 사회계약론으로부터 계약의 원칙을,
• 아렌트로부터 정치의 약속성을,
• 샌델로부터 관계의 윤리성과 공동체적 감각을 국민과의 관계 해석에 차용했다.

그는 국민을 소비자나 지지자라고 부르지 않는다. 그는 그들을 "함께 이 계약서를 작성한 공동 당사자"라 부른다. 그리고 자신은 그 계약서에 서명한 자로서, 어떤 조건에서도 그 약속을 파기하지 않겠다고 다짐하는 사람이다.

067

그는 조직과 팀워크를 어떻게 다루는가?

이재명은 조직과 팀워크를 단순한 협업의 기술이나 효율의 문제가 아니라, 정치의 가장 본질적인 실험대이자 윤리의 현장으로 본다. 그는 조직을 '사람의 집합'으로 보지 않고, "책임과 신뢰가 교차하는 유기체"로 해석한다. 다시 말해, 조직이란 기능이 아니라 신념을 공유하고 목표를 투명하게 나누는 문화적 공간이어야 한다는 것이다.

그가 자주 인용하는 책 중 하나는 패트릭 렌시오니의《팀워크의 5가지 장애물》이다. 이 책은 패트릭 렌시오니가 조직 내 팀워크 실패의 본질적 원인을 진단하고, 이를 해결하기 위한 구체적인 전략을 제시하는 책이다. 실리콘밸리 최고의 경영 컨설턴트이자 〈포춘〉 100대 기업들의 코치인 렌시오니는 팀이 효과적으로 기능하지 못하는 이유를 다섯 가지 장애물로 압축한다.

첫째, 신뢰의 결핍이다. 팀원들이 서로에 대한 신뢰가 없으면 자신의 약점을 드러내지 않고, 방어적으로 행동하게 되어 협력이 불가능하다. 신뢰는 팀워크의 토대이며, 이를 쌓기 위해선 구성원들이 서로 솔직하게 약점을 공유하고 인간적인 교감을 나누어야 한다.

둘째, 갈등 회피다. 신뢰가 없으면 건강한 갈등이 사라진다. 사람들은 불편함을 피하기 위해 중요한 문제조차 토론하지 않고 넘어간다. 하지만 갈등은 창의적인 해결책을 도출하는 과정이며, 효과적인 팀은 갈등을 피하지 않고 생산적으로 관리한다.

셋째, 헌신 부족이다. 갈등이 충분히 이뤄지지 않으면 팀원들은 의사 결정에 진정으로 동참하지 못하고, 결과적으로 팀 목표에 헌신하지 않는다. 합의가 없더라도 의견이 존중받고 토론이 충분했다는 느낌이 있어야 헌신이 가능하다.

넷째, 책임 회피다. 팀원들이 헌신하지 않으면 서로를 동료로서 책임지지 않으려 하고, 목표 미달이나 비효율적인 행동이 방치된다. 고성과 팀은 서로를 동료로서 적극적으로 견제하고, 기대 수준을 유지하기 위해 책임감을 공유한다.

마지막으로 다섯째는 성과에 대한 무관심이다. 팀의 공동 목표보다 개인의 성취나 부서 이기주의가 앞서게 되면 전체 성과가 희생된다. 효과적인 팀은 팀의 공동 목표를 가장 우선시하고, 이를 달성하기 위해 개인적 성공을 초월하는 동기부여를 갖는다.

렌시오니는 이 다섯 가지 장애물을 피라미드 구조로 설명하며, 하나의 장애가 다음 장애로 이어지는 악순환을 만든다고 지적한다. 그는 이를 극복하기 위해 리더가 먼저 취약함을 드러내고, 팀 내 신뢰를 구축하는 노력을 해야 한다고 강조한다. 또한 갈등을 두려워하지 않고 열린 토론 문화를 조성하며, 모든 구성원이 팀의 공동 목표에 헌신하도록 이끌어야 한다고 조언한다.

이 책은 조직이 실패하는 이유를 '불신', '갈등 회피', '책임 회피', '책임 전가', '성과에 대한 무관심'으로 나열하는데, 이재명은 이를 매우 현실적인 분석이라 판단하며 정치조직에도 그대로 적용된다고 말한다. 그는 "정치판에서 제일 무서운 건 서로가 서로를 안 믿는 것"이라고 말하면서, 팀워크의 시작은 능력보다 신뢰의 구조를 만드는 것이라고 강조했다. 그는 자신의 정치조직 안에서도 팀워크를 강조하면서 권한 위임과 책임 분산을 제도화하려 했다.

실제로 성남시장 시절부터 도지사를 거쳐 대선 캠프까지, 그는 '의견 충돌은 허용하되, 결정된 뒤에는 한 방향으로 움직이는 것'을 조직의 원칙으로 삼았다. 이건 단순한 군기 잡기가 아니라, 민주적 절차와 리더십의 일관성 사이에서 갈등을 최소화하는 현실적 방식이었다. 이재명은 팀워크에서 가장 중요한 것이 '말을 해도 되는 분위기'라고 보았다. 그래서 그는 조직 내 '불편한 말'이 사라지는 순간, 그 조직은 이미 망해가고 있는 조직이라 판단했다.

그는 말했다.
"나를 칭찬하는 사람보다, 조용히 눈빛으로 나를 견제해 주는 사람을 곁에 둬야 한다."

이건 앞서 말한 '우정'의 개념과도 맞닿아 있다. 즉, 팀워크란 사람을 모으는 일이 아니라, 말할 수 있는 문화와 책임질 수 있는 구조를 만드는 작업이다. 그는 팀워크를 설명하며 "권한은 위에서 주어지는 것이 아니라, 아래로부터 신뢰받을 때 생긴다"는 원칙을 강조한다. 그는 리더가 모든 것을 결정하는 팀은 무너지기 쉽다고 보았고, 실제 현장에서 자율적인 판단을 존중하는 문화가 만들어져야 한다고 말했다. 이는 그가 자주 인용한 피터 드러커의 《자기경영노트》나 레이 달리오의 《원칙(Principles)》 같은 책의 영향이 짙게 배어 있는 지점이다. 그의 정치 캠프는 늘 빠르게 움직였고, 위기 대응이 빨랐다.

그 이유에 대해 그는 "우리는 늘 최악을 가정하고, 최고로 준비했기 때문"이라며 "그 준비는 리더 혼자 하는 게 아니라, 팀 전체가 매일 시뮬레이션하며 익힌 것이다"라고 했다. 그는 리더가 모든 걸 다 알 필요는 없지만, 팀 안에 모든 정보가 투명하게 공유되어야 한다는 점은 절대 양보하지 않았다.

요약하자면, 이재명이 다룬 조직과 팀워크는,
• 신뢰 기반의 구조 만들기,
• 말할 수 있는 안전한 분위기 조성,
• 결정 이후의 일관된 실행,
• 권한보다 책임의 조직문화,
• 효율보다 신념 공유의 우선순위로 요약된다.

그는 말한다.

"팀워크는 싸우지 않는 것이 아니라, 싸울 수 있는 판을 여는 것이다. 조직은 리더를 위해 존재하는 게 아니라, 서로가 서로의 감시자이자 보호자가 되어야만 살아남는다."

그에게 조직이란 "명령이 통하는 피라미드"가 아니라, "질문이 오가는 평평한 원탁"이어야 했다.

.

068

그는 왜 공동체적 삶을 중시하는가?

이재명은 공동체적 삶을 단순한 도덕적 이상이나 전통적 가치로 보지 않는다. 그에게 공동체란 '살기 위해 불가피하게 재건해야 하는 구조'이자, 현대 사회의 병폐를 치유할 수 있는 가장 현실적인 시스템적 대안이다. 즉, 그것은 감성의 문제가 아니라 정치적 구조와 사회적 연대를 설계하는 핵심 원칙이다.

그가 공동체를 중시하게 된 배경에는 뿌리 깊은 삶의 경험이 있다. 어린 시절 그는 공동체의 부재 속에서 자랐다. 가난한 가족, 무너진 마을, 복지 사각지대, 무관심한 이웃들. "나는 살아 있는 사람보다 시스템을 더 많이 믿게 됐다"고 말했던 이재명은, 오히려 그 삭막함 속에서 '이대로는 안 된다'는 감각을 통해 공동체의 필요성을 강하게 체화했다.

그는 말했다.

"국가는 나를 도와주지 않았고, 사회는 나를 기억하지 않았다. 그때 내가 절실하게 원했던 건, 단 한 사람의 연대였다."

그 '한 사람'이 없었던 기억이, 오히려 그를 모두를 위한 구조의 필요성으로 이끌었다. 이재명이 가장 자주 인용하는 공동체 철학의 책은 마사 누스바움(Martha Nussbaum)의 《타인에 대한 연민》과 《인간성 수업》이다. 누스바움은 사회가 인간의 감정과 상호의존성을 기반으로 재구성되어야 한다고 주장하며, 복지국가는 단지 경제적 분배의 체계가 아니라, 인간 존엄을 보장하기 위한 공동 감수성의 설계라고 본다. 이재명은 이 주장에 깊이 공감했다.

"공동체는 숫자로 설계되는 게 아니다. 공감으로 확장되는 것이다."
그는 이 말을 자주 인용하며, 국가가 공동체를 대신할 수 없지만, 공동체가 작동할 수 있도록 국가가 뒷받침해야 한다는 원칙을 세웠다. 그는 샌델의 《공동체주의와 공공성》의 영향을 받아 개인의 자유와 권리를 강조하면서도, 그 자유가 타인의 삶과 어떻게 얽히는지에 대한 책임과 고려가 반드시 필요하다는 사실을 강조했다.
"우리는 홀로 존재할 수 없다. 정의는 언제나 공동체의 감수성과 충돌한다."

마이클 샌델의 《공동체주의와 공공성》은 자유주의적 개인주의에 대한 비판에서 출발한다. 현대 사회에서 자유주의는 개인의 권리와 자율성을 강조하며 국가의 간섭을 최소화하려 하지만, 샌델은 이러한 시각이 사회적 유대와 공동체의 가치를 지나치게 소홀히 한다고 지적한다. 그는 인간을 독립적이고 자율적인 존재로만 보는 것이 아니라, 공동체적 맥락 속에서 자기 이해가 형성되고 실현된다고 본다. 인간은 단순히 '선택하는 주체'가 아니라, 이미 다양한 역사와 전통, 문화적 서사의 일부로 존재하는 '연루된 자아'라는 것이다.

이재명은 복지정책이 단순한 시혜가 아닌 연대의 제도화라고 보았고, 정치는 타인의 아픔을 상상하고 실천하는 시스템이라고 봤다. 그는 성남시장과 경기도지사 시절, 청년배당, 무상교복, 기본소득형 복지제도 등 공공복지 실험들을 통해 공동체를 구조화하려는 시도를 했다. 그는 단순히 '나눠주는 정치'가 아니라, "국가가 개개인의 인간다움을 지켜줄 때, 비로소 사회 전체가 건강해질 수 있다"는 원칙을 실현하고자 했다.

이재명에게 공동체란,
- 과거의 향수가 아니라 미래 생존의 조건,
- 관계의 온기가 아니라 제도의 복원력,
- 사람을 돌보는 감정이 아니라 시스템으로 구현되는 연대다.

그는 말한다.
"공동체란 혼자 사는 사람을 위한 제도다. 강한 사람은 혼자 살아도 된다지만, 약한 사람은 공동체가 없으면 생존 자체가 불가능하다. 나는 그 약한 사람 중 한 명이었고, 그래서 오늘 내가 추구하는 공동체는 그때의 나 같은 사람을 위한 시스템이다."

공동체를 말하는 그의 정치엔 낭만 대신 경험이 있고, 그 경험에서 나온 말에는 책임이 아니라 실천의 결기가 묻어 있다.

069/

그는 '고독'을 어떻게 감내했는가?

이재명에게 '고독'은 선택이 아니라 조건이었다. 그에게 고독은 대중 속의 외로움도, 철학자의 방도 아니었다. 그것은 언제든 기득권에 도전한 자가 감당해야 할 정치적 대가, 그리고 가난하고 비주류였던 자가 살아오면서 이미 익숙해진 감정의 온도였다. 그는 고독을 견딘 것이 아니라, 고독과 공생하는 법을 배웠다. 이재명은 말한다.

"정치는 기본적으로 고독한 일이다. 아무리 많은 동지가 있어도, 결정을 내리는 순간엔 혼자다. 그리고 책임도 혼자 져야 한다."

그가 느꼈던 고독은 단지 정적이나 외로움의 문제가 아니었다. 그것은 자기 자신에게 질문을 던지고, 그 질문에 스스로 답하면서도 늘 '틀렸을 가능성'을 안고 가야 하는, 내면의 모순이었다. 그는 고독을 감당하는 데 책이 유일한 친구였다고 말한다. 특히 프리드리히 니체의 《차라투스트라는 이렇게 말했다》는 그의 고독에 대한 태도를 바꾼 책 중 하나다.

니체는 "가장 깊은 사유는 침묵 속에서만 가능하다"고 말했고, 이재명은 이 구절에서 "고독은 불행이 아니라, 생각이 깊어지는 공간"이라는 반전의 논리를 얻었다.

그는 대중을 만나기 전, 늘 책상 앞에 앉아 책을 펼쳤고, 그 책이 말해주는 사유의 결에서 자신을 되돌아보고, 말의 무게를 확인했다. 그에게 고독은 침묵의 고통이 아니라, 생각의 전환대였다. 그는 한나 아렌트의 《인간의 조건》에서 "진짜 자유란 타인의 시선을 벗어난 상태에서 비로소 도달하는 내면의 평화"라는 구절에 주목했다. 그는 이 구절을 따라, "누구도 바라보지 않는 순간의 내가 진짜 나인지 아닌지"를 스스로에게 묻기 시작했다. 그 질문은 고독을 더욱 날카롭게 했지만, 동시에 그를 더 단단하게 만들었다. 고독을 감내하는 기술로서 그는 '거리두기'도 자주 실천했다.

그가 말하는 거리두기는 정치적 적대자와의 거리만이 아니라, 자기 지지자들과의 감정적 동화로부터의 거리, 심지어는 가족과 자신 사이의 거리까지 포함한다.

"너무 가까우면 나도 내가 안 보인다."

"멀리 떨어져 있어야 내가 누구인지, 왜 이걸 하는지 보인다."

그에게 고독은 자기를 해체하는 일이 아니라, 자기 자신을 가장 또렷이 바라보는 조건이었다. 그리고 그는 고독 속에서 얻은 가장 큰 교훈이 바로 '침묵의 정치력'이었다고 말한다.

말 많은 세상, 발언의 과잉, 정보의 홍수 속에서 정치는 오히려 말하지 않는 힘, 침묵의 결기로 완성된다. 그는 모든 걸 말하지 않고, 때로는 스스로의 고립을 감수하면서 자기만의 '사유의 공간'을 유지하려 애썼다. 그 공간 속에서 그는 수없이 무너졌고, 다시 일어섰고,

"생각이 아니라, 태도로 정치한다는 원칙"을 세웠다.

요컨대 이재명에게 고독은,
• 감당해야 할 외로움이 아니라, 성찰의 전제,
• 회피할 감정이 아니라, 판단의 근거,
• 치유받을 고통이 아니라, 싸우는 자가 지녀야 할 내적 진지함이
  었다.

그는 말한다.
"나는 함께 가자고 말할 때도 혼자였고, 나를 욕하던 사람들 속에
서도 혼자였고, 지지받던 순간에도 혼자였다. 하지만 그 혼자가 있
었기에, 지금의 내가 있다."
그에게 고독은 끝이 아니라 자신의 내부로 들어가는 유일한 문이
었다. 그리고 그 문 안에서 그는 날마다 생각하는 인간이자, 끝내 흔
들리지 않으려는 정치인으로 버텨왔다.

070

관계의 문제를 다룬 책 중
그가 추천한 것은?

이재명이 관계의 문제를 다룬 책 중에서 가장 인상 깊게 추천한 책은 데이비드 브룩스의 《소셜 애니멀(Social Animal)》이다. 이 책은 인간의 내면과 관계, 그리고 사회적 연결의 본질을 인지과학, 심리학, 뇌과학, 철학을 넘나들며 서사적 에세이 형태로 풀어낸 복합지성서인데, 이재명은 이 책을 읽고 "정치는 숫자가 아니라 마음의 길을 찾는 일"이라는 통찰을 얻게 되었다고 말한 바 있다.

《소셜 애니멀》은 인간 행동의 근본적인 동기와 사회적 성공의 비밀을 탐구하는 책이다. 저널리스트로서 날카로운 시선으로 사회를 관찰하고 시대 흐름을 예리하게 포착하던 저자는 현대 사회의 여러 제도나 정책이 반복하는 어처구니없는 실패에 의문을 품게 된다.
논픽션이지만 소설적 형식을 차용해 허구의 인물인 해럴드와 에리카라는 두 사람의 삶을 따라가면서 인간 존재의 깊은 내면, 무의식적 동기, 사회적 관계의 중요성을 분석한다. 해럴드는 보수적인 가정에서 자라 따뜻하고 느긋한 성격을 가진 남자이고, 에리카는 이민자 가정 출신으로 강한 추진력을 가진 여성이다. 이들의 성장 과정, 연애, 결혼, 직장 생활 등을 통해 브룩스는 뇌과학, 심리학, 사회학, 행동경제학 등 다양한 학문적 통찰을 이야기한다.

인간이 본능적으로 사회적 존재임을 강조하며, 관계 속에서 행복을 경험하고 고통을 해결하면서 자기 존재를 완성 시킨다는 메시지를 전한다. 이재명은 특히 이 책이 "성공은 개인의 실력보다 관계의 질에서 비롯된다"는 점을 실증적 데이터와 감성적 스토리로 풀어낸 것에 주목했고, 관계의 구조를 무시하고는 어떤 정치도, 어떤 사회도 건강할 수 없다는 사실을 다시 확인했다고 했다. 그는 《소셜 애니멀》을 통해 관계를 세 가지 층위에서 이해하게 됐다고 한다.

1. 내면적 관계 – 자신과의 관계. "내가 나를 믿는가?"라는 물음에서 출발하는 관계.
2. 가까운 타인과의 관계 – 가족, 동료, 친구. 감정의 진폭이 가장 크고, 가장 자주 실패하는 관계.
3. 사회와의 관계 – 얼굴 없는 시민들과의 무형적 신뢰를 구축하는 관계. 이 부분이 바로 정치와 연결되는 지점이다.

그 외에도 그는 찰스 테일러의 《자아의 원천들》, 마사 누스바움의 《타인의 삶을 상상하라》, 그리고 국내서로는 임상심리학자 김경일의 《타인에 대한 연민》 등을 추천한 적 있다. 이 책들 모두 인간은 타자 없이는 완성될 수 없으며, 진짜 성장은 관계 속에서의 충돌, 반성, 화해를 거쳐야 가능하다는 공통된 명제를 담고 있다.

이재명은 특히 정치인에게 관계란 "동의하는 사람과의 유대가 아니라, 동의하지 않는 사람과의 거리 유지 기술"이라고 말했다. 관계를 편한 사람끼리의 연대나, '좋아요'를 누르는 감정적 지지로 축소시켜서는 안 되며, 오히려 긴장과 불편함을 감수할 수 있는 여백이 있어야 건강한 관계가 유지된다는 것이다.

그는 "정치는 끊임없는 거절과 동의 사이에서, 관계를 끊지 않고 이어가는 싸움이다. 나는 내게 손가락질하는 사람에게도, 관계를 유지할 수 있는 책을 찾고 싶었다."라고 말한다. 그래서 그는 《소셜 애니멀》을 "정치인이라면 모두가 읽어야 할, 가장 인간적인 정치 교과서"라고 표현했다.

이를테면 이재명이 추천한 관계의 책들은,
- 인간이 사회적 동물이라는 사실을 감정이 아닌 구조적으로 설명하며,
- 관계의 본질을 '공감'이 아니라 책임과 상호작용의 방식으로 해석하고,
- 정치와 윤리, 감정과 제도, 사적 관계와 공적 관계를 관통하는 총체적 이해의 도구로 기능한다.

그에게 관계란 "좋은 사람이 되기 위한 수단"이 아니라, "완전하지 않은 나를 받아들이기 위한 실천의 장"이다. 그 장에서 그는 날마다 실패하면서도, 다시 배우고 또 연결을 시도한다. 그 모든 근거는 한 권의 책에서부터 출발한 셈이다.

제

8

부

리더의 서재

리더란 누구인가. 말 잘하는 사람인가, 결단하는 사람인가, 혹은 책임지는 사람인가. 이재명은 리더를 '무대에 선 독백자'가 아닌 '책 속에서 길을 찾는 자'로 본다. 이 장에서는 이재명이 위기의 순간마다 펼쳐든 책, 리더십의 본질을 고민하게 만든 텍스트, 타인의 고통을 이해하려는 독서의 흔적들을 따라가 본다. 리더는 타인을 이끄는 자가 아니라, 타인의 고통을 먼저 감각하는 자이며, 그 감각은 책에서 시작된다.

071

그는 어떤 리더가 되고자 하는가?

이재명이 되고자 하는 리더는, 전통적 카리스마형 지도자도 아니고, 권위로 통제하는 관리자형도 아니다. 그는 공감하고, 판단하고, 책임지는 '민주적 결단자'를 지향한다. 다시 말해, 말은 많이 듣되, 결정은 스스로 하며, 결과는 피하지 않고 감당하는 리더다. 말하자면 그는 "모두의 의견을 묻지만, 모두의 핑계를 대진 않는" 리더가 되고 싶어한다.

이미 살펴보았지만, 이재명은 링컨의 포용의 리더십을 닮고 싶어한다. 때로 그는 빠른 판단력과 정면돌파의 리더십 때문에 포용성이 떨어지는 리더로 비판받기도 하지만 내부의 지지자들에게는 발군의 리더로 평가 받고 있다. 이재명은 라이벌까지 끌어안은 링컨의 포용 리더십, 그리고 내면의 강인함과 정치적 균형 감각을 견지하는 그의 리더십에 감화되어 높이 평가하고 있다.

남북전쟁의 와중에서 링컨의 이 같은 리더십은 단순한 인사 전략을 넘어선 통합의 정치로 평가된다. 내부에서 갈등이 빈번했지만, 그는 갈등을 억누르기보다 때로는 방치하고 때로는 중재하면서 서로 다른 목소리가 시너지를 낼 수 있도록 조율했다. 이는 위기의 시대를 헤쳐나가기 위한 가장 현실적이면서도 효과적인 전략이었다. 링컨은 개인적 적대 관계와 정파적 갈등을 넘어서는 대범한 리더십을 실천함으로써, 미국 민주주의의 위대한 전환점을 만들어냈다.

또한 이재명은 《맹자》를 자주 들춰본다. 《맹자》는 공자의 사상을 계승하고 확장한 맹자의 언행과 철학을 기록한 책이다. 정치적 측면에서 맹자는 폭력과 권모술수로 다스리는 패도(覇道)가 아닌, 인의(仁義)에 바탕한 정치를 해야 진정한 지도자가 될 수 있다고 강력하게 설파했다.

경제관에서도 맹자는 백성들의 생계를 중시했다. "항산(恒産)이 있어야 항심(恒心)이 있다"고 하여, 안정된 경제적 기반이 있어야 도덕적 삶이 가능하다고 보았다. 그 점에서 그는 맹자의 민본주의(民本主義)를 자주 떠올린다.

맹자는 왕도(王道)가 아닌 패도(覇道)를 부리는 군주는 하늘의 뜻을 저버린 것이므로 백성들에 의해 쫓겨나야 한다고 분명하게 주장했다. 그에게 군주의 권위는 백성의 지지로부터 나오며, 민심이 떠난 지배자는 더 이상 지배자의 자격이 없었다. 맹자의 이런 사상은 단순한 도덕적 이상을 넘어, 구체적인 정치혁명의 정당성을 부여하는 사상적 뼈대가 되었다. 천명(天命)을 받은 자가 하늘의 뜻을 어길 때 그 자리를 바꾸는 것은 곧 하늘의 뜻을 따르는 행위였으며, 맹자는 이를 거침없이 강조했다. 정도전은 그런 맹자를 읽고 역성혁명을 꿈꾸었고 이성계와 함께 조선 건국자가 되었다. 결국 맹자의 사상은 정도전에게 있어 그저 옛 성현의 가르침이 아니었다. 그것은 부패한 체제를 뒤엎고 새로운 국가를 세울 수 있는 철학적 무기였고, 정도전은 그 무기를 능숙하게 다루며 조선의 건국자로 자리매김했다.

이재명은 이런 리더상을 처음 구상하게 된 계기를, '유약한 권력자들'에게 받은 실망과 분노에서 찾는다. 위기를 피하고, 책임을 떠넘기며, 대중의 기분만 살피다가 아무것도 바꾸지 못한 이들이 만든 무기력한 리더십. 그는 거기서 반대로 나아갔다.

"사람들에게 미움받을 수 있는 용기를 가진 리더", "결정을 미루지 않고, 손을 더럽히는 리더", 이것이 그가 말하는 이상적 지도자의 초상이다.

이재명이 자주 인용하는 문장 중 하나는 "리더는 앞장서서 맞고, 뒤로 가서는 밀어주는 사람이어야 한다."이다.

이 문장에는 그의 리더십 철학이 응축되어 있다. 결정은 앞에서, 공은 뒤로. 그가 주장하는 리더는 책임에 먼저 서는 사람, 그리고 공로를 끝까지 나누는 사람이다. 그는 또 '정치적 리더'와 '행정적 관리자'를 철저히 구분한다. 관리자는 효율과 숫자를 중시하고, 리더는 정의와 방향을 정립하는 사람이어야 한다. 리더십이란 위기를 기회로 바꾸는 상상력, 그리고 대중의 불안을 희망의 말로 번역하는 언어의 기술이라고 그는 정의한다.

이재명은 니체의 《차라투스트라는 이렇게 말했다》에서 "군중은 예언자를 원하지 않고, 공감자를 원한다"는 대목을 인용하며, 지도자는 강한 신념보다, 정확한 언어로 고통을 설명할 수 있어야 한다고 말한다. 그는 국민이 듣고 싶어 하는 말보다, 국민이 아직 표현하지 못한 감정을 먼저 말로 옮겨주는 사람, 그런 리더가 되고 싶다고 했다.

그는 리더를 "공감의 기술자"이자, "결단의 실행자"로 본다. 어떤 리더는 국민을 안심시키기 위해 거짓을 말한다. 어떤 리더는 진실을 말하지만 국민의 마음을 모른다. 이재명은 그 둘 사이에서, "진실하면서도 공감하는 말"을 구사하는 리더가 되고자 한다.

그는 말한다.

"말의 진실과 마음의 진심이 동시에 전달될 때, 그때 비로소 사람들은 리더를 믿는다."

그는 불완전한 리더가 되기를 두려워하지 않는다. 리더는 오류를 피할 수 없는 존재이며, 그 오류를 어떻게 고백하고 수습하느냐가 진짜 리더십의 무게를 드러낸다고 본다.

그는 완벽하려 하지 않고, 실패를 고백할 줄 아는 리더, 비난을 감당하면서도 방향을 꺾지 않는 리더가 되고자 했다.

요컨대, 이재명이 되고자 하는 리더는 다음과 같다.

• 결단과 공감이 공존하는 사람,
• 앞에서 맞고, 뒤에서 미는 사람,
• 실패를 숨기지 않고, 방향을 굽히지 않는 사람,
• 진실과 진심이 함께 가는 언어를 쓰는 사람이다.

그는 말한다.

"나는 위대한 리더가 되려는 게 아니다. 책임지는 사람이 되고 싶을 뿐이다. 그게 진짜 리더라고, 나는 믿는다."

그 믿음 하나로, 그는 지금도 매일 리더의 길 위에서 스스로에게 묻고, 견디고, 결단한다.

072

그는 누구에게 리더십을 배웠는가?

이재명이 리더십을 배운 인물은 다양하지만, 그의 말과 실천 속에서 가장 자주 등장하는 두 인물을 꼽자면 링컨(Abraham Lincoln)과 정도전이다. 하나는 민주주의의 수호자였고, 다른 하나는 조선 건국의 설계자였지만, 둘 다 혼란의 시대에 방향을 세운 정치적 설계자이자, 권력을 정당화하는 방식에 깊은 고민을 남긴 사람들이다.

먼저, 그는 링컨에게서 "말의 힘과 고독한 결단의 용기"를 배웠다고 말한다. 링컨의 리더십은 단지 미국을 둘로 쪼갠 전쟁을 승리로 이끈 것이 아니라, 시대정신을 언어화하고, 갈등을 통합의 서사로 연결하는 통찰력에서 빛났다. 이재명은 링컨의 연설들을 수없이 되읽으며, "정치는 말의 예술이며, 그 말이 진심으로 들리려면, 그 말이 먼저 자기 자신을 설득해야 한다"는 진리를 배웠다. 그는 특히 게티즈버그 연설에서 "국민의, 국민에 의한, 국민을 위한"이라는 구절이 단지 문장이 아니라, 정치인의 존재 이유 그 자체라고 여긴다. 반면, 정도전에게서 그는 정치의 구조와 권력의 디자인 능력을 배웠다.

조선 개국이라는 거대한 프로젝트 속에서 왕이 아닌 참모였던 정도전은, 이념을 현실로 만들고, 시스템을 설계하며, 그 설계가 오래 가도록 정교하게 조율했던 리더였다.

이재명은 정도전이 단지 혁명가가 아니라 디자이너형 리더였다는 점에 주목했고, 정도전의 《조선경국전》과 《경제문감》을 탐독하며, "권력은 사용되는 방식이 정당성을 결정한다"는 원칙을 체득했다.

그는 프랭클린 루스벨트에게서 위기 속의 과감한 정책 추진력과 서민 친화적 감각, 마키아벨리에게서 권력의 냉정한 운용과 인간 본성에 대한 리얼리즘, 간디에게서 비폭력과 윤리적 정치의 이상, 그리고 김대중과 노무현에게서 진보 정치인의 고뇌와 패배의 감각을 배웠다고 한다. 이재명은 김대중과 노무현의 모든 저서를 섭렵했고 리더십의 모본으로 삼았다.

김대중의 《행동하는 양심으로》는 이재명이 여러 차례 읽은 애독서다. 이 책은 김대중 전 대통령이 민주주의, 인권, 평화, 그리고 사회적 정의에 대해 오랜 정치적 경험과 철학적 신념을 바탕으로 쓴 자서전적, 정치적 성격을 가진 에세이로, 사르트르의 "행동하지 않는 지성은 난로 위의 눈과 같다"에서 따온 것으로 보인다. 이 책은 그가 겪은 억압과 투쟁, 그리고 민주화 운동의 역사적인 과정에서 그가 지키려 했던 양심과 도덕적 원칙을 드러내며, 한국 현대사와 정치적 사명을 어떻게 행동으로 옮겼는지 설명한다.

《행동하는 양심으로》의 핵심 메시지는 양심을 기반으로 한 행동이다. 김대중은 민주주의를 실현하기 위한 싸움에서, 정치적 이익보다 민주적 가치와 인권을 우선시해야 한다고 믿었다. 그는 1960년 4·19 혁명과 1970년대 민주화 운동을 거쳐 독재정권과 싸워왔으며, 그 과정에서 자기 자신과의 싸움을 겪었다. 그는 양심을 지키는 것이야말로 진정한 정치인이 가져야 할 가장 중요한 덕목이라고 생각했다.

그러나 이재명은 단순히 한 인물의 리더십을 모방하지 않았다. 그는 자신이 처한 시대, 구조, 대중의 정서, 권력의 지형에 맞게 "다양한 리더십을 해석하고 분해하고, 그중 필요한 요소만 취해 자신의 방식으로 재조립하는 방식"을 택했다.

그는 말한다.

"나는 링컨처럼 말하고 싶지만, 정도전처럼 설계하고 싶다. 루스벨트처럼 실행하고, 간디처럼 사람을 대하고, 김대중처럼 역사를 통찰하고, 노무현처럼 웃으며 맞서고 싶다. 하지만 나는, 이재명이라는 이름으로 살아갈 수밖에 없다."

이 말에서 보이듯, 이재명의 리더십은,
- 역사 속 리더들에 대한 탐독,
- 그들의 실패와 성공에 대한 냉정한 분석,
- 그리고 자신에게 맞는 스타일의 끊임없는 자각 위에서 형성됐다.

그는 누군가의 길을 따르지 않고, 모든 길을 참고해 자신의 길을 만든 사람이다. 그래서 그의 리더십은 차용이 아니라, 끓이고 다듬고 증류해낸 일종의 정치적 조제 술에 가깝다.

073

그는 왜 링컨의 연설집을 인용했는가?

이재명이 링컨의 연설집을 인용하는 이유는 단순한 존경이나 상징적 차용 때문이 아니다. 그는 링컨의 말에서 정치 언어가 도달할 수 있는 가장 높은 도덕성과 설득력, 그리고 분열된 공동체를 꿰매는 언어의 힘을 보았기 때문이다. 이재명이 자주 인용하는 링컨의 문장들은, 단지 과거의 명문장이 아니라, 현재의 혼란을 정리하고 미래의 방향을 제시하는 말의 구조를 지니고 있다. 링컨은 미국 내전을 겪으며 극도의 갈등과 증오, 불신과 혐오 속에서도 단 한 번도 국민을 '적'으로 호명하지 않았다. 그는 상대를 설득할 수 없을 때조차 '더 높은 공통의 가치'로 소환했고, 그것이 바로 게티즈버그 연설의 핵심이었다. "국민의, 국민에 의한, 국민을 위한 정부는 이 땅에서 결코 사라지지 않을 것이다(Government of the people, by the people, for the people, shall not perish from the earth)."

이재명은 이 문장을 한국 정치 현실에 곱씹으며 되새긴다. 국민을 위해 존재하는 정부, 국민이 스스로 만드는 정부, 국민이 운영하는 정부. 링컨이 말했던 '국민의 정부'는 단순한 수사법이 아니라 이재명에게는 구체적 정치 행위의 지침이다. 그는 한국 정치가 엘리트

중심, 기득권 중심으로 고착될 때마다 링컨의 언어로 균형을 잡는다. "국가는 국민의 삶을 위해 존재해야 한다"는 그의 일관된 메시지에는, 링컨의 공화주의적 정신이 스며 있다.

게티즈버그 연설에서 링컨은 "우리는 여기서 이 죽은 이들이 헛되이 죽지 않았음을 굳게 다짐한다(We here highly resolve that these dead shall not have died in vain)."라며, 희생자들의 죽음이 헛되지 않게 해야 한다고 강조했다.

이재명은 이 구절에서 국가의 존재 이유를 재발견했다. 국가란, 앞선 세대의 희생 위에 세워진 약속의 체계이며, 그 약속을 깨뜨리지 않는 것이야말로 정치인의 도리라는 것이다. 그래서 그는 정치적 공격을 받을 때도, 무너진 공동체의 균열을 직면할 때도, 링컨의 언어를 빌려 사회적 연대를 다시 꿰맨다. 링컨이 전쟁 중에도 인간 존엄성을 잃지 않았듯, 이재명 역시 경제적 약자와 사회적 소수자를 포기하지 않는 정치가가 되려 한다.

링컨의 연설은 단순히 아름다운 문장이 아니라, 가장 절박한 순간에도 희망의 불씨를 지피는 전략적 언어였다. 이재명은 이를 깊이 인식하고 있다. "지금 우리가 하고 있는 일은 위대한 일이다"라는 링컨의 인식은, 이재명이 위기에 처한 대한민국을 바라보는 시선과 맞닿아 있다. 그는 링컨처럼 갈등과 분열의 와중에도 미래를 지향하는 말을 한다. 갈라진 민심을 향해 설득하고, 상대의 감정을 고양시키며, 결국 모두를 하나로 묶어낼 단어를 찾는다.

이재명은 이 점에서 링컨에게 감동을 받았다고 한다.

"국민은 때로 옳고 때로 그르지만, 정치는 언제나 국민을 향한 말로 시작해야 한다. 링컨은 그 원칙을 단 한 번도 저버리지 않았다."

이재명은 링컨의 연설 중에서도 게티즈버그 연설과 제2차 취임 연설을 자주 인용한다. 게티즈버그에서는 국가의 정당성을 "국민의, 국민에 의한, 국민을 위한"이라는 단 세 문장으로 요약했고, 취임 연설에서는 남북전쟁의 갈등을 다음과 같이 정리했다.

"악의에 대해 강하게 맞서되, 아무에게도 악의를 품지 말라."

이재명은 이 문장을 인용하며, 정치인의 말은 감정이 아니라 원칙과 성찰로 무장되어야 한다고 강조했다.

그는 말한다.

"링컨의 말이 위대한 이유는, 그가 가장 격렬한 내전의 중심에 있었음에도, 그 말이 증오를 부르지 않았기 때문이다. 말은 전쟁보다 무서운 무기가 될 수도 있는데, 링컨은 그걸 오히려 치유의 도구로 바꿨다."

이재명은 한국 정치에서 '말'이 증오를 유통하고, 정쟁이 언어를 휘갈기며, 정치인의 발언이 사실보다 분노를 더 키우는 현실을 보며 링컨의 말하기 방식이야말로 현대 정치에서 가장 배워야 할 '정치적 언어의 윤리'라고 여긴다. 그래서 그는 연설을 준비할 때도, 화려한 수사보다 핵심이 되는 단어 한두 개를 집요하게 고민하고, 말을 던지기 전 반드시 "이 말이 상처를 줄 것인가, 희망을 줄 것인가"를 자문한다. 그는 링컨의 언어에서 배운 것은 단지 '말'이 아니라, 말을 하기 전의 고뇌, 그리고 말 이후의 책임감이라고 강조한다.

요컨대, 이재명이 링컨의 연설집을 인용하는 이유는 다음과 같다.
1. 분열을 꿰매는 언어의 원형을 찾기 위해서
2. 말의 무게를 성찰하고, 그 윤리를 배워 실천하기 위해서
3. 국가와 권력의 정당성을 말로써 설계한 역사적 모범을 따르기 위해서

그는 말했다.
"나는 말로 싸우는 사람이 아니라, 말로 설득하는 사람이 되고 싶다. 그래서 링컨을 읽는다. 그의 연설은 승리의 언어가 아니라, 공존의 언어였기 때문이다."
이재명에게 링컨의 말은 정치인의 양심을 닦는 연마석이고, 그가 지키려는 말의 품격과 방향의 나침반이다.

074

그는 위기를 어떻게 극복하는가?

이재명이 위기를 극복하는 방식은 단순한 돌파나 인내의 차원을 넘어선다. 그는 위기를 '정치인의 본질이 드러나는 시험지'로 본다. 위기란 그 사람의 과거, 세계관, 성격, 사유의 깊이, 리더십의 결이 총체적으로 드러나는 순간이라는 것이다. 그러므로 그는 위기를 피하지 않고 정면으로 맞선다. 중요한 건 '극복'이 아니라, 그 위기를 '어떻게 견뎠는가, 어떻게 말했는가, 어떻게 설계했는가'라는 태도의 문제다.

이재명은 자신이 겪은 수많은 위기 – 검찰 수사, 언론의 의혹 제기, 당내 분열, 대선 패배 – 가 단지 외부의 공격이 아니라, 자신을 내부로부터 다시 설계하게 만드는 기회였다고 말한다. 그는 이런 위기의 순간마다 두 가지 전략을 사용해왔다. 첫째는 사유, 둘째는 행동의 프레이밍이다. 사유의 방식으로 그는 자신의 감정을 거세하고, 문제의 본질만 남기는 훈련을 반복해왔다고 한다.

그는 말한다.

"정치에서 위기는 감정적으로 반응하면 진다. 내가 억울하다고 소리칠수록, 국민은 피로해진다. 그래서 나는 내 억울함을 잠시 내려놓고, 그 위기를 국민이 보기 쉽게 정리하고 설명하려 한다."

이재명에게 위기는 고통보다 소통의 기회, 위협보다 정치적 재배열의 계기다.

그가 영향을 받은 책은 마키아벨리의 《군주론》과 막스 베버의 《직업으로서의 정치》, 그리고 사울 알린스키의 《급진주의자를 위한 규칙》이다. 사울 알린스키의 책은 사회적 약자들이 권력과 기득권을 향해 효과적으로 투쟁할 수 있도록 전략과 전술을 제시한 행동 지침서다. 이 책은 권력이 불평등하게 분배된 사회에서 변화는 단순한 도덕적 호소로 이루어지지 않으며, 실제로 권력을 조직하고 활용하는 구체적인 방법이 필요하다는 점을 강조한다.

알린스키는 "권력은 본질적으로 상대적이다"라고 전제하면서, 권력을 가진 자들은 절대 자발적으로 양보하지 않기에 시민들은 권력의 동학을 이해하고 전략적으로 맞서야 한다고 주장한다. 그는 활동가들에게 "사람들이 가진 것에서 시작하라"는 원칙을 강조하며, 추상적인 이상이 아니라 구체적인 현실에서부터 운동을 출발하라고 조언한다. 즉, 복잡한 정치적 이론보다 당장 주민들이 겪는 불편과 불만을 동력으로 삼아야 한다는 것이다.

이 책들에서 이재명은 위기를 두려워하지 말고 '설계'할 것, 감정을 억누르고 '질문'을 구조화할 것, 공격보다 프레임 전환으로 상황을 재조직할 것을 배웠다.

예를 들어, 정치적 공격이 몰려왔을 때 그는 즉각 반박하지 않는다. 그는 먼저 '상대가 왜 이 시점에 이런 공격을 하는가', '이 공격의 배후에는 어떤 메시지를 지우려는 의도가 있는가', 그리고 '지금 내가 반응하면 어떤 프레임에 말려들게 되는가'를 분석한다. 이후 그는 자신이 유리한 서사로 재조립해 국민에게 전달한다. 바로 여기에 이재명 특유의 프레임 전환 정치력이 있다. 그는 위기의 순간마다 스스로에게 "이건 감정이냐, 전략이냐"를 묻는다고 한다.

이 질문은 단순하지만 강력하다. 분노가 올라올 때, 억울함이 치밀어 오를 때, 그는 이 질문을 통해 감정을 거르고 '정치인 이재명'으로 돌아온다. 그리고 그는 그때야말로 진짜 정치가 시작된다고 말한다. 그는 위기를 리더십의 증명서로 본다. 편할 때 사람을 이끄는 건 누구나 할 수 있지만, 위기의 순간에 어떤 언어를 쓰고, 어떤 얼굴로 대중 앞에 서는지가 진짜 리더를 만든다는 것이다. 그래서 그는 위기 때일수록 자신의 말투를 낮추고, 속도를 줄이고, 시선을 확장하려 한다.

그는 말한다.
"위기는 외부에서 오지만, 극복은 내부에서만 가능하다. 나는 내가 만든 말에 다시 스스로를 구속시키면서, 내가 말한 가치 속에서 위기를 견딘다. 그게 정치인의 품격이고, 내 인생의 방식이다."

결론적으로, 이재명이 위기를 극복하는 방식은,

- 감정 대신 구조적 사고로 응답하고,

- 적대적 프레임을 자기 언어로 전복하며,

- 자신이 말해온 가치로 스스로를 다시 묶어내는 일종의 '정치적 자율복원력'이다.

그는 위기 속에서 흔들리되 무너지지 않는 사람이고, 넘어지되 엎드리진 않는 사람이며, 말이 무기이면서도 동시에 방패가 되는 이상한 균형을 지닌 리더다. 그 균형이 그를 지금까지 버티게 했고, 앞으로도 '정치의 격랑' 속에서 끝까지 살아남게 할 무기가 될 것이다.

075

그는 어떤 책에서 '설득'을 배웠는가?

이재명이 '설득'을 배운 책으로 가장 자주 언급한 책은 아리스토텔레스의 《수사학(Rhetorica)》이다. 이 고전에서 그는 단지 설득의 기술이 아니라, 인간 심리의 구조를 꿰뚫는 말하기의 철학을 배웠다고 말한다. 아리스토텔레스는 설득의 3요소 – 에토스(신뢰), 파토스(감정), 로고스(논리) – 를 제시하며, 이 세 가지를 균형 있게 조율할 때 비로소 '좋은 말하기'가 성립한다고 했다. 이재명은 이 구조를 정치인의 언어 설계도로 받아들였다.

그는 말한다.

"말을 잘한다고 설득되는 게 아니다. 상대가 나를 믿어야 하고, 그 말을 듣고 마음이 흔들려야 하며, 그 흔들림이 이성적으로 정당화되어야 비로소 설득이 완성된다."

즉, 이재명에게 설득이란 '말을 이기는 것'이 아니라, 상대의 마음을 구조적으로 움직이는 행위였다.

그는 로버트 치알디니의 《설득의 심리학》에서도 깊은 통찰을 얻었다. 이 책은 설득의 심리적 원리와 그 효과를 다룬 책으로, 사람들이 어떻게 설득에 영향을 받는지, 그리고 그 원리를 어떻게 활용할 수 있는지에 대해 설명한다. 치알디니는 이 책에서 사람들의 심리적 반응을 조종하는 '호감', '권위', '희소성', '일관성', '상호성', '사회적 증거'라는 6가지 주요 원칙을 소개하며, 이를 마케팅, 광고, 정치 등 다양한 분야에서 어떻게 적용할 수 있는지를 구체적으로 설명한다.

이재명은 이를 단지 마케팅 전략으로 보지 않고, "대중 정치의 심리적 지형을 이해하는 지도"로 활용했다. 그는 특히 '일관성(consistency)'의 힘에 주목했다.

"말을 바꾸지 않는 사람이 이긴다. 정치는 기억의 싸움이기도 하니까."

이재명은 자신의 메시지를 단순하고 일관되게 유지하면서, 국민이 그를 떠올릴 때 자동적으로 연결되는 키워드 – 공정, 민생, 강한 추진력 – 를 심어왔다. 그는 설득을 단지 '말의 기술'로 보지 않는다. 그는 설득을 행동의 축적에서 나오는 언어의 힘으로 본다. 즉, 행동이 없는 말은 광고에 불과하고, 축적된 신뢰 위에서 나온 말만이 설득이 된다.

이 관점은 그의 또 다른 애독서인 마이클 샌델의 《정의란 무엇인가》와도 닿아 있다. 샌델은 사람들을 설득하려면, 단지 옳은 말이 아니라 공통의 감각, 공유된 상식, 그리고 감정의 공명을 자극하는 언어가 필요하다고 강조했다. 이재명은 특히 정치인의 설득은 "합리와 감정 사이의 줄타기"라고 본다. 그 줄을 어떻게 탄탄하게 당기느냐는 결국 자신이 살아온 이력, 쌓아온 신뢰, 그리고 반복된 말과 일관된 메시지에서 비롯된다고 믿는다.

요약하면,
- 《수사학》에서 설득의 이론과 구조를,
- 《설득의 심리학》에서 심리적 메커니즘을,
- 《정의란 무엇인가》에서 공감과 윤리의 언어를 배웠고,
- 자기 정치의 실천 위에 그 말들을 얹는 방식으로 설득을 완성해
  왔다.

그는 말한다.

"사람들은 내 말에 감동해서 설득되는 게 아니다. 내가 그 말대로
살아온 것을 보았기에, 비로소 믿게 되는 것이다. 설득은 말이 아니
라, 삶의 문장으로 완성된다."

그리고 그 문장들은, 대체로 책에서 배운 방식으로 쓰이기 시작했
지만, 마지막은 늘 자기 방식으로, 현장에서, 대중 앞에서, 그리고
위기 속에서 완성됐다.

076

그는 왜 리더는
더 많이 읽어야 한다고 말하는가?

이재명은 리더일수록 더 많이 읽어야 한다고 단호하게 말한다. 그 이유는 단순히 교양을 넓히거나 박학다식해지기 위해서가 아니다. 그가 생각하는 독서란 "의견의 허영이 아닌, 판단의 책임을 견디기 위한 최소한의 준비"이며, 리더는 매일같이 결정하고, 그 결정이 타인의 삶을 바꾸는 사람이기 때문에, 그만큼 더 많이, 더 깊이, 더 넓게 읽어야만 한다는 것이다.

그는 말했다.

"읽지 않는 리더는 위험하다. 그는 과거를 모르고, 현재를 오해하며, 미래를 상상할 능력을 잃는다. 그러면 그는, 가장 시끄러운 사람의 말을 따라간다."

이재명은 독서가 사람들의 말보다 먼저 듣는 법을 가르친다고 믿는다. 책은 무고한 수많은 실패와 성공, 철학과 실증, 감정과 제도의 실험들을 축적해놓은 시간의 정수다. 리더가 이걸 통째로 건너뛴다면, 그는 다시 똑같은 시행착오를 반복하고, 그 시행착오는 타인의 삶을 망가뜨린다. 그래서 그는 리더의 독서는 사치가 아니라 의무라고 말한다.

그가 자주 인용하는 구절은 니콜로 마키아벨리의 《군주론》 속 한 문장이다.
"군주는 전쟁이 없을 때 책을 읽는다. 그래야 전쟁이 닥쳤을 때 두려워하지 않는다."

이재명은 이 말을 자신의 정치철학의 기초로 삼는다. 평화의 시절일수록 더 많이 읽어야 하고, 위기의 순간일수록 가장 많이 읽어놓은 사람이 승리한다. 그는 또 정치는 본질적으로 타인의 고통을 대리 설계하는 행위이기 때문에, 타인의 삶에 대해 상상할 수 있어야 하고, 그 상상의 대부분은 경험이 아니라 독서로부터 온다고 본다.
"가난하지 않아도 가난한 이의 고통을 이해하고, 병들지 않아도 환자의 분노를 이해할 수 있는 유일한 방법은 책을 읽는 것밖에 없다"고 말한다.
그는 독서를 통해 자신의 확신을 스스로 반박해보는 훈련을 한다고 했다. 리더는 자기 확신의 함정에 빠지기 쉽고, 그 확신이 권력과 결합되면 독선이 되며, 독선은 곧 정치의 파산이다. 그래서 그는 자신과 반대되는 입장의 책도 읽고, 자신을 공격했던 이들의 논리도 철저히 독해한다. 그걸 통해, 더 단단한 확신이나 혹은 더 유연한 태도를 얻는다. 그는 리더가 책을 많이 읽어야 하는 이유를 세 가지로 요약한다.

1. 판단의 정확도 – 독서는 단편적 정보보다 맥락을 이해하게 한다.

2. 감정의 절제 – 책은 빠른 분노보다 느린 공감을 훈련시킨다.

3. 미래의 상상력 – 현실을 재구성할 힘은 상상력에서 오고, 상상 력은 독서에서 길러진다.

그래서 그는 말했다.

"나는 책을 많이 읽는 정치인보다, 책을 무겁게 읽는 정치인이 되고 싶다. 문장이 아니라, 문장 뒤에 있는 삶의 무게까지 함께 읽는 사람. 그런 리더가 세상을 덜 다치게 만든다고 믿는다."

이재명에게 리더의 독서란,

• 정치의 근육을 단련하는 일,

• 불확실한 미래 앞에서 덜 흔들리는 기술,

• 그리고 타인의 고통을 정확히 인식하기 위한 윤리적 의무다.

그는 리더가 무지한 상태에서 결정을 내리는 것을 "국민의 운명을 주사위에 맡기는 일"이라 보고, 책을 읽지 않는 정치인을 "조종법을 모른 채 비행기에 탄 조종사"라고 비판한다. 그래서 그는 오늘도 읽는다. 결정이 기다리는 한, 책도 멈춰선 안 된다고 믿기 때문이다.

077

그는 리더십을 위한 자기성찰을
어떤 책으로 했는가?

이재명이 리더십을 위한 자기성찰의 도구로 삼은 책은 여러 권이지만, 그중에서도 가장 깊이 있게 되새긴 책은 막스 베버의 《직업으로서의 정치》였다. 이 책은 제목만으로도 상징적 의미가 있어 많은 정치인들의 필독서에 가깝다. 1919년 독일 뮌헨대학에서 이루어진 강연을 바탕으로 한 텍스트로, 정치란 무엇인가, 정치인이란 누구인가, 그리고 정치라는 직업의 윤리와 소명은 무엇인가를 심도 깊게 탐구한 고전이다. 베버는 정치라는 행위의 본질과 그 안에서 활동하는 정치인의 윤리적 태도, 그리고 국가와 권력의 관계를 치밀하게 분석한다.

베버는 국가를 "정당한 물리적 강제력을 독점하는 공동체"로 정의한다. 국가가 존재하기 위해서는 강제력이 필요하며, 이 강제력의 사용이 정당화될 때 국가의 권위가 성립된다. 그는 합법적인 권력의 형태를 세 가지로 구분한다.

첫째 전통적 권위(관습과 전통에 기반), 둘째 카리스마적 권위(지도자의 개인적 매력과 영웅성), 그리고 합법적─합리적 권위(법과 제도에 따른

304

지배)다. 현대 국가는 대부분 합법적 권위 체계를 따르지만, 정치인은 이 세 가지 권위를 복합적으로 활용하면서 권력을 유지하거나 확대한다.

정치인이란 권력을 추구하는 자이지만, 단순한 권력욕과는 구별된다. 베버는 정치를 직업으로 삼는 사람들에게 두 가지 윤리적 요구를 제시한다. 하나는 책임윤리이고, 다른 하나는 신념윤리다. 신념윤리는 자신의 도덕적 확신에 따라 행동하는 태도이며, 책임윤리는 행동이 초래할 결과에 대한 책임을 지는 태도다. 그는 정치인은 이 두 윤리를 균형 있게 갖춰야 한다고 강조한다. 신념만으로 정치를 하면 이상주의에 빠지고, 책임만으로 하면 기회주의자가 된다. 정치인은 열정(헌신)과 판단력(현실 감각), 책임감(결과를 감내하는 용기)을 갖춘 사람이어야 한다는 것이다.

베버는 또한 정치인들에게 냉철함을 요구한다.
"정치는 단단한 판자를 천천히 뚫어 나가는 일이다."
그는 정치란 열정적이면서도 인내심을 요구하는 긴 호흡의 작업이라고 강조한다. 세상을 변화시키겠다는 열망은 필요하지만, 그것이 현실 정치의 복잡한 이해관계와 충돌할 때 감정적으로 무너지지 않아야 한다. 그래서 그는 진정한 정치인은 "가슴에는 열정을 품되, 머리는 차갑게 유지해야 한다"고 말한다.
흥미롭게도, 베버는 정치의 윤리와 함께 "정치로 먹고사는 사람"과 "정치에 의해 사는 사람"을 구분한다. 전자는 생계를 위해 정치를 업으로 삼는 사람이며, 후자는 정치적 사명감을 갖고 일하는 사람이다. 그는 정치가 직업이 될 때 필연적으로 물질적 유혹과 권력욕이 따르게 되므로, 정치인은 끊임없이 자기성찰을 통해 순수성을 유지해야 한다고 역설한다.

이재명이 이 책에서 받은 충격은 단순한 감동이나 학문적 깨달음이 아니었다. "정치란 무엇인가"라는 질문 앞에서, 자신의 존재 전체를 다시 들여다보게 만든 철학적 망치였다. 베버는 《직업으로서의 정치》에서 정치인의 자질로 열정, 책임감, 균형감각(신중함)을 말한다. 이 세 가지는 이재명에게 곧 리더십의 삼각형이 되었다.

그는 말했다.

"나는 열정은 넘쳤지만, 책임에 대해선 뒤늦게 배웠고, 균형감각은 늘 훈련 중이다. 그래서 베버는 나에게 거울이고 채찍이다."

그는 정치의 세계에 들어와 수많은 좌절과 배신, 오해와 공격을 경험하면서 자신이 '정치인으로서' 버틸 수 있는 토대가 무엇인지 되묻기 시작했다. 그때마다 그는 이 책을 꺼내 들었다. 왜냐하면 베버는 정치인이 '신념 윤리'와 '책임 윤리' 사이에서 균형을 잡아야 한다고 말했기 때문이다. 이재명은 특히 이 구절을 반복해 읽었다.

"정치인은 결과의 예측 불가능성을 인식하면서도, 자신의 행동이 불러올 결과를 끝까지 책임질 수 있어야 한다."

그는 여기에 밑줄을 치고 메모했다.

"말보다 결과, 충동보다 견디는 힘."

그는 한나 아렌트의 《인간의 조건》도 자주 인용하며 자기성찰의 거울로 삼는다. 아렌트는 인간의 행위가 세계에 흔적을 남기고, 그 흔적은 되돌릴 수 없기에 정치는 '책임지는 존재 방식'이라고 주장했다. 이재명은 그 구절 앞에서 멈춰 섰다고 말한다.

"나는 얼마나 많은 말들을, 행동들을 남겼고, 그 말과 행동은 지금 누군가에게 어떤 영향을 주고 있는가?"

그 질문은 그를 '말하는 정치인'에서 '기억되는 정치인'으로, 그리고 '기억되는 정치인'에서 '반성하는 정치인'으로 만들었다. 그는 《회고록들》 – 김대중, 노무현, 링컨의 편지, 넬슨 만델라의 옥중서신 등 – 을 꾸준히 읽으며, 그들이 위기 속에서 스스로를 어떻게 다잡았는지, 실패 앞에서 어떤 언어를 남겼는지를 복기했다.

그는 말한다.

"나는 실수할 수 있다. 하지만 그 실수를 아무렇지 않게 지나가면 나는 리더가 아니라 관료다. 리더는 자기 오류를 반성의 자산으로 만드는 사람이다."

그는 자기성찰을 '정치인의 정신 청소'라 부른다. 외부의 평가보다 내부의 질문이 많아야 정치가 부패하지 않는다는 게 그의 철학이다. 그는 하루를 마무리하며 늘 자문한다고 했다.

"오늘 나는 왜 그런 말을 했는가? 그 결정에 타인의 삶이 들어 있었는가? 내가 그 사람이라면, 나를 믿을 수 있었을까?"

이 질문들이 그를 다음 날 더 나은 결정을 하게 만드는 밑거름이었다.

요약하면,
- 이재명은 막스 베버에게서 정치인의 윤리적 구조를,
- 한나 아렌트에게서 행위의 회복 불가능성과 책임감을,
- 역사적 지도자들의 회고록에서 실패를 대하는 진정성과 겸허함을 배웠다. 이 모든 책은 그에게 하나의 공통된 기능을 했다.
"자기 자신을 정치적으로 감시하는 거울."

그는 말한다.
"내가 매일 책을 읽는 건, 나를 정당화하기 위해서가 아니다. 내가 말하는 가치에 내가 합당한지를 묻기 위해서다. 정치인의 리더십은 카리스마가 아니라, 자기검열의 기술에서 출발한다."

그 말은 위선이 아니라 고백처럼 들렸다. 왜냐하면 그는 정말로, 자기 목소리보다 자기 책임이 더 커지기를 바라는 리더이기 때문이다.

078

그는 어떤 책에서 '결단'을 배웠는가?

이재명이 '결단'이라는 정치적 자질을 배운 책은 단연코 마키아벨리의 《군주론》이다. 하지만 그는 이 책을 피상적으로 인용하지 않는다. 그는 이 책을 '권모술수의 교본'으로 읽지 않았고, 혼란한 시대에 지도자가 어떻게 결정을 내리고, 어떻게 그 책임을 감당해야 하는가에 대한 냉정한 정치철학서로 읽었다. 마키아벨리에게 결단이란 도덕의 문제가 아니라 시기의 문제이며, 용기의 문제이고, 무엇보다 '책임의 기술'이다. 이재명은 그 통찰을 정면으로 받아들였다.

그는 말했다.

"결단은 강한 자가 아니라, 외로운 자가 내리는 것이다. 왜냐하면 결단은 언제나 손실을 동반하기 때문에, 누군가는 반드시 불편해지고, 누군가는 반드시 등을 돌리기 때문이다."

그가 말하는 결단은 '모두를 만족시키는 선택'이 아니다. 오히려 모두를 설득하지 못할 걸 알면서도, 그 방향이 옳다고 믿을 때 그 길로 들어서는 행위다.

《군주론》에서 마키아벨리는 말한다.

"군주는 선하기보다는 두려움의 대상이어야 하며, 사랑을 받되, 미움을 받지 않는 선에서 결정해야 한다."

이재명은 이 구절을 곧바로 '공포정치'로 읽지 않았다. 그는 이 문장에서 정치적 결단의 본질 – 즉, '인기보다 구조를 보는 힘'을 읽었다. 즉, 당장의 여론이 아니라, 미래의 지속 가능성을 따지는 힘. 그는 그래서 때때로 공격을 받는 걸 감수하고서라도 필요한 조치를 먼저 해두는 정치를 '진짜 결단'이라 불렀다.

이 대목에서 그가 또 영향을 받은 책은 피터 드러커의 《결정의 원칙(The Effective Executive)》이다. 피터 드러커의 《결정의 원칙》은 효과적인 의사 결정을 내리는 원칙과 전략을 다룬 책으로, 주로 경영자나 리더가 조직 내에서 효과적인 결정을 내리기 위한 방법을 제시한다. 드러커는 이 책을 통해 결정의 중요성과, 효과적인 결정이 조직과 개인의 성공에 미치는 영향을 강조하며, 결정 과정에서 피해야 할 함정과 이를 극복하기 위한 실용적인 접근 방법을 설명한다.

드러커는 결정이란 문제를 해결하는 게 아니라, 우선순위를 정리하고, 불확실한 상황 속에서 책임질 수 있는 한 방향을 선택하는 일이라고 했다. 이재명은 특히 이 대목에서 고개를 끄덕였다고 한다.

"결정은 최선이 아니라, 책임질 수 있는 차선을 고르는 일이다."

이재명은 정치의 핵심을 결정과 책임의 연결이라 본다. 결단 없는 리더는 존재감이 없고, 책임 없는 결단은 파괴적이다. 그래서 그는

"판단력은 책에서, 결단력은 실천에서 훈련된다"고 강조한다. 책은 수천 년의 실패와 성공을 축적했지만, 결단은 매일의 현장에서 날것으로 출현하기 때문이다. 그는 리더가 결단을 미루는 순간 생기는 공백에 대해, 이렇게 경고한다.

"지도자가 결정을 미루면, 그 자리를 가장 극단적인 사람이 차지한다. 그래서 결단은 선택이 아니라, 방어다. 민주주의를 극단에서 지켜내는 마지막 기술."

그에게 결단은 말의 수사보다 말 이후의 실천이며, 합의의 기술보다 불편을 감당할 용기였다.

그는 단호하게 말한다.

"나는 모두의 찬성이 아니라, 다음 세대의 생존을 기준으로 결정하고 싶다. 그 기준은 때로 외롭고, 언제나 정치적이다. 하지만 그게 정치의 존재 이유 아닌가."

이재명은 결단을 배우며,

- 마키아벨리의 《군주론》에서 정치의 잔혹한 현실을 인정하는 용기를,
- 피터 드러커의 《결정의 원칙》에서 조직과 미래를 위한 판단 구조를,
- 그리고 자신의 삶과 실패, 위기에서 결단을 감내하는 감정의 기술을 얻어냈다.

책은 그에게 말해줬다.

"결단은 옳은 판단이 아니라, 감당할 수 있는 선택이다."

그리고 그는 그 말대로 살아왔다. 비난도 감수하고, 지지를 잃더라도 그가 옳다고 믿는 방향으로 결정을 내렸다. 그건 단순한 고집이 아니라, 책으로 연마한 판단의 윤리였고, 실천으로 증명한 리더십의 스타일이었다.

079

그는 실패에서 어떻게 배우는가?

이재명은 실패를 단순한 좌절이나 끝으로 보지 않는다. 그는 실패를 "미래를 재설계하는 가장 값싼 수업료"라고 말한다. 성공은 사람을 둔감하게 만들고, 실수를 은폐시킨다. 하지만 실패는 칼날 같은 반성과 냉정한 성찰을 강요한다. 이재명은 실패를 통해 정치의 본질을 더 정확히 파악했고, 사람을 더 깊이 이해하게 됐으며, 무엇보다 자신을 신화가 아닌 현실로 내려놓는 연습을 했다.

대선 패배 직후, 그는 이렇게 말했다.

"실패를 통해 나는 권력의 의미, 국민의 눈높이, 그리고 나 자신의 한계를 가장 분명하게 확인했다. 그게 고통이자 구원이었고, 패배는 내게 교만하지 않을 권리를 줬다."

그가 가장 영향을 받았던 실패론 관련 도서는 존 맥스웰의 《실패를 두려워하지 마라(Failing Forward)》, 그리고 에리히 프롬의 《자유로부터의 도피》, 더불어 국내에서 김대중의 《행동하는 양심으로》이다.

그는 이 책들에서 실패란 방향을 바꾸는 사건이 아니라, 속도를 조정하고 시야를 넓히는 계기라는 통찰을 얻었다. 그는 정치란 실패를 조직화하는 일이라고 본다. 누군가의 분노, 누군가의 상처, 누군가의 절망, 이 모든 실패한 감정들을 제도로 옮기고, 법으로 바꾸고, 정책으로 조직해내는 작업이 정치라는 것이다.

그래서 정치인은 반드시 실패에 민감해야 하며, 자신의 실패뿐 아니라 타인의 실패에서 배우는 감각이 필요하다고 그는 강조한다. 이재명은 스스로의 실패를 외면하지 않는다. 그는 자신이 감정적으로 대처했던 순간들, 언론에 대응을 과하게 했던 시점들, 그리고 정치적 연합을 설계하는 데 서툴렀던 판단들을 솔직히 반성한다.

그는 말한다.

"나는 후회 없는 삶보다, 반성 가능한 정치인이 되고 싶다."

후회가 없다는 건 실패를 외면하는 것이고, 반성이 있다는 건 실패를 자산으로 삼았다는 뜻이기 때문이다.

그는 또 말한다.

"실패는 나를 잠시 멈추게 만들었다. 그 멈춤 속에서 나는 진짜 무엇이 중요한지 보게 되었다. 그리고 다시 걸어갈 방향이 조금 더 또렷해졌다."

정치가 오만해지는 가장 빠른 경로는 성공이 반복될 때이고, 정치가 망가지는 가장 확실한 이유는 실패를 타인 탓으로 돌릴 때다.

요컨대 이재명에게 실패는,

- 정치를 인간화하는 계기,

- 자기 신화를 내려놓는 순간,

- 공감과 이해를 넓히는 감정적 구조화의 시간이다.

그는 정치인을 이렇게 정의한다.

"성공은 잠시 빌리는 것이고, 실패는 끝까지 따라오는 그림자다. 나는 그 그림자를 무시하지 않고, 함께 걸어가는 리더가 되고 싶다."

그가 실패에서 배우는 이유는 성공을 위한 발판이 아니라, 인간을 이해하는 언어를 하나 더 배우기 위해서다. 그리고 그 언어로 국민을 설득할 수 있을 때, 정치인의 진짜 설득이 시작된다고 그는 믿는다.

080

그는 어떤 리더를 닮고 싶은가?

이재명이 닮고 싶다고 말한 리더는 한 명이 아니다. 그는 언제나 하나의 인물을 완벽한 이상으로 두기보다는, 각 인물에서 필요한 자질만을 추출해 자신만의 리더십 조합을 만드는 방식을 택해왔다.

이미 살펴봤듯이 그가 닮고 싶다고 여러 차례 언급한 리더들은 링컨, 루스벨트, 김대중, 노무현, 그리고 정도전이다. 공통점은 하나다. 고난의 시대에, 고통을 감내하며, 고집스럽게 방향을 지킨 사람들. 그는 링컨에게서 국민 앞에서 말하는 언어의 품격과 고독을 견디는 결단력을 닮고 싶다고 했다.

링컨은 남북전쟁이라는 내전을 거치면서도 단 한 번도 국민을 '적'으로 규정하지 않았고, 국민의 분열을 '국가의 숙명'이 아니라 '치유의 대상'으로 언어화한 지도자였다.

이재명은 그런 링컨의 말 한 줄 한 줄을, "가장 고통스러운 순간에 가장 고요한 언어로 정치를 다시 세운 사람"이라 평가하며, 그 언어의 무게를 닮고 싶다고 말해왔다.

루스벨트에게서는 위기를 기회로 바꾸는 실행력과 대중과의 감각적 소통을 배웠다. 루스벨트는 뉴딜이라는 실험적 정책을 통해 미국의 체제를 재설계했는데, 그 혁신의 배경에는 철저히 준비된 이론, 구체적인 실행력, 그리고 전례 없는 소통방식이 있었다.

이재명은 루스벨트의 "행동하지 않는 이상은 환상일 뿐이다"라는 문장을 신념처럼 품고 있다. 그래서 자신도 "말보다 정책으로, 구호보다 실행으로" 국민 앞에 서려고 노력해왔다.

김대중에게서는 정치적 용서의 기술과 반대자와 손잡는 포용력, 노무현에게서는 진심의 정치와 이상과 현실 사이의 내적 고투를 존경한다. 그는 특히 노무현의 "대통령이 되면 세상을 바꿀 줄 알았는데, 나 자신도 감당할 수 없었다"는 고백에서, 진짜 리더십의 외로움과 딜레마를 읽었다고 말했다.

"국민이 원하는 것을 해줄 수 없을 때, 그 고통을 감추지 않고 말할 수 있는 용기. 그게 노무현이었다. 그리고 그 용기를 나도 갖고 싶다."

정도전에게서는 국가를 설계하고 권력을 제도화하는 치밀한 전략가로서의 면모를 배운다. 이재명은 조선 개국 과정에서 왕보다 더 왕 같은 사상가이자 설계자였던 정도전의 모습을 "이념을 현실로 바꾸는 리더"로 정의했고, 정치인이 갖춰야 할 철학과 구조의 감각을 배우고자 했다.

그는 한마디로 말한다.
"나는 링컨의 언어를 닮고 싶고, 루스벨트의 실행력을 갖고 싶고,

김대중의 포용력을 따르고, 노무현의 진심을 품고, 정도전의 설계를 내 방식으로 다시 쓰고 싶다."

요컨대, 이재명이 닮고 싶어 하는 리더는,
• 말의 무게를 아는 사람(링컨)
• 실행으로 말하는 사람(루스벨트)
• 이념보다 국민을 앞세운 사람(김대중)
• 솔직함으로 상처를 감내한 사람(노무현)
• 미래를 설계하고 체계를 만든 사람(정도전)

그러나 그는 그들을 모방하려 하지 않는다. 그는 그들의 일부를 취해 "이재명이라는 전혀 다른 리더십"으로 증류해내려 한다. 그건 누군가를 따라가는 길이 아니라, 그들의 실패와 고통까지 끌어안고, 자신의 방식으로 다시 살아내는 일이다.

그는 말했다.
"나는 위대한 지도자가 되기보다, 끝까지 책임지는 리더가 되고 싶다. 그게 내가 본 모든 진짜 리더들의 공통점이었다."
그 한 문장에, 그가 닮고 싶어 했던 모든 리더의 그림자가 겹쳐진다. 그리고 그 그림자 속에서, 이재명은 여전히 자기만의 발걸음으로 리더의 길을 걷고 있다.

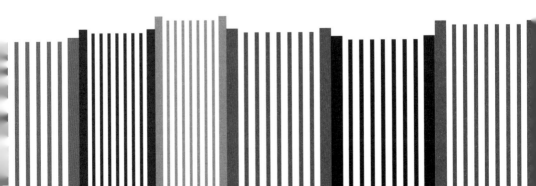

미래를 읽는 독서

이재명의 독서는 과거를 복기하는 도구이자, 미래를 설계하는 나침반이다. 그는
단순한 예언서보다 패턴을 간파하는 책, 기술의 진보 너머 인간의 조건을 묻는 책
에 집중한다. 변화에 반응하는 대신, 변화를 미리 감지하고 구조를 상상하는 데
독서를 사용한다. 그에게 책은 단지 정보를 넘기는 종이가 아니라, 시대를 예견하
는 도면이다.

이 장에서는 그가 어떤 책을 통해 미래를 읽고, 어떤 문장 속에서 다가올 세상을
미리 살아보는지를 따라가 본다.

081

이재명이 말하는 미래사회란?

이재명이 말하는 미래사회는 단순히 기술이 발달하고 일상이 편리해지는 세상이 아니다. 그는 미래를 기술적 진보의 결과라기보다는 불평등과 공존, 정의와 분배, 인간성과 민주주의가 격돌하는 새로운 전장으로 본다. 다시 말해, 이재명에게 미래사회는 '더 똑똑한 기계 사회'가 아니라, '더 공정한 인간 사회'를 만들 수 있느냐는 질문에 정면으로 답해야 하는 정치의 무대다.

그가 자주 말하는 구절이 있다.

"기술은 미래를 바꾸지만, 정치가 그 방향을 정한다."

이 문장 속엔 그의 세계관이 고스란히 담겨 있다. 그에게 기술의 진보는 피할 수 없는 흐름이지만, 그 기술이 누구를 위해 사용되고, 누구를 배제하며, 어떤 불평등을 더 악화시킬지에 대한 고민은 오로지 정치의 몫이라는 것이다.

이재명은 미래를 '두 개의 사회로 갈라질 위기'로 본다. 하나는 기술과 자본을 가진 이들이 점점 더 많은 권력과 편의를 독점하는 사회이고, 다른 하나는 자동화와 플랫폼 독점에 밀려 점점 더 '불필요한 인간'이 되어가는 다수의 세계다. 그는 이 간극을 좁히는 역할이 정치의 존재 이유이며, 그 핵심은 "기술의 인간화, 성장의 공공화, 그리고 분배의 자동화"에 있다고 말한다. 그가 가장 자주 언급하는 미래 키워드는 다음과 같다.

- 기본소득 – 자동화가 인간의 일자리를 빠르게 대체할 현실 속에서, 이재명은 기본소득이 단지 복지가 아니라 '미래의 사회적 방파제' 라고 본다. 이는 다니엘 라벤토스의 《기본소득이란 무엇인가(Basic Income : The Material Conditions of Freedom, 이재명 역)》와 유발 하라리의 《21세기를 위한 21가지 제언》 같은 책을 통해 더욱 공고 해졌다.
- 디지털 민주주의 – 온라인 공간이 단지 댓글의 전쟁터가 아니라 참여와 감시, 토론과 결정이 이루어지는 새로운 정치 공간이 될 수 있도록 제도화해야 한다고 본다.
- 기후 위기와 에너지 전환 – 미래는 생존의 문제이기도 하다. 그는 케이트 레이워스의 《도넛 경제학》과 나오미 클라인의 《이것이 모 든 것을 바꾼다》를 언급하며 "성장과 생존은 더 이상 같은 방향에 있지 않다"고 말한다.

이재명이 바라보는 미래는 탄소가 아니라 AI를 이용하는 상생으로 작동해야 한다. 무엇보다도, 그는 미래를 '정해진 운명'이 아닌, '설계 가능한 서사'로 여긴다. 기술이 발전한다고 해서 불평등이 자동으로 해소되지는 않고, 새로운 세상이 열린다고 해서 모두가 그 문을 통과하는 건 아니다.

그는 말한다.

"미래는 예측하는 게 아니라, 선택하는 것이다. 그리고 그 선택은 지금 우리가 무엇을 읽고, 무엇을 믿고, 무엇을 버리느냐에 따라 바뀐다."

그는 미래를 말할 때 절망보다 설계를 말한다. 미래를 경고할 때 공포보다 연대를 말한다. 그리고 미래를 준비할 때 지식보다 감각, 감각보다 책임을 강조한다. 그에게 미래란, 지금의 불평등을 당연하지 않게 만든 사람들의 책 속에서 출발하는 꿈이자 계획이다.

이재명에게 미래사회는,

- AI와 기계가 인간을 대신하는 세상이 아니라,
- 인간이 인간다움을 지키기 위해 더 많이 고민하고 협력해야 하는 공간이며,
- 정치는 그 속에서 가장 늦게 도착하는 기술이 아니라,
- 가장 먼저 도착해야 할 감각이라고 믿는다.

그래서 그는 책을 읽고, 설계를 다시 하고, 미래에 질문을 던진다.

"기계는 멈추지 않지만, 우리는 어디에서 멈춰야 할까?"

그 질문을 끝까지 놓지 않는 정치인, 그게 바로 그가 말하는 미래 사회 속의 리더의 자리다.

082

그는 어떤 기술 변화에 주목하는가?

이재명이 주목하는 기술 변화는 단순히 눈앞의 신기술이나 화려한 혁신이 아니다. 그는 기술의 변화 그 자체보다, 그 기술이 불러올 구조적 변화, 특히 일자리, 인간의 가치, 공동체의 방식, 민주주의의 형태에 어떤 영향을 미치는지에 집중한다. 다시 말해, 그는 기술을 '이로운 도구'로 보기보다는, '권력의 재편을 촉진하는 힘'으로 간주한다.

가장 먼저 그는 AI를 핵심 기술로 지목한다. 그는 AI가 불러올 변화는 단지 일자리를 줄이는 문제가 아니라, 인간의 역할 자체를 재정의하게 될 것이라고 본다.

카이푸 리의 《AI 2041》, 그리고 유발 하라리의 《호모 데우스》 등을 통해 AI 기술이 단지 노동을 대체하는 것이 아니라, 결정, 감시, 분배, 판단의 영역까지 침범할 수 있음을 경고해왔다.

그는 말한다.

"AI는 인간보다 똑똑해지는 것이 아니라, 인간이 인간일 이유를 줄여나간다. 그래서 AI는 기술이 아니라 철학의 질문이기도 하다."

그는 플랫폼 경제와 알고리즘의 지배력에도 민감하다. 카카오, 네이버, 쿠팡, 아마존, 구글 등의 플랫폼 기업이 단순한 기업을 넘어 사회적 인프라와 정책 기능까지 대체해가는 현실을 그는 심각하게 주시한다.

스콧 갤러웨이의 《플랫폼 제국의 미래》, 조화순의 《디지털 거버넌스》 같은 책들을 통해 플랫폼 자본주의가 시장보다 커지는 '사적 국가'로 기능할 수 있음을 경고한다. 그의 주장에 따르면, "정치는 점점 작아지고, 플랫폼은 점점 커지는 시대에서, 누가 공공성과 민주주의를 대표할 것인가"라는 물음이 더 시급해졌다.

세 번째로 그는 기후 기술과 에너지 전환의 변화에도 주목한다. 그는 기술의 진보가 곧 생태의 회복으로 이어지지는 않는다고 본다. 오히려 '그린 워싱'이라 불리는 기후 포장을 쓴 자본의 전략을 경계하며, 진짜 기술 변화란 탄소 중심의 문명을 전환시킬 수 있는 분산형 에너지 기술이어야 한다고 강조한다.

《도넛 경제학》, 《이것이 모든 것을 바꾼다》 같은 책을 통해 그는 기술을 생태 회복과 연동된 사회 설계의 일부로 이해하려 한다. 그리고 그는 미래 기술의 결정적인 키워드로 '정보의 불균형'을 꼽는다. 그는 기술의 진보가 정보를 가진 자와 갖지 못한 자, 기술을 해석할 수 있는 자와 그렇지 못한 자 사이의 새로운 격차를 만들고 있다고 진단한다.

그 격차가 커질수록, 기술은 '편리함'이 아니라 '통제의 도구'로 작동하게 되며, 그때부터 민주주의는 기술의 허락 없이는 작동하지 못하는 시스템으로 전락할 수 있다는 것이다.

요컨대, 이재명이 주목하는 기술 변화는 다음과 같다.
- AI의 판단 능력 확대 – 인간의 윤리적·정치적 권한의 잠식
- 플랫폼의 국가화 – 시장보다 커진 기업의 영향력
- 에너지 기술의 전환 – 생태와 기술이 충돌하는 지점
- 정보 격차 – 민주주의의 기반을 허무는 새로운 불평등
- 알고리즘 정치 – 결정과 분배의 기술적 자동화가 낳는 통제 사회

그는 말한다.
"기술은 어느새 선택의 문제가 아니라, 운명의 문제가 되었다. 그래서 정치는 기술보다 먼저 질문해야 한다. 이 기술이 누구를 살리고, 누구를 지우는가?"
이재명이 주목하는 기술 변화란, '사람을 지우지 않는 기술', '공공의 언어로 통제 가능한 기술', 그리고 '공존을 설계하는 기술'이냐 아니냐의 문제다. 그 기준으로 그는 책을 읽고, 정책을 설계하며, 정치를 다시 생각한다.

083

AI에 대한 그의 관점은
어떤 책에서 나왔는가?

이재명의 AI에 대한 관점은 단순히 기술의 편리함이나 경제적 효용에 머무르지 않는다. 그는 AI를 "불평등을 심화시킬 수도 있고, 민주주의를 위협할 수도 있는 문명의 분기점"으로 바라본다. 이와 같은 인식은 단편적인 뉴스나 보고서가 아니라, 그가 천천히 읽고 곱씹은 몇 권의 책에서 비롯되었다. 특히 그가 AI의 정치적, 철학적 문제의식을 처음 본격적으로 체계화했다고 밝힌 책은 유발 하라리의 《호모 데우스》, 카이푸 리의 《AI 2041》과 《AI 슈퍼파워》다.

먼저 유발 하라리의 《호모 데우스》는 인간이 스스로를 신격화하려는 과정 속에서 AI가 인간의 판단과 감정을 대체할 수 있는 존재로 부상하는 서사를 펼친다. 이재명은 이 책에서 인간이 더는 자유의지에 따라 행동하지 않고, 데이터 알고리즘의 예측을 따르게 되는 미래를 읽으며, AI가 단순한 기술이 아니라 정치적 권력의 구조 자체를 바꾸는 변수라는 점을 절감했다고 말했다. 그는 "정치가 기술에 끌려가면 민주주의는 예측 가능한 순응 시스템이 되고, 반대로 정치가 기술을 감시하고 설계하면, AI는 공공선의 도구가 될 수 있다"고 주장했다.

카이푸 리의 《AI 2041》은 보다 구체적인 미래 시나리오를 제공하며, AI 기술이 노동 시장, 복지 제도, 인간관계, 감정 구조에 어떤 영향을 미치는지를 다층적으로 조망한다. 이재명은 이 책에서 기술 발전이 곧 진보는 아니라는 인식을 얻었다고 한다. 기술이 발전할수록 오히려 대다수 사람의 일자리가 사라지고, 불안정 노동이 확대되며, 사회적 연대보다는 데이터 기반의 감시와 통제가 강화될 수 있다는 점을 지적하면서, 그는 기본소득이 단지 복지정책이 아닌 "AI 시대의 생존 인프라"가 되어야 한다고 강조한다.

《AI 슈퍼파워》에서는 미국과 중국의 AI 패권 경쟁을 통해 AI가 단지 산업혁신의 문제가 아니라, 지정학적 무기가 될 수 있다는 현실을 인식하게 된다. 이재명은 기술 자체보다 그것을 설계하고 운용하는 '의지와 체계'가 문제라고 본다. 그는 AI가 인간의 일자리를 빼앗는 것이 아니라, '일자리를 통제할 수 있는 구조를 재편'하는 도구로 작동한다고 보며, 따라서 정치가 기술을 방치하는 순간, "미래는 인간이 아닌 시스템이 결정하는 시대가 된다"는 판단을 내렸다.

그는 다음과 같은 명제를 강조한다.
1. 기술은 중립이 아니다.
2. AI는 민주주의의 형식을 바꿀 수 있다.
3. AI 시대의 불평등은 '기술에 접근할 수 있는 자'와 '그렇지 않은 자'로 갈라질 것이다.
4. 정치가 기술보다 늦게 반응하면, 모든 결정은 '보이지 않는 손'

이 아닌 '보이지 않는 코드'에 맡겨지게 된다.

이재명은 AI에 대해 무조건적인 기대도, 무조건적인 공포도 갖고 있지 않다. 다만 그는 분명하게 말한다.

"AI는 기술이 아니라 질문이다. 그 질문은 인간이 누구인가, 우리는 어떤 세상을 설계하고 싶은가, 그 방향을 누가 정할 것인가에 대한 질문이다. 정치가 그 질문에 먼저 답하지 않으면, 기술은 우리 대신 대답할 것이다."

이재명의 AI관은 책에서 나왔다. 그러나 그 책은 단지 읽고 덮는 게 아니었다. 그는 그 책의 메시지를 정책으로, 제도로, 그리고 현실의 정치 언어로 옮기려는 정치인이다. 그리고 그 과정은, AI 시대의 민주주의가 인간의 얼굴을 유지할 수 있는 유일한 길일지도 모른다.

084

그는 왜 환경문제를 중시하는가?

이재명이 환경문제를 중시하는 이유는 단순히 '착한 정치'의 제스처가 아니다. 그는 환경을 정치, 경제, 정의, 생존이 얽힌 가장 복잡한 문제이자, 가장 시급한 과제로 본다. 그에게 기후위기란 단순히 지구 온도가 몇도 올라가는 물리적 변화가 아니라, 불평등이 기후라는 얼굴을 하고 다시 돌아오는 구조적 재앙이다. 이재명이 환경을 '중시'하게 된 결정적인 사유는 다음과 같다.

첫째, 그는 기후위기를 "불평등의 다른 이름"이라 규정한다. 가장 적게 소비한 이들이 가장 먼저 피해를 보고, 가장 많은 자원을 소유한 이들이 책임을 회피하는 현실 속에서, 그는 "기후위기는 자연재해가 아니라 사회정의의 실패"라고 단언한다.

이러한 관점은 한재각의 《기후 정의》, 나오미 클라인의 《이것이 모든 것을 바꾼다》 등에서 비롯되었다. 그는 이 책들에서 기후위기를 멈추려면 탄소보다 탐욕을 줄여야 한다는 메시지를 끌어왔다.

둘째, 그는 기후위기를 단지 생태의 위기가 아니라 정치 시스템의 위기로 본다. 에너지, 교통, 주거, 산업의 구조가 모두 탄소를 중심으로 설계된 정치적 산물이며, 그 구조를 재편하지 않는 이상, 어떤 환경정책도 "자연보호 캠페인" 수준에 머물 수밖에 없다고 본다. 그래서 그는 환경을 이야기할 때 항상 재정 구조, 부의 분배, 산업의 방향, 도시계획을 함께 말한다. 즉, 이재명에게 환경은 경제의 반대편이 아니라 경제의 설계도를 다시 그리는 일이다.

셋째, 그는 환경문제를 세대 간 정의의 문제로 받아들인다. 지금의 기성세대가 누린 성장은 미래세대가 감당할 부담으로 전가되고 있으며, 이는 곧 정치의 책임 회피라고 본다.

그래서 그는 말한다.

"성장은 나에게, 부담은 너에게. 이런 식이면 정치는 실패다. 정치는 미래세대를 대변할 수 있어야 한다."

이재명은 케이트 레이워스가 《도넛 경제학》에서 제시한 '생태적 천장'과 '사회적 기초'라는 이중 구조를 가장 현실적인 대안으로 받아들인다. 그는 이 모델을 "생태적 정의와 사회적 정의를 동시에 설계하는 정치적 레이아웃"이라 해석하며, 자신의 정책 설계에도 이를 반영하려 했다. 경기도지사 시절, 그는 공공건축물의 에너지 전환, 공유 전기차, 그린벨트 보존, 친환경 신도시 정책 등을 통해 실질적인 '그린 정치' 실험을 시도했다.

넷째, 그는 환경문제를 기술 낙관주의로 해결할 수 있다고 믿지 않는다. 이재명은 박순애, 김아미의 《지속가능한 미래를 설계하다》 등의 책을 통해 기술만능주의의 환상을 경계하고, "기술은 방향이 없고, 방향은 정치가 정한다"는 원칙을 강조한다. 따라서 정치가 기후위기 앞에서 기술을 통제하고 방향을 제시하지 않으면, 기술은 오히려 문제를 가속화 할 수 있다는 것이 그의 입장이다.

그는 환경문제에 대해 이렇게 정리한다.

"기후는 중립적이지 않다. 그것은 부유한 자의 소비와 가난한 자의 고통 사이의 다리에서 터지고 있다."

따라서 진짜 환경정책은 나무를 심는 게 아니라, 자본과 정책을 새로 심는 일이라고 본다.

그는 이렇게 정리했다.

"기후위기란, 누군가의 사치가 다른 누군가의 생존을 뺏는 구조다."

그래서 그는 기후위기 대응을 사회적 분배 정의의 핵심축으로 본다. 그는 한국 사회의 산업 구조와 도시 개발 방식이 환경 파괴와 불평등을 동시에 낳는 구조라는 점을 도시계획과 재생에너지 정책을 통해 꾸준히 지적해왔다.

경기도지사 시절, 공공건축물의 에너지 전환, 공유 전기차, 그린 뉴딜 산업단지 모델 등을 시도한 것도 단지 생색내기 정책이 아니라, 경제-일자리-환경이 하나의 시스템으로 엮일 수 있다는 실험이었다. 이재명이 환경을 중시하는 이유는 다음과 같다.

1. 기후위기는 불평등과 연결되어 있다
   – 가난한 이들이 먼저 피해를 입는다.
2. 환경은 권력과 자본의 재편 문제다
   – 에너지 지배 구조를 바꾸지 않으면 아무것도 바뀌지 않는다.

3. 기후위기는 곧 미래세대의 생존권 문제다

   － 다음 세대를 위한 정치가 되려면 지금 바꿔야 한다.

4. 녹색 전환은 새로운 정치 모델의 실험대다

   － 더 공공적이고 분산된 체계로 가야 한다.

그는 말했다.

"탄소는 줄이면 되지만, 불평등은 나누지 않으면 줄어들지 않는다. 나는 녹색을 이야기할 때, 항상 분배와 권력까지 함께 이야기하려 한다."

이재명에게 환경문제는 단지 숲을 보호하고 공장을 감시하는 문제가 아니다. 그에게 환경은, 인간이 지구에서 얼마나 오래, 얼마나 함께 살 수 있는지를 묻는 가장 정치적인 질문이다.

그리고 그 질문에 답하기 위해 그는 읽고, 실천하고, 설계한다.

085

그는 어떤 미래학자에 주목했는가?

이재명이 주목한 미래학자는 단순히 테크놀로지를 예측하거나 희망찬 유토피아를 그리는 인물이 아니다. 그는 "기술을 말하면서 인간을 잊지 않는 사람들", "예측보다 경고를 통해 사회를 각성시키는 미래학자", 그리고 "불평등과 권력의 재편이라는 시선을 유지하는 분석가"들에 더 깊은 관심을 둔다. 이재명은 그들에게서 '미래를 어떻게 말할 것인가'보다 '누구를 위한 미래인가'를 묻는 자세를 배운다.

가장 자주 언급한 미래학자는 단연 유발 하라리다. 이재명은 《호모 데우스》와 《21세기를 위한 21가지 제언》에서 하라리가 기술의 진보를 인간 존재에 대한 철학적 질문으로 전환시킨 점에 주목했다. 하라리가 말하는 "데이터 권위주의" ─ 즉, 인간의 선택과 판단이 알고리즘에 의존하게 되는 미래 ─ 는 그에게 있어 단지 상상력의 결과가 아니라, 정치가 미리 설계하지 않으면 닥쳐올 예고된 참사처럼 느껴졌다. 그래서 그는 하라리를 통해 배운 가장 중요한 문장을 이렇게 정리한다.

"미래는 기술이 만드는 것이 아니라, 기술이 통과하는 정치가 만든다."

다음으로 그는 제러미 리프킨(Jeremy Rifkin)을 꾸준히 읽는다. 이재명은 《3차 산업혁명》과 《한계비용 제로 사회》에서 기술이 자본주의 자체의 작동 방식을 변화시킬 수 있다는 거대한 구조적 전환의 가능성을 읽었다. 특히 리프킨이 말하는 분산형 에너지, 공유경제, 플랫폼 협동조합, 지식의 무료화 같은 개념은 그의 기본소득, 공공배당, 데이터 사회화라는 정책 기조에 영향을 미쳤다.

그는 말한다.

"미래는 강자의 독점이 아니라, 많은 약자가 연결되는 구조로 가야 한다. 그걸 기술이 아니라 정치가 앞당겨야 한다."

그는 앨빈 토플러(Alvin Toffler)를 통해 산업혁명의 파동이 인간의 일상, 감정, 가치관까지 어떻게 뒤흔드는지를 배웠다. 《제3의 물결》과 《부의 미래》를 통해 정보의 흐름이 권력의 구조를 어떻게 전환 시키는지를 학습했고, 그 흐름에서 시민의식, 교육, 제도의 유연성이 얼마나 중요한지 통찰하게 된다. 특히 그는 《미래의 충격(Future Shock)》의 개념을 인용하며, "사람이 바뀌기 전에 제도가 먼저 바뀌면 충격이 되고, 제도가 바뀌기 전에 감정이 먼저 바뀌면 혼란이 된다"는 지점을 강조한다. 그래서 정치가 해야 할 일은 단순히 따라잡는 게 아니라, '변화의 속도를 사회가 견딜 수 있게 조정하는 일'이라고 그는 믿는다.

한편, 그는 레이 커즈와일(Ray Kurzweil)에 대해선 일정한 경계심을 갖는다. 《특이점이 온다》에서 주장하는 "기술적 특이점(Singularity)" – 즉,

인간과 기계가 구분되지 않는 시대의 도래 – 에 대해 그는 "가능성은 인정하지만, 받아들일 준비는 안 되어 있다"고 말한다.

그는 특이점의 가능성보다, 그 특이점이 자본과 권력에 의해 어떻게 통제될 것인지, 그리고 인간의 존엄성과 민주주의는 그 속에서 어떻게 유지될 수 있을 것인지에 더 큰 관심을 둔다.

요컨대, 이재명이 주목한 미래학자는 기술을 찬양하기보다 기술을 정치화할 줄 아는 사람들이다.

- 유발 하라리에게선 인간성의 철학적 위기와 데이터 권력에 대한 경고를,
- 제러미 리프킨에게선 자본주의의 전환과 플랫폼 공동체의 가능성을,
- 앨빈 토플러에게선 변화 속도를 감당할 사회적 안전망의 중요성을,
- 레이 커즈와일에게선 기술 낙관주의의 실천과 위험을 동시에 읽어낸다.

그는 말했다.

"나는 미래를 예측하지 않는다. 나는 미래에 대해 묻는 사람들을 예의주시한다. 왜냐하면 그들이 무엇을 묻느냐에 따라 우리가 설계해야 할 내일이 달라지기 때문이다."

이재명에게 미래학이란, 정치가 아직 모르는 질문을 먼저 던지는 사람들의 목소리다. 그리고 그는 그 질문에, 지금도 책으로 대답하려 하고 있다.

086
그는 젊은 세대를 위한 책을 어떻게 고르는가?

이재명이 젊은 세대를 위한 책을 고를 때 따르는 기준은 단순하지 않다. 그는 단지 교훈적인 책, 유명한 책, 혹은 자기계발서류의 스테디셀러를 권하지 않는다. 그의 독서 철학은 다음과 같은 질문에서 시작된다.

"지금 이 책이, 청년에게 현실을 통과할 언어가 되어줄 수 있는가?"

다시 말해, 그는 책을 고를 때 항상 "시대의 공기, 불평등의 구조, 감정의 언어, 그리고 미래에 대한 감각"을 기준으로 삼는다.

먼저, 그는 현실을 직면하게 만드는 책을 고른다.

무조건 긍정, 무조건 희망을 외치는 책은 피한다. 그가 권하는 책은 청년이 마주한 냉혹한 구조 – 비정규직, 주거 불안, 미래 불투명성 – 을 똑바로 보여주되, 그 안에서 의심하고 질문하게 만드는 책이다. 예컨대, 장강명의 《한국이 싫어서》, 김원영의 《실격당한 자들을 위한 변론》, 은유의 《알지 못하는 아이의 죽음》 같은 책들이 그런 예다. 그는 이런 책들을 통해 청년이 단순히 개인적 낙오자로 자책하는 게 아니라, 구조를 이해하고, 연대의 언어를 익히게 되는 출발점을 마련하길 바란다.

둘째, 그는 감정과 철학이 결합된 책을 추천한다.

그는 《페미니즘의 도전》, 《감정노동》, 《사피엔스》 같은 책들을 통해 자신이 느끼는 불안, 분노, 무력감이 개인의 문제가 아니라 사회 구조와 역사, 담론의 산물이라는 사실을 인식하게 도와주는 것이 가장 강력한 지적 무장이라고 본다.

그는 말한다.

"이제 청년에게 필요한 건 '열심히'가 아니라 '왜'이다. 왜 이렇게 불공정한가, 왜 우리는 분노하는가, 왜 질문이 사라졌는가."

셋째, 그는 기술과 미래에 대해 자기주도적으로 생각할 수 있는 책을 중시한다.

《AI 2041》, 《플랫폼 제국의 미래》, 《우리는 어디서 살아야 하는가》 같은 책들을 통해 미래는 테크놀로지로 도배된 디스토피아가 아니라, 정치와 철학, 윤리가 개입하지 않으면 절대 나아지지 않는 미지의 영역임을 알려주려 한다. 그는 청년이 미래를 '소비자'로서가 아니라 '설계자'로서 상상하길 바란다. 그래서 그런 책들을 건넨다. 생각의 좌표를 이동시키는 텍스트.

넷째, 그는 '기성세대가 안 읽는 책'을 일부러 고르기도 한다. 이는 전략이자 상징이다. 그는 《우리는 차별에 찬성합니다》, 《열세 살의 인생 게임》처럼 청년 세대가 스스로 낯설게 느끼는 사회의 모순을

'이해하고 판단'하게 만드는 책들을 고른다. 기성세대가 쉬쉬하고 회피하는 주제를 뚫고 들어가게 만드는 책들. 그는 이게 진짜 교육이고, 진짜 정치가 청년에게 해줄 수 있는 배려라고 본다.

그리고 그는 말했다.

"나는 청년에게 희망을 주고 싶지 않다. 나는 그들이 희망을 선택하게 해주고 싶다. 책은 그 선택을 가능하게 만든다."

이재명이 청년을 위해 책을 고르는 기준을 요약하면 다음과 같다.

1. 현실을 직시하게 만드는 책
    - 개인의 탓을 넘어서 구조를 보게 하는 책
2. 감정과 철학을 연결하는 책
    - 불안에 개념을 부여하고, 분노에 질문을 붙이는 책
3. 미래를 기술 너머로 확장하는 책
    - 설계자로서의 감각을 일깨우는 책
4. 불편한 진실을 터놓게 만드는 책
    - 기성세대가 회피한 질문을 다시 묻게 하는 책

그는 책을 권할 때 늘 다음과 같은 말을 붙인다.

"이 책이 네게 위로가 되지 않아도 좋다. 대신 이 책이 네게 말을 걸게 놔둬라. 그 말이 끝나고 나면, 넌 이제 혼자가 아니다."

이재명이 고른 책은 "고립된 나를 연결된 나로, 침묵하던 나를 말하는 나로" 바꾸기 위한 장치였다. 책은 그의 정치 이전에, 청년을 향한 그의 언어였다.

087

그는 어떤 책에서
'디지털 민주주의'를 읽었는가?

이재명이 '디지털 민주주의'를 읽고 사유한 책은 단순한 IT 기술 안내서가 아니다. 그가 주목한 책들은 디지털 기술이 사회를 어떻게 재편하며, 기존의 대표제 민주주의가 어떤 방식으로 도전받고 있는지를 날카롭게 해부하는 텍스트들이다. 그 가운데 핵심이 되는 책은 제레미 코빈의 《디지털 민주주의 선언(Digital Democracy Manifesto)》, 닉 서르닉의 《플랫폼 자본주의》이다. 이 책들에서 그는, 디지털이 권력을 민주화할 수도 있고 독점화할 수도 있다는, 양면성의 철학을 읽었다.

먼저 그는 영국 노동당의 전 대표였던 제레미 코빈의 《디지털 민주주의 선언》에서 가장 강력한 통찰을 얻었다. 《디지털 민주주의 선언》은 책이 아닌 제레미 코빈이 디지털 시대를 맞아 정치, 경제, 사회 시스템을 어떻게 재구성해야 하는지를 제안한 선언문이다. 코빈은 이 선언에서, 디지털 기술이 대표제 민주주의의 한계를 극복할 수 있는 도구가 될 수 있지만, 그 전제는 반드시 데이터의 공공적 소유와 알고리즘의 투명성, 시민의 참여권 보장이라고 강조한다. 그는 디지털 혁명이 단순히 기술적 진보가 아니라, 사회적 평등과 권력을 재편할 기회라고 강조한다. 그는 기술이 소수의 엘리트와 기업의 이익을 위한 도구로 전락하지 않도록, 디지털 권리를 확대하고, 모두를 위한 민주적 기술 사용을 보장해야 한다고 주장한다.

이재명은 이 지점에서 깊이 공감하며, "디지털은 기술이 아니라 구조다. 시민이 들어올 수 있느냐, 배제되느냐에 따라 그것은 민주주의가 될 수도, 감시국가가 될 수도 있다"고 정리했다.

두 번째로 그가 자주 언급한 책은 닉 서르닉(Nick Srnicek)의 《플랫폼 자본주의(Platform Capitalism)》다. 이 책은 디지털 기술의 민주화 가능성보다는, 그 기술이 기업 중심의 수익 구조로 편입되었을 때 나타나는 폐해를 집요하게 분석한다. 디지털 경제의 심장부를 파고드는 책으로, 세계 경제를 지배하는 '플랫폼 기업'의 본질과 이를 둘러싼 새로운 자본주의 체제를 분석한다. 서르닉은 플랫폼 자본주의를 단순히 기술 발전의 결과물이 아니라, 2008년 금융 위기 이후 저성장과 불안정성을 극복하기 위한 자본주의의 전략적 진화로 본다. 특히, 플랫폼 기업들이 데이터를 핵심 자산으로 삼아 지배력을 확장하는 방식을 통해 현대 경제의 권력 지형이 어떻게 재편되고 있는지를 설명한다.

서르닉은 플랫폼을 다섯 가지로 분류한다.

첫째, 광고 플랫폼(예 : 구글, 페이스북)은 사용자의 데이터를 수집하고 이를 광고주에게 판매한다. 둘째, 클라우드 플랫폼(예 : 아마존 웹서비스)은 디지털 기반 시설을 제공하며 수익을 올린다. 셋째, 산업 플랫폼(예 : GE, 지멘스)은 제조업체와 장비를 연결해 데이터 기반 서비스를 제공한다. 넷째, 제품 플랫폼(예 : 애플)은 제품과 서비스를 통해 생태계를 구축하고 데이터를 축적한다. 다섯째, 린 플랫폼(예 : 우버, 에어비앤비)은 최소한의 자산만 보유하면서 사용자 간 거래를 중개하는 플랫폼이다.

이 책은 플랫폼 자본주의의 핵심 동력이 바로 '데이터 수집과 분석'이라는 점을 강조한다. 데이터는 플랫폼 기업들이 시장을 독점하고, 경쟁을 무력화하며, 새로운 수익 모델을 창출하는 데 있어 결정적인 자산이다. 기업들은 데이터를 통해 사용자 행동을 예측하고 이를 상품화하여 광고주나 파트너 기업에 판매한다. 서르닉은 이러한 방식이 노동자 착취의 새로운 형태를 낳고 있음을 지적한다. 사용자들은 무료로 서비스를 이용하는 대가로 자신의 데이터를 제공하고, 노동자들은 '긱 이코노미'라는 이름 아래 불안정한 조건에서 일하게 된다.

플랫폼 자본주의는 단순히 시장의 독점을 넘어 정치적 영향력까지 확대한다. 플랫폼 기업들은 로비와 규제 우회를 통해 국가 권력과 맞먹는 영향력을 행사하며, 사용자들의 일상적 삶과 사회적 관계마저 플랫폼 안에 종속시킨다. 서르닉은 이러한 구조가 초래하는 위험으로 데이터 독점, 알고리즘에 의한 통제, 프라이버시 침해, 노동 착취 등을 꼽으며, 플랫폼 자본주의가 자본 축적의 새로운 국면을 열었지만, 사회적 불평등과 정치적 문제를 심화시키고 있다고 경고한다.

이재명은 이 책에서 플랫폼 자본주의가 데이터를 수집하고, 이용자 행동을 분석하며, 심지어 여론까지 조작 가능한 구조를 가질 수 있다는 점에 주목했다. 그는 이 책을 통해 디지털 민주주의를 실현하려면, 단순히 인터넷 투표 시스템이나 온라인 청원 기능을 넘어서, 플랫폼 그 자체의 공공화를 고민해야 한다는 관점을 갖게 된다.

이재명은 여기서 "디지털 공간은 시민의 광장도 되지만, 기업의 상품 진열대가 되기도 한다"는 문장을 인용하며, 디지털 민주주의의 이상을 실현하려면 법 제도와 시민교육, 기술적 투명성이라는 세 요소가 동시에 필요하다는 생각을 굳혔다. 결과적으로 이재명이 디지털 민주주의를 읽는 방식은 다음과 같은 구조로 정리된다.

- 도구적 낙관론 거부
  - 디지털은 민주주의를 자동으로 만들어주지 않는다.
- 구조적 개입 강조
  - 플랫폼과 데이터의 소유 구조를 바꾸지 않으면, 디지털은 독점과 감시의 도구가 된다.
- 참여의 질 중시
  - 클릭과 투표 이상의 참여, 토론과 감시, 제안과 책임까지 확장된 민주주의를 설계해야 한다.

그는 이렇게 말한다.
"디지털 민주주의는 기술로만 만들 수 없다. 그건 철학이자, 제도이고, 습관이다. 시민이 정치를 소비하는 게 아니라, 직접 설계하고 조정하는 연습. 그게 디지털 시대의 민주주의다."

그에게 디지털 민주주의는 멋진 앱도 아니고, 편리한 알림 기능도 아니다. 시민이 지배받지 않고 '통제할 수 있는 권리'를 회복하는 공간이다. 그는 그 가능성을 책에서 읽었고, 현실에서 실행하려 했고, 지금도 그 설계를 버리지 않고 있다.

088

그는 왜 교육 개혁을 강조하는가?

이재명이 교육 개혁을 강조하는 이유는 단순한 제도 정비나 입시 경쟁의 공정성 문제가 아니다. 그에게 교육은 불평등의 재생산 장치이자, 계층 고착의 시스템이며, 동시에 그것을 뒤집을 수 있는 유일한 평등의 인프라다. 그는 교육을 '출발선의 평등'을 보장하기 위한 최소한의 국가 역할로 정의하고, 현재의 교육 시스템을 "정글에 내몰기 위한 문명화된 훈련소"라며 비판해왔다. 그가 교육 개혁을 강조하게 된 첫 번째 배경은, 자신의 생애가 '교육 기회의 단절'에서 시작되었다는 자각 때문이다.

이재명은 초등학교 졸업 뒤 곧바로 공장에 들어갔고, 정규 교육 시스템이 자신을 사회적 존재로 인정해주지 않았던 시절을 직접 겪었다. 그는 그 시절을 회고하며 말했다.

"학교는 나를 배움의 대상이 아니라, 통계에서 지워질 아이로 취급했다. 그때 깨달았다. 교육은 누가 받느냐보다, 누가 배제되느냐가 더 정치적이라는 것을."

두 번째로 그는 지금의 교육이 "입시 경쟁의 이름으로 계급을 정당화하는 제도"라고 본다. 스카이 진학률, 자사고 – 특목고의 서열화, 사교육 시장의 폭주 등은 단순한 교육 문제가 아니라 기회의 사유화, 불평등의 제도화라는 구조적 병리다.

이재명은 김누리 교수의 《우리의 불행은 당연하지 않습니다》를 읽고 교육 시스템이 어떻게 계층을 고착시키고, 불공정을 정당화하며, 청년의 자존감을 파괴하는지에 대한 통찰을 얻었다고 밝힌 바 있다. 이 책은 한국 사회의 구조적 모순과 정신적 병리를 깊이 있게 분석하고, 독일의 경험을 바탕으로 한국 사회가 어떻게 더 나은 방향으로 나아갈 수 있을지를 모색하는 책이다. 저자는 한국 사회를 "축복받은 자원이 있음에도 스스로 불행을 당연시하는 사회"로 규정한다. 경제적 성장을 이룩했지만, 극심한 경쟁과 불평등, 파편화된 공동체, 깊어진 개인주의와 사회적 무관심이 만연한 현실을 고발한다.

그는 한국 사회의 문제를 '압축 근대화'의 후유증으로 본다. 빠른 경제 성장과 산업화는 한국 사회에 성장지상주의와 승자독식 논리를 심어주었고, 그 과정에서 공동체는 파괴되었으며, 교육은 입시지옥으로, 일터는 경쟁과 소외의 공간으로 변질되었다. 심지어 가족조차도 보호의 울타리가 아니라 또 다른 경쟁의 장이 되었다고 비판한다.

세 번째로 그는 AI와 디지털 전환의 시대에서 교육은 단지 직업 훈련이 아니라, '민주주의 시민을 재생산하는 장치'로 재정의되어야 한다고 본다. 그는 세가 쳉의 《AI 시대 생존전략》 같은 책들을 통해 기술의 발전이 인간의 판단력과 공동체 감각을 마비시키지 않도록, 교육이 철학적이고 정치적인 감각을 길러야 한다고 주장한다. 즉, 단순한 코딩교육이나 디지털 리터러시를 넘어서, '기술을 감시할 시민'을 길러야 한다는 것이다.

이재명이 주장하는 교육 개혁의 방향은 세 가지로 요약된다.

1. 입시 체제의 해체와 학습권의 평준화 – 누구나 배울 권리는 평등해야 한다.
2. 보편적 교육복지의 실현 – 무상교육은 기본이고, 교육의 질과 접근성에서 격차가 없어야 한다.
3. 시민교육의 강화 – 단지 문제를 푸는 것이 아니라, 문제를 제기할 수 있는 시민을 길러야 한다.

그는 교육을 이야기할 때, 항상 질문을 붙인다.

"이 교육은 누구를 위한 것인가?"

"이 수업은 누구를 배제하는가?"

"이 학교는 누구를 사람답게 만들어주는가?"

그에게 교육이란,

- 경쟁을 통해 개인을 구분 짓는 도구가 아니라,
- 연대를 통해 사회를 연결하는 장치여야 하며,
- 미래를 위한 도구가 아니라,
- 지금 여기의 정의를 실현하는 무기여야 한다.

그래서 그는 말했다.

"교육이 사람을 바꾸는 것이 아니라, 사회가 바뀌어야 교육도 사람을 바꾼다. 나는 그 둘을 동시에 바꿔야 한다고 믿는다."

그가 말하는 교육 개혁은 제도만 고치는 게 아니다. 교육을 통해 배제되지 않고, 무시 받지 않고, 주눅 들지 않는 사람을 길러내는 것. 그리고 그런 사람이 함께 사는 나라를 만드는 일. 이재명이 교육을 그토록 강조하는 이유는, 바로 그 일의 시작이 책에서부터 출발한다고 믿기 때문이다.

089

그는 어떤 책을 통해
'노동의 미래'를 전망했는가?

이재명이 '노동의 미래'를 진지하게 사유하게 된 계기는 단순히 청년실업률이나 주 52시간제 같은 정책 이슈 때문이 아니다. 그는 노동이라는 개념 자체를, 역사적으로 어떻게 변화해왔고, 앞으로 어떤 방향으로 재정의될 수밖에 없는지, 총체적 이해를 필요로 하는 문제로 여긴다. 이 사유의 중심축에서 이재명이 깊은 영향을 받았다고 밝힌 책은 《21세기를 위한 21가지 제언》, 《노동의 종말》, 그리고 《기본소득이 세상을 바꾼다》이다.

먼저, 유발 하라리의 《21세기를 위한 21가지 제언》에서 이재명은 AI와 자동화가 만들어낼 거대한 직업 소멸의 파도를 읽는다. 하라리는 이 책에서 "우리가 마주할 최대의 사회문제는 기계가 사람보다 더 싸고, 정확하고, 쉬지 않고 일할 수 있는 시대가 된다는 점"이라고 지적한다. 이재명은 이 대목에서, 단순히 일자리가 사라지는 문제가 아니라, 일 자체가 인간의 정체성에서 탈각되는 사태를 읽었다. 그는 이를 "노동이 단지 생계가 아니라 자존감이었던 시대의 종말"로 명명하며, 기존의 복지·고용 연동 시스템이 붕괴될 것이라는

348

예측을 수용하게 된다.

두 번째는 제레미 리프킨의 《노동의 종말》이다. 이 책에서 리프킨은 정보기술의 발전, 자동화의 확산, 디지털화된 서비스 산업이 노동의 전통적 개념을 무력화시키고 있다는 흐름을 1990년대에 이미 통찰했다. 이재명은 특히 이 책에서 "노동의 종말은 인간 역할의 종말이 아니라, 자본주의가 약속했던 인간 존엄의 재설계라는 질문"이라는 메시지를 받아들였다고 말한다. 리프킨이 제시한 해법 중 하나였던 사회적 노동, 자발적 활동, 기본소득과 같은 탈임금 기반의 인간 가치 회복 방식은 이재명의 정책 설계에도 직접적 영향을 미쳤다.

세 번째로, 그는 기본소득의 철학과 실천적 기반을 설명하는 《기본소득이 세상을 바꾼다》에서 노동과 복지, 기술과 인간의 관계를 근본적으로 재구성하려는 시도를 접한다. 필립 반 파레이스는 이 책에서 노동을 해야만 생존이 가능한 구조에서, 존재 그 자체로 존엄이 보장되는 사회로의 전환이 필연적이라고 주장한다. 이재명은 이 논리를 현실 정치의 언어로 옮기며, "기본소득은 실업 수당이 아니라, 디지털 시대의 시민권"이라 정리했다. 노동이 아닌 존재가 중심이 되는 사회. 그는 이 철학을 '정의로운 전환'이라는 말로 한국적 맥락에 옮기려 했다.

그는 노동의 미래를 이렇게 요약한다.
• 노동은 줄어들 것이다. 하지만 인간은 사라지지 않는다.

- 기계가 일하는 시대엔, 사람은 왜 살아가는지를 다시 정의해야 한다.
- 소득은 노동의 대가가 아니라 공동체의 약속이어야 한다.
- 노동은 더 이상 생존의 조건이 아니라, 선택 가능한 사회적 참여여야 한다.

그는 노동이 미래에도 존중받기 위해서는, 그 형태의 다양성, 시간의 유연성, 보상의 공정성이 보장되어야 한다고 말한다. 플랫폼 노동자, 프리랜서, 크리에이터, 돌봄 노동자, 감정 노동자 등 보이지 않는 노동의 가치를 재조명해야만 '노동의 미래'가 사람의 미래가 된다는 것이다. 그래서 그는 읽는다. 노동이 아닌 인간의 존엄이 중심이 되는 책들, 기계가 아닌 사람이 질문하는 사회를 그리는 저자들, 그리고 기술이 아닌 가치로 미래를 설명하는 학자들을.

이재명에게 노동의 미래란, 사라지는 것이 아니라, 다시 묻고 다시 설계해야 할 질문이다. 그 질문에 가장 먼저 답을 준 것은 책이었다. 그는 그 책들을 펴면서 노동의 미래를, 정치의 미래로 바꾸는 꿈을 품었다.

【최배근이 제시한 이재명표 경제정책】

최배근 교수는 이재명표 경제정책의 이론적 설계자 혹은 브레인 가운데 한 사람으로 평가받는다. 그는 단순한 자문이나 조언의 수준을 넘어, 이재명식 경제의 철학, 기조, 구체적 정책 방향까지 체계적으로 구성한 핵심 인물이다. 그가 제시한 이재명표 경제정책의 핵심은 '불평등 해소와 국가 주도 성장의 결합'이라는 독특한 프레임이다. 쉽게 말해, 시장에 맡겨선 안 되는 불균형을, 강한 공공의 개입을 통해 조정하면서도, 민간의 활력을 동시에 자극하겠다는 설계다. 주요 키워드는 다음과 같다.

1. 기본소득 + 공공투자 = 이재명식 '국민경제 복원' 전략

최배근은 기본소득을 단순한 복지정책이 아니라, 내수 활성화를 위한 총수요 정책으로 해석한다. 그는 "대한민국 경제가 20년 넘게 수출의존형으로 왜곡되었고, 가계의 소비 여력이 줄어들면서 장기 침체로 들어섰다"고 진단한다.

이에 따라 기본소득은 가처분소득을 보강해 소비를 촉진하고, 소득 하위층 중심으로 경제순환을 유도하는 역할을 한다. 여기에 그린 뉴딜, 디지털 전환 등 공공투자 중심의 산업 전략을 결합함으로써 수요−공급 양축을 동시에 강화하는 모델을 제안한다. 즉, 최저임금과 복지에만 의존하는 방식이 아니라, 직접적인 소비 능력 부여와 산업 구조 전환이 맞물린 설계다.

2. 기본대출 · 기본주택 · 기본금융 : 자산 불평등 대응 패키지

최배근은 불평등의 핵심은 '소득'보다 '자산'이라고 진단한다. 그래서 이재명표 정책 중 핵심으로 꼽히는 기본주택, 기본대출, 기본금융은 시장 실패 영역을 공공이 개입해 최소한의 자산 축적 기회를 보장하는 장치다.

- 기본주택은 무주택자에게 장기임대 주거를 제공해 주거안정과 자산 불평등을 동시에 해소하고,
- 기본대출은 저신용자에게도 최대 연 1,000만 원의 대출 기회를 제공해 사금융 고리를 끊고 자립 가능성을 높이며,
- 기본금융은 민간 금융의 리스크 회피 구조를 공공플랫폼으로 보완해 금융 소외 계층을 위한 '보편적 금융 인프라'를 구축하겠다는 비전이다.

3. 재정의 역할 재정의: '확장적 재정 + 선순환적 분배' 모델

최배근은 "재정 건전성은 흑자 여부가 아니라, 국민 삶을 바꾸는 투자 효과로 판단해야 한다"고 본다. 이는 전통적인 보수 경제학의 재정 균형론과 대립하는 입장이다. 그는 국가가 경기 침체기에는 적극적으로 빚을 내서라도 소비 여력을 보강해야 하며, 그 자체가 오히려 세수를 늘리고 국가부채 비율을 안정시킬 수 있다는 '수요중심 논리'를 설파한다. 이 점에서 이재명의 확장적 재정 정책 – 예컨대 국토보유세, 탄소세 기반의 보편복지 재원 마련 구상 – 은 최배근의 철학과 깊게 연결돼 있다.

4. '시장 실패'가 아닌 '정치 실패'로 보는 경제관

최배근은 이재명과 마찬가지로 시장의 실패보다는 정치의 실패를 경제 위기의 본질로 본다. 즉, 불평등, 저성장, 양극화는 자본주의 시스템 자체의 고장이라기보다, 정치가 자본에 편향된 방향으로 시스템을 설계했기 때문이라는 것이다. 그는 "정치는 그동안 기업만

살리려 했고, 국민은 숫자로만 존재했다"고 비판한다. 이재명이 주장하는 '국민 중심 성장', '공정한 경제 시스템의 복원'은 바로 이러한 관점을 기반으로 한다.

5. '경제는 기술이 아니라 설계'라는 철학

최배근이 설계한 이재명표 경제정책은 복지, 분배, 성장, 정의, 민주주의를 분리하지 않는다. 그는 경제를 단지 수치나 모델로 보지 않는다. "경제는 누군가를 위한 설계이며, 설계자의 의지가 정치로 드러나는 것"이라고 본다. 따라서 경제정책은 중립적일 수 없다. 이재명식 경제는 사회적 약자에게 기회를 보장하고 사회 전체의 총효율성을 끌어올리는 '정치적 경제 설계'라고 정리할 수 있다.

【이재명의 말, 최배근의 설계】

이 둘이 만난 곳은 '정의로운 성장', '평등한 전환', '기본적 삶의 보장'이라는 새로운 모델이다. 최배근은 이런 말로 이재명의 경제를 요약했다.

"성장은 수단, 삶은 목적. 성장이 멈춰도, 삶은 계속되어야 한다. 그게 우리가 설계해야 할 경제다."

090

그는 어떤 책으로 '희망'을 말했는가?

이재명이 '희망'을 말할 때 인용하는 책은, 상투적인 자기계발서도 아니고, 눈물겨운 성공담도 아니다. 그는 진짜 희망이란 "현실의 바닥을 직시한 다음에도 그 삶을 포기하지 않는 태도", "불가능해 보이는 것을 가능하다고 믿는 것이 아니라, 불가능해 보여도 시도해보는 인간의 자세"라고 말한다. 그렇기에 그가 희망을 이야기하며 반복해서 언급한 책은 빅터 프랭클의 《죽음의 수용소에서》, 알베르 카뮈의 《시지프 신화》, 그리고 한강의 《소년이 온다》 같은 책들이다. 이재명에게 희망이란, 감성의 감탄사가 아니라 현실을 통과한 뒤의 선택지다.

1. 《죽음의 수용소에서》 – 절망의 끝에서 발견한 인간의 자유

빅터 프랭클이 아우슈비츠 수용소에서 살아남으며 쓴 이 책은 이재명에게 있어 "희망의 마지막 교과서"였다. 그는 책 속 구절, "모든 것을 빼앗길 수 있어도 마지막 하나, 인간이 태도만큼은 선택할 수 있다는 자유는 빼앗기지 않는다"는 문장을 인용하며 말했다.

"나는 이 문장을 읽으며 희망이 추상적 감정이 아니라 구체적인 실천임을 알았다. 그는 절망의 감옥 안에서조차 인간다움을 포기하지 않았다. 그런 사람에게 희망은 선택이 아니라 책임이다."

프랭클은 삶의 의미를 묻는 것이 아니라, 삶이 우리에게 어떤 의미를 묻는지를 강조했고, 이재명은 그것을 정치에 그대로 옮겼다.

"절망한 국민을 구원하는 건 정책이 아니라, 그들이 의미 있는 존재라는 사실을 다시 말해주는 정치다."

2. 《시지프 신화》 – 반복의 저주 속에서도 바위를 굴리는 인간

알베르 카뮈의 《시지프 신화》는 이재명이 자신의 정치 인생을 투영한 철학서이기도 하다. 그는 "시지프는 끝없는 형벌을 받지만, 그 반복의 고통 속에서 삶의 의미를 스스로 창조해 낸다"며, "그것이 희망이다. 희망은 결과가 아니라, 매일의 선택"이라고 했다.

이재명은 특히 이 책에서 '부조리를 받아들이는 인간의 자세'를 높이 평가했다. 세상이 아무리 불합리해도, 그 부조리에 굴복하지 않고 바위를 다시 밀어 올리는 일상, 그 자체가 '정치의 희망적 본능'이라는 것이다.

그는 이렇게 썼다.

"나의 정치도 시지프의 고단한 반복이다. 그러나 나는 바위를 멈추게 하지 않을 것이다. 이 바위가 멈추는 날이 진짜 절망이기 때문이다."

3. 《소년이 온다》 – 기억을 지우지 않는 것에서 피어나는 희망

한강의 《소년이 온다》는 광주항쟁이라는 집단적 상처를 다룬 작품이지만, 이재명은 그 안에서 "가장 조용한 희망"을 발견했다고 말한다. 그는 이 책을 읽으며 "망각이 아니라 기억을 끌어안고 살아가는 존재만이 다시 내일을 만들 수 있다"는 깨달음을 얻었다. 희망은 고통을 지우는 것이 아니라, 고통을 품은 채 앞으로 걸어 나가는 행위다. 그는 "절망의 흔적을 숨기는 정치가 아니라, 그 흔적을 드러내고 기억하게 하는 정치가 진짜 희망의 정치"라고 믿는다.

이재명이 읽은 희망은 고통 위에 세워진 구조물이다.
그에게 희망은 다음과 같은 조건을 가진다.
1. 고통의 무게를 외면하지 않을 것
2. 무기력 속에서도 작은 선택을 포기하지 않을 것
3. 기억을 지우지 않고, 증언하고, 정치화할 것
4. 희망을 말하는 대신, 희망을 선택할 수 있도록 도울 것

그래서 그는 희망을 말하지 않는다. 대신 희망이 사라진 자리에서 다시 책을 펴고, 문장을 읽고, 바위를 밀고, 사람을 기억한다. 그가 읽은 희망은 언제나 불편하고 고요하다. 그러나 결코 멈추지 않는다.
그는 말한다.
"희망은 빛이 아니라, 방향이다. 어둠을 뚫고 한발 더 나아가려는 의지. 나는 그 방향을 책에서 찾았고, 정치에서 실현하고자 했다."

질문으로 끝나는 서재

이재명의 서재는 책으로 시작되었지만, 질문으로 귀결된다. 그는 정답을 얻기 위해 책을 읽은 것이 아니라, 더 많은 의문을 던지기 위해 책장을 넘겼다.

이 장은 그의 독서 여정에서 끝내 정리되지 않은 질문들, 해결되지 않은 고민들, 아직도 유보 중인 태도들을 따라간다. 질문은 끝이 아니라 시작이고, 그는 그 질문들을 독자에게 조용히 건넨다. 이것이 정치인의 언어가 아닌, 시민의 언어로 마무리되는 이 서재의 진짜 결론이다.

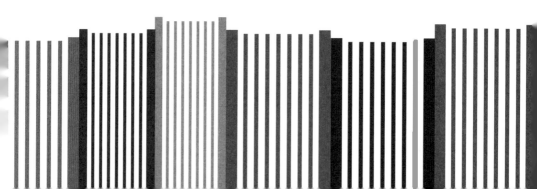

091

책은 이재명에게 어떤 무기인가?

책은 이재명에게 칼이 아니라 망치다. 적을 찌르기 위한 날카로운 논리의 무기이기보다는, 세상의 틀을 두드리고 깨뜨리고 다시 조립하기 위한 도구. 즉, 파괴가 아닌 재구성의 힘이다. 그는 책을 읽고 난 뒤, 그 내용을 무기로 삼아 누군가를 꺾으려 하기보다는, 그 책에서 얻은 시각으로 현실을 다시 꿰고, 권력을 다시 읽고, 사람들을 다시 바라보려 한다.

그는 책을 '무기'라고 부르기를 주저하지 않는다. 하지만 그 무기는 기득권의 말이 너무 클 때, 약자의 말이 너무 작게 들릴 때, 그 차이를 메우기 위한 증폭기로서의 무기다. 즉, 책은 권력을 위해 쓰는 것이 아니라, 권력을 다시 구성하기 위한 수단으로 쓰인다. 이재명이 말하는 책의 가장 강력한 기능은 말할 수 없는 사람들에게 말할 수 있는 언어를 제공하는 것이다.

《페다고지》에서 파울로 프레이리가 말한 '의식화'를 인용하며, "문해(文解)는 곧 무장의 시작이며, 독해는 곧 투쟁의 서문이다"라고 했다.

《페다고지》는 억압받는 사람들을 위한 해방의 교육론이다. 프레이리는 교육이 단순한 지식 전달이 아니라, 피억압자들이 억압의 구조를 인식하고 스스로 해방하는 과정이라고 본다. 그는 전통적인 교육 방식을 '은행 저축식 교육'이라고 비판한다. 즉, 교사는 지식을 예금하는 자이고 학생은 수동적으로 지식을 저장하는 계좌로 취급되는데, 이는 권위주의적이고 억압적인 교육의 본질이다. 이런 방식으로는 학생이 현실을 비판적으로 바라보지 못하게 되고, 체제 유지에 순응하는 인간만 양산하게 된다.

프레이리는 이에 맞서 '문제 제기식 교육'을 제안한다. 교사와 학생이 대화적 관계를 맺으며, 서로 배우고 가르치는 존재로 성장해야 한다는 것이다. 학생은 단순한 지식의 수용자가 아니라 비판적 사고를 통해 세상을 바꾸는 주체로 자리 잡아야 한다. 이를 위해 프레이리는 '의식화(conscientization)'라는 개념을 강조한다. 피억압자가 자신의 사회적 위치를 인식하고, 억압의 메커니즘을 이해하며, 변혁의 주체로 나아가는 과정이다.

《페다고지》는 억압과 해방의 구조적 관계를 명확히 드러낸다. 억압자는 피억압자를 비인간화하며 자신들의 특권을 유지하려 하고, 피억압자는 억압자의 시선을 내면화해 자기 비하에 빠진다. 프레이리는 이 악순환을 끊기 위해 피억압자가 먼저 인간성을 회복하고 공동체 속에서 연대하며 변화를 이끌어야 한다고 본다. 교육은 바로 그 출발점이다.

책은 누군가에게는 여가이고, 누군가에겐 교양이지만, 이재명에
겐 '내 삶이 정당한 이유를 증명하는 도구'였다. 예컨대, 그는 불공정
을 말할 때 《정의란 무엇인가》보다도 《우리는 차별에 찬성합니다》를
먼저 꺼내 들었다. 불평등을 설명할 때 통계보다 세스 다비도위츠의
《모두 거짓말을 한다》의 데이터 사회 속 인간 군상의 초상화를 인용
했고, 분배를 주장할 때에도 피케티의 《자본과 이데올로기》를 통해
소득보다 자산의 형평성을 문제 삼았다.

그는 말한다.

"책은 나에게 싸움의 근거가 아니라, 싸움의 방향을 알려주는 나
침반이었다."

책은 또 하나의 무기다. 자기검열에 맞서는 무기. 자기 회피를 버
리게 만드는 무기. 그리고 자기기만을 끊어내는 무기. 그는 책을 읽
으며 자신이 놓친 것을 되짚고, 놓친 사람을 돌아보고, 놓친 질문
을 다시 찾았다. 그래서 그는 정치인으로서뿐 아니라 한 인간으로서
"책은 내가 다시 나로 돌아오기 위한 철학적 거울이었다"고 했다.

책은 이재명에게 있어 이렇게 작용한다.

- 현실을 꿰뚫는 렌즈
- 권력의 구조를 보는 도면
- 감정의 구조를 읽는 언어
- 행동의 방향을 설정하는 설계도

책은 어떤 날엔 그에게 '길'이 되었고, 또 어떤 날엔 '법'이 되었으며, 그리고 지금은 "전장에 나가기 전 손에 쥔 마지막 무기"가 된다.

그는 말한다.

"책은 나를 무장시켰고, 무장한 나는 말할 수 있었고, 말할 수 있었기에, 존재할 수 있었다."

이재명에게 책은 무기다. 그러나 그 무기는 누구를 꺾기 위한 칼이 아니라, 꺾이지 않기 위한 방패이고, 부러졌던 자신을 다시 고치는 연장의 언어였다. 그는 그 무기로 세상을 바꾸려 한다. 아니, 그 무기로 자신을 증명하고, 자신을 증명함으로써 세상에 말 걸려 한다. 그리고 그 시작은 언제나 책이었다.

작은 문장 하나가 거대한 구조를 흔드는 순간, 그는 싸우고, 살아가고, 책장을 넘긴다. 끝나지 않는 서사의 무기를 들고.

092

그는 왜 끝없이 질문하는가?

이재명은 답보다 질문을 더 사랑하는 정치인이다. 답은 닫힌 문이지만, 질문은 열려 있는 가능성이기 때문이다. 그는 현실을 정답지처럼 대하지 않는다. 오히려 세상은 "정답이 없다는 사실을 인정할 때 비로소 정직해진다"고 믿는다. 그래서 그는 질문을 멈추지 않는다. 질문은 그에게 불복종이고, 반성이고, 살아 있다는 증거다.

이재명이 질문을 멈추지 않는 첫 번째 이유는, 그가 답을 가진 사람이 아니라, 답을 찾아야만 했던 사람이기 때문이다. 그는 태어날 때부터 구조에 순응하지 못했다. 초등학교 졸업 후 공장에 들어간 그는, '왜 나는 학교에 갈 수 없는가', '왜 나는 열여섯 살인데 손가락이 굽어야 하는가', '왜 이 고통은 아무도 책임지지 않는가'와 같은 질문을 품었다. 누구도 친절히 대답해주지 않기에, 그는 스스로 묻고 스스로 찾아야 했다. 질문은 생존이었고, 질문은 자존이었다.

두 번째 이유로, 질문이 권력을 견제하는 유일한 장치라는 걸 그는 뼛속 깊이 안다. 정치인은 답을 말하려 하고, 국민은 질문을 던져야 한다. 그러나 그는 그 반대를 택했다. 정치인이 먼저 묻는다. '우리는 지금 어디로 가고 있는가?', '정말 이것이 최선인가?', '이 결정은 누구를 위한 것인가?' 그는 답을 제시하기보다, 질문을 열어두고 싶어 한다. 왜냐하면 닫힌 권력이 가장 먼저 죽이는 것은, 질문하는 권리이기 때문이다.

세 번째로, 그는 질문이 사람과 사람 사이의 유일하게 정직한 다리라고 믿는다. 누군가를 설득하려 할 때, 정답을 들이밀면 상대는 벽을 친다. 하지만 "당신은 어떻게 생각합니까?"라고 묻는 순간, 벽은 허물어지고 대화가 시작된다. 이재명은 정치가 대결이 아니라 설득이어야 한다고 생각한다. 그래서 그는 질문한다. 질문을 통해 국민의 말문을 열고, 또 자신의 말문도 다듬는다.

그는 책을 읽고 질문하고, 질문하고 나서 다시 책을 읽는다. 이순신에게 "두려움이 없었는가"를 묻고, 카뮈에게 "왜 인간은 부조리를 견디는가"를 묻고, 롤스에게 "정의는 정말 모두를 위한 것인가"를 묻는다. 그리고 다시 자신에게 묻는다.

"나는 정말 정의로운가?"

"나는 누구의 편에 서 있는가?"

"지금 이 결정은 누구에게 이익이고, 누구에게 상처인가?"

질문이 계속되는 한, 그는 정치라는 권력의 자리에서 사람을 잊지 않을 수 있다. 질문이 계속되는 한, 그는 자신이 옳다고 확신하지 않을 수 있다. 질문이 계속되는 한, 그는 살아 있는 정치인으로 남는다.

그는 말한다.

"나는 확신의 정치인이 아니라, 질문의 정치인이고 싶다. 질문은 나를 교만하지 않게 만들고, 타인을 단정하지 않게 한다."

질문은, 그에게 사유의 시작이자, 정치의 겸손이며, 한 인간으로서의 마지막 남은 윤리다. 이재명이 끝없이 질문하는 이유는 단 하나다. 세상이 아직 완성되지 않았기 때문이다. 그리고 그 미완의 세계를, 책과 질문으로 다시 짓기 위해 그는 오늘도 묻는다.

"이 길이 옳은가?"

그리고 그 질문이 끝나지 않는 한, 그의 정치도 끝나지 않는다.

093

그는 어떤 질문에 답하고 싶은가?

이재명이 진심으로 답하고 싶은 질문은 화려한 언변이 필요한 정책 브리핑도, 숫자로 승부하는 경제지표도 아니다. 그가 가장 강렬하게, 오랫동안 그리고 조용히 스스로에게 던진 질문은 이런 종류다.

"나는 왜 이 길을 가는가?"

"나는 정말 사람을 위한 정치를 하고 있는가?"

"지금 내 선택이 가장 약한 사람을 위하고 있는가?"

그는 화려한 성취나 성공 스토리에 답하고 싶은 것이 아니다. 그가 진심으로 답하고 싶은 질문은, '내가 옳았는가?'가 아니라 '내가 누구였는가?'에 대한 것이다. 정치인이 아니라 한 사람으로서, 그는 "나는 어떤 사람인가"라는 물음 앞에서만 정직할 수 있다고 믿는다.

그래서 그는 매번 되묻는다.

"지금의 나는 열여섯 살의 나에게 부끄럽지 않은가?"

이재명은 정치적 질문에도 본능적으로 반응한다.

"정의란 무엇인가?"

"공정은 누구를 위한 것인가?"

"가난은 개인의 책임인가, 구조의 문제인가?"

이런 질문에 그는 책으로 배운 이론이 아니라, 자신의 피부로 겪은 삶을 바탕으로 답하고자 한다. 정답을 줄 수는 없지만, 그 물음에 삶으로 대답하고 싶다는 것이 그의 태도다. 그가 정말 답하고 싶은 질문은 때로는 너무도 사소하고 인간적이다.

"사람은 왜 서로를 미워하게 되는가?"

"우리는 왜 다르다는 이유로 서로를 밀어내는가?"

"정치는 왜 사람을 구하지 못하는가?"

그는 정치를 오래 했지만, 정치를 통해 늘 미완의 답만 가질 수밖에 없었다. 그래서 그는 답보다, 그 질문을 놓지 않으려는 사람이고자 한다. 누가 정답을 묻더라도, 그는 정직하게 "모른다"라고 말하고, 그 대신 "같이 답을 찾아보자"고 손 내미는 방식의 정치를 택한다. 어쩌면 이재명이 정말로 평생에 걸쳐 답하고 싶은 궁극의 질문은 이 하나일지 모른다.

"나는 정말 누군가에게 필요한 사람이었는가?"

그는 이 질문에, 말이 아니라 정치로, 말이 아니라 정책으로, 말이 아니라 실천으로 답하고자 한다. 그리고 책은, 그가 이 질문에 스스로를 시험하는 가장 조용한 방식이었다. 책을 읽는다는 건, 자신에게 묻고 다시 묻는 일이다.

나는 누구인가. 나는 지금 이 질문 앞에서 진심인가.

이재명은 아직도 그 질문에 답을 쓰는 중이다.

책장을 넘기듯, 매일 하루씩.

094

그는 왜 책 속에서 정치를 찾는가?

이재명은 책 속에서 정치를 찾는다. 현실의 정치는 늘 타협을 요구하지만, 책 속의 정치는 언제나 원칙을 말해주기 때문이다. 책은 정치의 희망을 배반하지 않는다. 책은 권력의 탐욕을 미화하지 않는다. 책은 이기적 계산 대신 정의와 공정을 거론하고, 지배의 기술이 아니라 저항의 언어를 가르친다. 이재명은, 현실에서 정치는 때로 무너지고 타락하고 유혹당하지만, 책 속에서만큼은 정치가 아직 가능하다는 믿음을 발견한다.

그는 법전보다 철학서를 먼저 들었다. 정당의 강령보다 문학 작품에서 사람의 마음을 먼저 읽었다. 경제학 개론보다 먼저 "왜 불평등은 반복되는가?", "정의란 실현 가능한가?", "권력은 어떻게 윤리가 될 수 있는가?" 같은 질문을 던지는 책들을 들여다봤다. 그에게 정치란 제도 이전의 언어이며, 책은 그 언어를 가르쳐주는 첫 수업이었다.

책 속의 정치는 계파가 없다. 당리당략도 없다. 표 계산도 없다. 오직 사람과 사람 사이의 존엄, 책임, 신뢰 같은 오래된 언어만 있다.
그는 그것이 정치의 본질이라고 믿는다. 그는 현실 정치에서 조롱과 비난을 받을 때마다 책 속의 그 문장들로 돌아가 균형을 잡는다.

"고통받는 자와 함께하지 않는 정치인은 지도자가 아니라 관리자이다."

"민주주의는 언제나 불편한 질문을 던지는 자들의 것이다."

그는 이런 문장을 책에서 읽고, 가슴에 새기고, 현실에서 구현하려 했다.

이재명이 책에서 정치를 찾는 이유는 또 있다. 책은 침묵하는 자의 증언이기 때문이다. 역사서, 르포, 전기, 소설, 시 – 모두 말할 수 없었던 사람들이 남긴 목소리들이다. 정치란 그 침묵을 대변하는 일이기에, 그는 책을 정치의 가장 정직한 연습장이라 여긴다. "책을 읽는 것은 민중의 눈으로 세상을 다시 보는 일이다."라고 믿는다.

그리고 마지막으로, 책은 그에게 정치가 여전히 사람을 구할 수 있는 일이라는 희망을 남긴다. 정치가 시스템이 아니라 사람 사이의 신뢰를 회복하는 일이라면, 그 설계도는 정당이 아니라 책에 있다.

책이 말한다. "사람이 먼저다"라는 구호가 진짜가 되려면, 먼저 사람을 이해해야 하고, 사람의 고통을 알아야 한다. 그것이 책이 해주는 일이다. 그래서 그는 책 속에서 정치를 다시 배운다. 그리고 그 배움을 통해 현실을 설계한다.

요컨대, 이재명이 책 속에서 정치를 찾는 이유는 세 가지다.

1. 정치의 원형이 책 안에 남아 있기 때문에

2. 현실이 잃어버린 윤리와 질문이 책에 살아 있기 때문에
3. 정치가 다시 사람을 위한 것이 되려면, 사람을 기록한 책에서부터 다시 시작해야 하기 때문에

그는 말한다.

"책 속에는 아직도 가능성이 있다. 정치가 사람을 잃어버릴 때, 나는 책 속에서 사람을 다시 만난다. 그리고 그 사람을 위해 정치를 다시 시작한다."

그에게 책은 거울이고, 정치는 그 거울을 들고 세상 앞에 서는 일이다.

095

이재명은 왜 독서를 중단하지 않는가?

이재명은 독서를 중단하지 않는다. 왜냐하면 그의 삶은 질문으로 이루어져 있고, 질문은 언제나 책으로 이어지기 때문이다. 그는 정치인이기 전에 한 인간으로서, 멈추지 않는 질문과 의심, 흔들림 속에서 버티고 싸우기 위해 책을 붙잡는다. 세상이 어지럽고, 공격이 거세지고, 진실이 왜곡될수록 그는 더욱 책으로 들어간다. 책은 그의 은신처가 아니라, 재충전을 위한 장소이며, 전략실이고, 양심의 고문대다.

그는 독서를 중단하지 않는다. 왜냐하면 한 권을 읽을수록 또 다른 질문이 생기고, 그 질문은 다시 또 다른 책을 불러오기 때문이다. 그는 독서를 지식 축적이 아니라 의심의 연쇄, 사유의 연쇄라고 정의한다.

"책을 읽으면 답이 나오는 게 아니라, 답이 사라지고 질문만 남는다. 그리고 그 질문이 나를 다시 정치의 출발선으로 데려간다."

그의 말이다.

그는 현실 정치의 변덕 앞에서도 책을 놓지 않는다.

사건은 하루 만에 바뀌고, 여론은 3시간마다 요동치고, 친구는 적이 되고 적은 동지가 되는 세계에서 그를 붙잡아주는 것은 늘 책 속 문장들이다.

그는 말했다.
"책을 읽는다는 건, 나의 기준이 바깥에서 흔들릴 때, 내 안에 다시 단단한 기준을 세우는 일이다."
그리고 그는 독서를 멈추지 않는 이유로 '정치의 속도'와 '사람의 속도' 사이의 간극을 메우기 위해서라고 말한다. 정치는 빠르다. 클릭 한 번, 말 한마디, 자막 한 줄이면 수천만 명이 움직인다. 하지만 사람은 느리다.

고통을 이해하려면 시간이 필요하고, 상처를 어루만지려면 온기가 필요하다. 책은 그 느린 사람의 속도에 맞춰준다. 그래서 그는 책을 통해 다시 사람의 속도를 배우고, 정치의 속도를 다시 점검한다.
그는 독서를 멈추지 않는 이유를 자기 자신에게 기만당하지 않기 위해서라고도 말한다. 책은 거울이다. 정치인은 거울을 보는 법을 자주 잊는다. 카메라와 지지율, 방송과 구호는 자신을 비추는 것 같지만, 사실은 왜곡된 반사일 뿐이다. 책 속의 문장만이 그를 가끔씩 정직하게, 그리고 고통스럽게 바라보게 만든다.
그는 독서를 하며 자신의 거짓말을 들키고, 자신의 착각을 부끄러워하고, 자신의 욕망을 마주하게 된다. 그래서 그는 책을 계속 읽을 수밖에 없다. 책만이 자신을 다시 정치인으로 되돌리는 통로이기 때문이다.

그는 정치의 언어로 말할 때는 단호하지만, 책의 언어로 자신을 돌아볼 때는 조용하고 섬세하다. 그 침묵 속에서 그는 또 한 줄을 읽고, 또 한 문장을 밑줄 긋고, 다음 날의 정치로 나아간다. 그에게 독서는 습관이 아니라 윤리이며, 지식이 아니라 책임이다.

이재명은 말한다.

"나는 책을 읽기 위해 정치하는 게 아니라, 정치를 하기 위해 책을 읽는다."

그래서 그는 독서를 멈추지 않는다. 그는 아직 완성되지 않았기 때문에. 세상은 여전히 불완전하기 때문에. 그리고 그 불완전함 속에서도 질문하고, 흔들리고, 성장하려는 사람으로 남기 위해. 그는 오늘도 책장을 넘긴다.

다시, 처음처럼.

096

그는 언제 책을 덮는가?

이재명은 책을 거의 덮지 않는다. 아니, 좀 더 정확히 말하자면, 그는 물리적으로 책을 덮을 수 있어도, 마음속에서 책장을 닫는 법은 모른다. 그의 책은 늘 열려 있다. 현실의 상황에 따라, 강물처럼 흘러 다니는 맥락에 따라, 그가 읽은 책의 문장들은 끝없이 재해석되고, 다시 열리고 되새김질 된다. 그렇다고 해서 그가 책을 마냥 붙잡고만 있는 건 아니다. 그는 '읽을 때'보다 '덮을 때'를 더 치열하게 고민하는 사람이다.

그는 언제 책을 덮는가?

질문이 끝났을 때가 아니라, 그 질문을 행동으로 옮겨야 할 때다. 그는 '읽은 책을 곧장 실천의 무대에 올려야 한다'는 신념을 가졌다.

책은 행동의 예고편이지, 결말이 아니다. 그는 마르크스가 "철학은 세상을 해석하는 데 그치지 않고, 변화시키는 것이어야 한다"고 말했을 때, 그 말을 자기 독서의 원칙처럼 받아들였다. 그에게 책을 덮는 순간은 곧, 실천이 시작되는 신호탄이다.

그가 책을 덮을 때가 있다. 하지만 그것은 책이 틀렸기 때문이 아니라, 책이 말하는 이상과 현실 사이의 간극을 넘어서야 할 때다. 가령 그는 '정의'에 대해 책으로 수십 번 고민했지만, 정의롭지 않은 상황 앞에서는 책의 문장을 내려놓고 몸으로 부딪쳤다.

그는 말했다.
"책은 정의를 말해준다. 하지만 현장은 정의를 요구한다. 그 순간 책을 덮고, 눈을 들고, 입을 열고, 발을 내디뎌야 한다."

또 그는, 책이 현실을 오도할 때 덮는다.
세상의 고통을 멋진 이론으로 포장하려는 책들, 현장의 절망을 수치로만 설명하는 보고서 같은 책들, 차별과 혐오를 우아한 말로 윤색하는 텍스트들 – 그는 그런 책은 주저 없이 덮는다. 그는 "책은 진실을 말하지 못할 때, 침묵하는 것이 낫다"고 믿는다.

그는 사람 앞에서 책을 덮는다. 그가 누군가의 고통을 직접 마주했을 때, 정답이 아니라 경청과 공감이 필요한 순간, 그는 책을 조용히 덮는다. 책이 아무리 훌륭해도, 그 순간 필요한 건 한 문장의 철학이 아니라, 한 번의 눈 맞춤, 한숨 섞인 '그랬구나'라는 말이기 때문이다.

그는 사람 앞에서 이론보다 체온을 택한다. 그는 책을 읽었기에 사람을 이해하고, 사람을 이해했기에 다시 책을 덮는다. 요약하자면, 이재명이 책을 덮는 순간은 세 가지다.

1. 행동이 시작되어야 할 때

2. 현장이 이론을 거부할 때

3. 사람의 고통이 말보다 앞설 때

책을 덮는다는 건, 그에게 있어 책을 버리는 게 아니라, 책이 그에게 명령한 것을 수행하기 위해 책을 잠시 내려놓는 것이다.

"읽었으면 이제 움직여라."

그 메시지를 받은 순간, 그는 책을 덮고 거리로 나간다. 법정으로, 회의실로, 현장으로, 사람들 사이로. 그리고 돌아오면 다시 책을 연다. 다음 싸움을 준비하기 위해. 다음 질문을 던지기 위해. 다음 고통을 마주하기 위해. 이재명은 책을 덮되, 절대 닫지 않는다. 그에게 책은 언제나 열려 있는 질문이며, 닫힌 적 없는 사유의 통로다.

097

그는 책을 국민에게
어떻게 전달하려 했는가?

이재명은 책을 국민에게 강요하지 않는다. 하지만 그는 국민이 책을 '읽게끔 만드는 정치'를 하고자 했다. 문고판을 들고 연단에 오르진 않았지만, 그가 펼친 정책 하나하나, 연설 한 문장, 인터뷰 한 대목 속에는 언제나 책이 있었다. 그는 책을 손에 쥐여주는 방식 대신, 현실을 통해 책의 질문을 국민의 가슴에 심는 방식을 택했다. 그가 책을 국민에게 전달하려 했던 방식은 세 가지다.

첫째, 말의 방식으로.

그는 언론과의 인터뷰, 정책 해설, SNS 글 한 줄조차도 항상 독서에서 비롯된 문장력을 통해 설계했다. 정책 브리핑이 아니라 인문학 강의 같았고, 비난 반박이 아니라 구조적 통찰로 응수했다. 그가 자주 언급한 《정의란 무엇인가》, 《국가란 무엇인가》 같은 책들은 더 이상 책장 속에 갇힌 문장이 아니라, 그의 입을 통해 국민이 "들어본 것 같고, 어렴풋이 아는 것 같은" 일상 언어로 번역되었다. 그는 책을 '정치 언어로 해설해주는 번역자'였다.

둘째, 정책의 방식으로.

기본소득, 기본주택, 기본대출 같은 정책들에는 소득주도 성장론, 복지국가론, 기본소득론 같은 이론 서적의 핵심 개념들이 녹아 있었다. 국민은 책을 읽지 않아도 그 정책을 체감하며 '책이 말한 정의란 이런 것이구나' 하고 깨닫는다. 그는 이론을 설파하지 않았고, 정책을 통해 실천했다. 책의 가르침이 삶에 닿는 순간, 그것은 문장 아닌 경험이 된다. 그는 그 지점을 정확히 알고 있었고, 그 감각으로 정책을 설계했다.

셋째, 삶의 방식으로.

그는 스스로의 이야기를 통해 책이 단지 지식이 아니라 존재의 무게를 버티는 기술임을 드러냈다. 소년공에서 검정고시, 고시 합격, 정치 입문까지 – 그 모든 과정에서 책이 어떻게 작용했는지를 구체적 서사로 말해주었다.

그는 "책을 읽으라"는 말 대신 "내가 책으로 살아남았다"고 증언했다. 이 증언은 그 어떤 독서 강연보다 설득력 있다. 책은 성공을 위한 도구가 아니라, 버텨내기 위한 무기임을 그는 삶으로 증명했다. 그는 국민에게 책을 이렇게 전달했다.

- 말로 번역하고,
- 정책으로 구현하고,
- 삶으로 증명했다.

책은 누구나 읽을 수 있지만, 모두가 이해하진 않는다. 그는 책의 언어를 삶의 언어로 통역하고, 이론의 장벽을 감정의 언어로 무너뜨리려 했다. 그에게 책은 엘리트의 전유물이 아니다. "배운 사람만 읽는 책이 아니라, 고통받는 사람이 살아남기 위해 꼭 쥐고 있어야 하는 도끼"다.

그는 그 도끼를 들고 살았고, 그 도끼를 국민의 손에도 쥐여주려 했다. 그 도끼는 언젠가 진실을 쪼갤 것이다. 그 믿음으로, 그는 책을 읽고, 정치를 하고, 국민에게 다시 책을 돌려준다.

098

그는 독서를
어떻게 실천으로 바꾸었는가?

이재명에게 독서는 정지된 언어가 아니라 움직이는 도구였다. 그
가 책을 읽을 때마다 머릿속에는 한 가지 질문이 맴돌았다.

"이걸 현실에 어떻게 옮길 수 있을까?"

단순히 개념의 이해에서 멈추는 독자가 아니라, 실천으로 이끄는
독자로 그는 철저하게 자신을 훈련했다. 책장이 넘어갈 때마다 생각
의 무게가 달라졌고, 생각이 무거워질수록 그의 정책은 더 구체적으
로 변했다. 종이 위에서 배운 것들은 곧바로 사람들의 삶 속으로 투입
되었다. 이것이 바로 이재명이 독서를 실천으로 바꾸는 방식이었다.

가장 대표적인 사례는 기본소득이다. 그는 토마 피케티의 《21세기
자본》을 읽으며 자본주의 구조의 심각한 불평등을 목격했다. 피케티
는 자본 수익률이 경제성장률을 초과하는 한 불평등은 필연적이라
고 말했다. 이재명은 이 이론을 덮어두지 않았다. 경기도지사 시절
그는 곧바로 청년 기본소득을 도입했다. "피케티가 말했듯, 불평등
은 구조적이다. 그러니 해결책도 구조적이어야 한다"라는 그의 언급
은, 독서가 단순한 책 속의 지식으로 머무르지 않고 정책으로 현실

화한 상징적 장면이다.

　이 정책은 단순히 '돈을 나눠주는 것'이 아니었다. 청년들에게는 '기회의 평등'을, 지역경제에는 '선순환 구조'를 목표로 했다. 지급된 기본소득은 지역 화폐로 배포되어 자금이 지역 상권에서 다시 소비로 이어지도록 설계했다. 피케티의 이론이 그의 머릿속에만 머물렀다면 이런 정교한 시스템은 탄생하지 못했을 것이다.

　또 다른 사례는 부동산 정책이다. 이재명은 조지프 스티글리츠의 《불평등의 대가》를 탐독하며 시장 실패의 본질을 읽었다. 스티글리츠는 정부가 시장에 적극 개입하지 않으면 불평등은 더 심화된다고 경고했다. 이재명은 이를 현실에서 바로 실험했다.

　성남시장 재임 시절, 전국 최초로 공공개발 이익을 시민들에게 돌려주는 '성남 판교 대장동 공영 개발'을 추진했다. 당시 그는 "공공이 땅 장사를 하면 안 된다. 개발이익은 시민의 것"이라고 말하며, 책에서 읽은 시장 실패의 교훈을 실천적 경제정책으로 승화시켰다. 2018년 이재명은 경기도지사 유세에서 "5,503억 원을 한 푼도 안 들이고 성남시 수익으로 만들었습니다."라고 말했다.

　이재명은 행정 스타일 자체도 책에서 배웠다. 마키아벨리의 《군주론》을 인용하며, "정치란 결국 결과로 평가 받는다"고 자주 말했다. '선의'로 포장된 공허한 약속이 아니라, 실질적인 결과를 중시하는 마키아벨리적 현실주의를 그는 정책의 좌표로 삼았다. 그래서 그는 행정에서도 탁상공론보다 현장을 중시했다. 시장 시절 그는 직접 현장을 찾아다니며 문제를 확인하고, "서류로 보기 좋은 보고서는 버려라. 현장 보고서를 가져오라"고 강조했다. 말로만 국민을 위하는 정치는 아무 의미 없다고 그는 단언했다.

또 하나 흥미로운 사례가 있다. 팬데믹 초기에 경기도는 전국에서 가장 빠르게 재난기본소득을 전 도민에게 지급했다. 그는 팬데믹 위기를 피케티와 스티글리츠의 '국가의 역할'에 대한 논의로 재해석했다. 시민들은 예기치 못한 재난 앞에서 국가가 어떻게 신속히 개입해야 하는지 알게 되었고, 국가가 사회적 안전망이 되어야 한다는 걸 그의 행동으로 목격했다. 그는 "국가는 위기 앞에서 시민의 방파제가 되어야 한다"고 말했다. 이는 마이클 샌델의 《정의란 무엇인가》에서 읽은 "정의는 공동체적 책임"이라는 통찰이 살아 숨 쉰 정책이었다.

독서에서 그가 실천으로 옮긴 또 다른 분야는 법과 정의다. 그는 법률가로서 법의 한계를 뼈저리게 느꼈다. 막스 베버의 《직업으로서의 정치》를 읽으며, "정치는 열정과 책임감의 균형 속에서 이루어져야 한다"는 베버의 말을 새겼다. 그래서 그는 정치인의 사명은 법의 테두리를 넘어 정의를 구현하는 것이라 믿었다. 그는 종종 "법이 정의를 외면하는 순간, 정치는 그 법을 바로잡아야 한다"고 강조했다. 경기도지사 시절, 공공의 이익을 위해 법적 한계에 맞서 싸운 '공공배당형 개발'은 바로 그런 실천의 한 예다.

이재명은 사람을 다루는 법도 책에서 배웠다. 그는 한강의 《소년이 온다》를 읽고, 국가 폭력의 상처가 어떻게 사회적 트라우마로 남는지 절감했다. 그래서 그는 광주를 방문할 때마다 희생자와 유족들에게 "책에서 읽은 광주는 추상적이지만, 당신들의 고통은 너무나 구체적"이라고 말하며 위로했다. 이처럼 그는 책에서 얻은 교훈을 단순히 머릿속에 두지 않고, 인간적인 공감으로 바꾸었다.

심지어 그의 언어 사용법조차 독서에서 길어 올린 실천의 일부다. 그는 《손자병법》에서 "전쟁은 속임수의 길"이라는 구절을 인용하며, 정치적 수사와 전략을 세밀하게 다듬었다. 그의 직설적이고 간명한 화법, 민생을 지향하는 정책 프레임은 단순히 '이재명 스타일'이 아니라, 독서를 통해 연마한 전략적 언어다.

이재명에게 독서는 '정치적 행동 설명서'였다. 한 장 한 장 넘길 때마다 그의 정치적 무기가 하나씩 늘어났고, 그는 그 무기들을 실제 전장 – 즉 현실 정치 – 에서 아낌없이 사용했다. 독서가 끝나는 순간, 그의 실천이 시작됐다. 그래서 그에게 책은 책장에 꽂혀 있는 장식품이 아니라, 국민을 위해 사용할 전략 지침서였고, 그의 정책과 철학을 관통하는 숨은 설계도였다.

그가 말했다.

"나는 책으로 싸운다. 책으로 정책을 만든다. 책으로 세상을 읽고, 바꾼다."

그 말은 과장이 아니다. 책은 그의 손에서 현실로 옮겨졌고, 그의 입에서는 정책 언어로 발화됐으며, 그의 발걸음은 책이 가리키는 방향으로 걸어 나갔다.

099

그는 어떤 책으로
다음 세대에 유산을 남기고 싶은가?

이재명이 다음 세대에 남기고 싶은 책은 단 한 권의 고전도, 정치 입문서를 집대성한 교과서도 아니다. 그는 정답을 남기려 하지 않고, 질문을 남기고 싶어 하는 사람이다. 그가 다음 세대에 전하고 싶은 책은 오히려 완성된 지식이 아니라, 끝나지 않은 문제를 품고 있는 책이다. 그래서 그가 언급한 책들을 보면 눈에 띄는 공통점이 있다. 모두 "답이 아니라 싸움"을 남긴다.

그가 가장 자주 언급한 책 중 하나는 한나 아렌트의 《전체주의의 기원》이다. 이 책에서 아렌트는 말한다.

"악은 생각하지 않는 데서 비롯된다."

이재명은 이 문장을 굉장히 중요하게 여겼다. 그는 아렌트의 책을 통해 "질문하지 않는 태도, 비판하지 않는 습관이 어떻게 민주주의를 파괴하는지"를 보았다. 그는 이 책을 다음 세대에 남기고 싶어 한다. 민주주의는 시스템보다 정신이 먼저이고, 그 정신은 바로 '의심하는 힘'이기 때문이다.

그는 빅터 프랭클의 《죽음의 수용소에서》도 언급했다. 이 책은 단지 고통의 서사가 아니라, 고통 속에서 삶의 의미를 찾으려는 인간의 태도에 대한 안내서다. 이재명은 이 책을 통해 정치는 고통을 지우는 일이 아니라, 고통을 설명하고 이해시키는 과정이라는 것을 배웠다고 한다. 그는 다음 세대가 이 책을 통해 "고통에 굴복하지 않고 고통을 해석할 수 있는 힘"을 얻길 바란다.

그리고 그는 에드워드 사이드의 《지식인의 표상》을 거론한 적도 있다. 이 책은 '침묵하지 않는 지식인', '권력에 기대지 않는 지식인'을 이야기한다. 에드워드 사이드는 지식인을 단순한 전문가나 권위자로 보지 않는다. 오히려 그는 지식인을 권력과 타협하지 않고 진실을 말하는 사람, 사회적 양심의 화신으로 정의한다. 사이드는 지식인이란 본질적으로 '외부인', 즉 권위적 질서나 사회적 기득권 집단의 내부자가 아니라, 언제나 비판적 거리를 유지하는 존재라고 강조한다. 이들은 기존 질서에 순응하지 않고, 불편한 진실을 밝히며, 권력의 왜곡된 언어에 맞서야 한다.

이재명은 자신이 정치인이지만, 동시에 질문하는 시민으로서, 늘 권력 바깥의 목소리에 귀 기울이는 태도를 갖고자 했다. 그는 이 책을 통해 "지식과 권력은 분리되어야 한다"는 경계심을 다음 세대에게 남기고자 한다.

무엇보다 그가 남기고 싶어 하는 것은, 한 권의 책이 아니라, 책과 함께 살아가는 태도다.

"책을 읽는 인간은 다치지 않는다. 무너져도 다시 일어설 수 있다. 책은 그 사람의 무기이자 방패가 되어줄 것이다."

그는 이렇게 말하곤 했다.

그래서 이재명이 남기고 싶은 유산은,

1. '생각하는 시민'이 되는 법을 알려주는 책
2. '고통을 감당하는 인간'이 되는 길을 열어주는 책
3. '정치에 저항할 수 있는 사람'이 되는 마음을 키워주는 책

즉, 그는 다음 세대가 '체제의 순응자'가 아닌 '질문하는 인간'으로 남기 바란다. 그리고 그 길에 책이 함께하길 바란다.

그는 말했다.

"나는 내가 읽은 책을 전하고 싶은 게 아니라, 내가 책으로 버텨낸 그 감정을 전하고 싶다. 책이 나에게 준 용기, 책이 나를 지켜준 시간, 그 모든 것을 다음 세대에게 남기고 싶다."

100

이재명에게 '책이란 무엇인가?'

그에게 책은 '장식'도 아니고, '교양'도 아니며, '수단'도 아니다. 책은 그의 유일한 멘토였고, 변호인이었고, 전쟁터에서의 무기이자 생존을 위한 도끼였다. 어릴 적 학교 대신 공장에서 기계를 배웠고, 밤엔 숨죽여 인쇄된 글자 속으로 도망쳤다. 세상에 물어도 대답이 없을 때, 책만은 언제나 침묵 속에서 응답했다.

책은 그에게 세상이 '이래야 한다'고 말한 유일한 존재였다. 그는 배운 것이 없다고 스스로를 낮췄지만, 책 앞에서 누구보다 치열한 학생이자, 끈질긴 독자였다. 책은 그에게 '근거'였다. 정치를 시작하며 그가 마주친 현실은 매 순간이 의심과 비난, 억측과 공격의 연속이었다. 그 모든 혼란 속에서 그는 매번 책으로 돌아갔다.

책은 그에게 "왜 싸워야 하는지", "어디까지 밀고 가야 하는지", "무엇을 지켜야 하는지"를 가르쳤다. 책 속에서 그는 정의와 공정, 자유와 평등, 고통과 인간성에 대해 배웠고, 그 배움은 그의 말에 살이 되고, 정책에 뼈가 되었으며, 정치의 방향이 되었다. 정책은 늘 시대의 해석이고, 책은 시대를 해석하는 가장 깊은 방법이었다.

책은 그에게 '방패'이기도 했다. 온갖 억측과 거센 공격이 몰려올 때, 그는 말로 싸우기보다 책으로 버텼다. 책 속의 문장 하나, 사상 하나, 철학 하나가 그를 고립에서 꺼내고, 침묵에서 말하게 하고, 굴복 대신 저항하게 했다.

책은 그를 외롭지 않게 만들었고, 무너지지 않게 만들었다. 책은 또, 그에게 '거울'이었다. 권력은 언제나 교만하게 만들고, 권력자는 점점 자기 목소리만 듣게 된다. 그때마다 책은 그의 착각을 찔렀고, 그의 오만을 반사했다.

"너는 진짜 사람을 보고 있는가?"
"너는 지금 누구의 편인가?"
이 물음들을 그는 책 속에서 만났다. 책은 늘 그에게 정직하라고, 아직 부족하다고, 더 생각하고 더 겸손하라고 말해줬다.

그래서 이재명에게 책이란, 싸우기 위한 칼이자, 지키기 위한 방패였고, 버티기 위한 벽이자, 되돌아보기 위한 거울이었으며, 사람을 위한 정치가 가능하다는 단 하나의 증거였다.

책을 읽는다는 건, 그에게 있어 단순한 행위가 아니었다. 그건 사람에 대한 책임이자, 자신에 대한 성찰이고, 정치가 더 나은 내일로 가기 위해 사용하는 유일한 연료였다.

이재명은 말한다.

"책은 내가 나를 지키는 방법이었고, 정치를 지키는 방법이었다. 책을 읽는다는 건, 세상을 포기하지 않겠다는 작은 선언이다."

그러므로 이재명에게 책이란 살아남는 힘, 살아내는 이유, 살아가는 방식이다. 그는 책 속에서 정치를 시작했고, 정치 안에서 책을 다시 펼쳤고, 책을 통해 사람을 만나고, 사람을 위해 다시 책을 써 내려간다.

그는 책으로 자신을 만들었고, 책으로 세상을 바꾸고 싶어 한다.
그의 책장은 아직 덜 채워졌고, 그의 문장은 아직 끝나지 않았다.
책은 그에게 끝이 아닌 시작이자, 질문이며, 희망이며, 의지다.

책장 앞에 선 정치인, 이재명

책은 종종 사람을 만든다. 그리고 드물게, 사람은 책을 다시 쓴다. 이재명은 바로 그 드문 경우에 속한다. 그는 책 속에서 인간을 배웠고, 현실에서 그것을 시험했다. 정치란 불완전한 문장을 완성하려는 시도이며, 책은 그 불완전함을 직시하게 만드는 가장 정직한 거울이었다. 이재명은 말을 잘한다는 평가를 받고 있는데 그것은 독서를 통한 불완전함을 직시하는 힘이다.

최근 〈3프로TV〉와의 인터뷰에서 이재명은 어떤 나라를 만들고 싶냐는 진행자의 질문에 "모두 잘사는 나라"를 만들고 싶다고 말했다. 모두가 잘사는 나라가 가능할까?

"역대 우리 민주당이 성장을 말하지 않은 적은 없습니다. 다만 너무 당연한 것이라서 말하지 않았을 뿐입니다. 성장 없는 분배가 가능하지 않잖습니까? 저는 양극화 해소라는 말을 쓰지 않습니다. 그건 불가능한 일이고 거짓말입니다. 그래서 저는 양극화 축소, 완화라는 말을 씁니다."

이재명의 말에는 현실의 불완전함을 직시하고 본질을 꿰뚫는 힘이 있다.

이 책《이재명의 서재》는, 한 사람의 독서 기록이자, 동시에 한 시대를 견디고 해석하고 다시 써 내려간 사유의 기록이다. 그가 인용한 책들, 추천한 작가들, 밑줄 그은 문장들 속에는 정책보다 깊고, 통계보다 섬세한 세계관이 숨 쉬고 있다.

그것은 누군가에게는 고집이었고, 누군가에게는 신념이었으며, 그 자신에게는 버팀목이자 방향이었다. 이재명에게 정치는 자신을 완성해가는 독서의 연장선이다. 책을 덮은 자리에 법안이 놓였고, 책에서 얻은 질문은 연설문이 되었고, 책에서 배운 윤리는 국정의 기준이 되었다.

그의 정치는 이론의 복사가 아니라, 문장으로 살아낸 실천이었다. 어쩌면 그는 정치인이라기보다 책장 앞에 선 인간이다.

마키아벨리와 한나 아렌트 사이를 오가며 현실과 이상을 두 눈으로 동시에 보는 훈련을 했고, 소년공 시절 처음 손에 쥔 중고 책 한 권이 평생 그를 붙잡은 진짜 멘토였다.

그는 삶에서 무수히 넘어졌고, 책에서 일어났다.

그는 말에서 공격 받았고, 문장에서 위로받았다.

그는 사람에게 상처 받았고, 문학에서 사람을 다시 이해했다.

그래서 우리는 이 질문으로 책을 마친다.

책은 이재명에게 무엇이었는가?

그건 답이 아니다. 그건 시작이다.

그는 책으로 살았고, 책으로 싸웠고, 책으로 증명했다.

그리고, 그가 남긴 책장은 아직 덜 덮였다.

누군가는 그 다음 장을 넘길 것이다.

그의 질문을 안고. 그의 문장을 이어. 그의 방식으로, 아니 자기만의 방식으로. 그러니 이 책은 끝이 아니라, 당신의 책장을 여는 초대장이다.

그가 남긴 서재는 당신의 사유로 완성된다.

조조의 날선 책갈피와
유비의 따뜻한 표지 사이에서

　이재명과 나는 같은 검정고시 출신이다. 우리의 공통점은 그것만이 아니다. 그가 열세 살, 공장에서 기름에 절은 손으로 하루를 버텨야 했을 때, 나는 자전거 행상으로 서울 시내를 누볐고, 밤마다 교과서 대신, 복사된 낡은 책장을 넘기며 세상을 배웠다.

　그에게도, 나에게도 책은 학교였고, 선생이었고, 세계를 여는 창문이었다. 그러니 이 책은, 그에 대한 기록이기 이전에 나와 같은 시간, 같은 어둠을 견딘 사람에게 바치는 우정의 메모다. 그를 다루면서 나는 나를 들여다봤고, 그의 문장들 뒤에서, 나의 결핍과 분투를 다시 맞이했다.

　나는 이재명을 보며 자주 삼국지를 떠올렸다.
　《삼국지연의》의 주인공은 유비다. 그러나 정사《삼국지》의 주인공은 조조다. 사람들은 감정으로 유비를 따르지만, 이성은 조조의 손을 들어준다.

이재명은 조조에 가깝다. 말은 거칠고, 칼은 빠르며, 계산은 날카롭다. 그는 결과를 향해 치닫고, 중간에 서성이지 않는다. 그러나 그 안에 유비의 따뜻함을, 백성을 품으려는 본능을 숨기고 있다. 그는 조조의 지략으로 세상을 분석하지만, 유비의 눈물로 사람을 기억한다.

그 복합성이야말로 이재명의 정치이며, 그 아이러니야말로 이재명의 인간성이다. 나는 이 책을 쓰며 그가 펼쳐 든 책장 하나하나를 추적했고, 그가 덮은 페이지 속 마음의 결을 상상했다.

그는 책을 머리로 읽지 않는다. 가슴으로 읽고, 손으로 붙잡고, 발로 실천한다. 그래서 그의 독서는 분석이 아니라 생존이었고, 교양이 아니라 투쟁이었다.

나는 그 점에서, 그를 모든 독서가 중 가장 실천적인 존재로 본다. 책이 머무는 곳에서 멈추지 않고, 책이 가리키는 길로 한발 더 내딛기. 그것이 이재명의 독서법이다.

나는 이 책에서 그를 신화화하고 싶지 않았다. 그를 지지하기 위한 홍보물도, 그를 비판하기 위한 보고서도 아니다. 다만 한 인간이 어떤 책을 읽고, 그 책으로 무엇을 만들어내고, 그것이 어떻게 다시 사람들의 삶에 영향을 주는지를 기록하고 싶었다. 정치란 한 사람이 읽은 책의 그림자가 한 사회를 덮는 방식이기 때문이다. 그림자는 때로 음울하지만, 그만큼 진실을 담고 있다.

그의 책장이 보여준 고통, 질문, 분노, 열망의 흔적은 그 자체로 한 시대의 초상이다. 나는 그 초상을 조조의 날선 책갈피로, 유비의 따뜻한 표지로 엮어보려 했다. 그리고 이 책을 통해 당신도 누군가의 책장에 작은 흔적 하나를 남길 수 있기를 바란다.

이재명의 서재는 아직 끝나지 않았다.
그리고 당신의 독서도 마찬가지다.
우리는 다만, 그의 책장 앞에서 한 번쯤 멈추고, 읽고, 생각하고, 다시 나아가는 것뿐이다. 그가 걸어간 길 위에 책 한 권의 그림자가 드리워져 있었고, 그 그림자 속에 당신과 나의 이야기가 숨어 있기를 바란다.

책은 멈추지 않고, 질문은 계속된다.
그러므로 이 책은 끝이 아니라, 또 다른 시작이다.

《1984》 – 조지 오웰, 정회성 옮김, 민음사

《21세기 자본》 – 토마 피케티, 장경덕 옮김, 글항아리

《21세기를 위한 21가지 제언》 – 유발 하라리, 전병근 옮김, 김영사

《AI 2041》 – 카이푸 리, 이현 옮김, 한빛비즈

《D에게 보낸 편지》 – 앙드레 고르, 임희근 옮김, 학고재

《감시와 처벌》 – 미셸 푸코, 오생근 옮김, 나남

《강대국 국제정치의 비극》 – 존 미어셰이머, 이춘근 옮김, 김앤김북스

《거대한 전환》 – 칼 폴라니, 홍기빈 옮김, 길(도서출판)

《결정의 원칙》 – 로버트 딜렌슈나이더, 이수경 옮김, 인플루엔셜(주)

《경쟁에 반대한다》 – 알피 콘, 이영노 옮김, 민들레

《경제문감》 – 정도전, 조기영 옮김, 지식을만드는지식

《공동체주의와 공공성》 – 마이클 샌델, 김선욱 외 옮김, 철학과현실사

《공산당 선언》 – 칼 마르크스, 프리드리히 엥겔스, 심철민 옮김, 비(도서출판b)

《국가란 무엇인가》 – 유시민, 돌베개

《국가론》 – 플라톤, 이환 옮김, 돋을새김

《국부론》 – 애덤 스미스, 이종인 옮김, 현대지성

《군주론》 – 니콜로 마키아벨리, 김운찬 옮김, 현대지성

《권력의 조건》 – 도리스 키언스 굿윈, 이수연 옮김, arte(아르테)

《기본소득》 – 가이 스탠딩, 안효상 옮김, 창비

《기본소득이란 무엇인가》 – 다니엘 라벤토스, 이재명 · 이한주 옮김, 책담

《기본소득이 세상을 바꾼다》 – 오준호, 개마고원

《기후정의》 – 한재각, 한티재

《김대중 행동하는 양심으로》 – 김대중, 금문당

《남아 있는 나날》 – 가즈오 이시구로, 송은경 옮김, 민음사

《노동의 종말》 – 제레미 리프킨, 이영호 옮김, 민음사

《노예의 길》 – 프리드리히 A. 하이에크, 김이석 옮김, 자유기업원

《논어》 – 공자, 소준섭 옮김, 현대지성

《대한민국사》 – 한홍구, 한겨레출판

《도넛 경제학》 – 케이트 레이워스, 홍기빈 옮김, 학고재

《돈으로 살 수 없는 것들》 – 마이클 샌델, 안기순 옮김, 와이즈베리

《동물농장》 – 조지 오웰, 도정일 옮김, 민음사

《디지털 거버넌스》 – 조화순, 책세상

《리바이어던》 – 토마스 홉스, 진석용 옮김, 나남

《맹신자들》 – 에릭 호퍼, 이민아 옮김, 궁리

《맹자》 – 맹자, 김원중 옮김, 휴머니스트

《멋진 신세계》 – 올더스 헉슬리, 이덕형 옮김, 문예출판사

《모두 거짓말을 한다》 – 세스 다비도위츠, 이영래 옮김, 더퀘스트

《모두에게 실질적 자유를》 – 필리프 반 파레이스, 조현진 옮김, 후마니타스

《미국 대도시의 죽음과 삶》 – 제인 제이콥스, 유강은 옮김, 그린비

《미래의 충격》 – 앨빈 토플러, 장을병 옮김, 범우사

《민주주의와 교육》 – 존 듀이, 이홍우 옮김, 교육과학사

《법의 정신》 – 샤를 몽테스키외, 이재형 옮김, 문예출판사

《불평등의 대가》 – 조지프 스티글리츠, 이순희 옮김, 열린책들

《불평등의 재검토》 – 아마티아 센, 이상호 옮김, 한울(한울아카데미)

《사랑의 기술》 – 에리히 프롬, 황문수 옮김, 문예출판사

《사랑의 단상》 – 롤랑 바르트, 김희영 옮김, 동문선

《사회계약론》 – 장 자크 루소, 김영욱 옮김, 후마니타스

《설득의 심리학》 – 로버트 치알디니, 황혜숙 · 임상훈 옮김, 21세기북스

《소년이 온다》 – 한강, 창비

《소셜 애니멀》 – 데이비드 브룩스, 이경식 옮김, 웅진지식하우스

《손자병법》 – 손무, 김원중 옮김, 휴머니스트

《수사학》 – 아리스토텔레스, 이종오 옮김, 리잼

《슬픈 열대》 – 클로드 레비스트로스, 박옥줄 옮김, 한길사

《시민의 탄생》 – 송호근, 민음사

《시지프 신화》 – 알베르 카뮈, 김화영 옮김, 민음사

《실격당한 자들을 위한 변론》 – 김원영, 사계절

《실패를 딛고 전진하라》 – 존 맥스웰, 이현수 옮김, 두란노

《아리랑》 – 조정래, 해냄

《안티프래질》 – 나심 탈레브, 안세민 옮김, 와이즈베리

《알지 못하는 아이의 죽음》 – 은유 지음, 임진실 사진, 돌베개

《액체 근대》 - 지그문트 바우만, 이일수 옮김, 강

《앨빈 토플러 부의 미래》 - 앨빈 토플러, 김중웅 옮김, 청림출판

《역사의 역사》 - 유시민, 돌베개

《열세 살 인생 게임》 - 김지환 지음, 최현주 그림, 리틀에이

《예루살렘의 아이히만》 - 한나 아렌트, 김선욱 옮김, 한길사

《예정된 전쟁》 - 그레이엄 앨리슨, 정혜윤 옮김, 세종(세종서적)

《왜 나는 너를 사랑하는가》 - 알랭 드 보통, 정영목 옮김, 청미래

《왜 분노해야 하는가》 - 장하성, 헤이북스

《우리는 어디서 살아야 하는가》 - 김시덕, 포레스트북스

《우리는 차별에 찬성합니다》 - 오찬호, 개마고원

《우리의 불행은 당연하지 않습니다》 - 김누리, 해냄

《우정에 대하여》 - 키케로, 김성숙 옮김, 동서문화동판(동서문화사)

《원칙》 - 레이 달리오, 고영태 옮김, 한빛비즈

《유토피아》 - 토마스 모어, 박문재 옮김, 현대지성

《이것이 모든 것을 바꾼다》 - 나오미 클라인, 이순희 옮김, 열린책들

《이방인》 - 알베르 카뮈, 김화영 옮김, 민음사

《인간성 수업》 - 마사 C. 누스바움, 정영목 옮김, 문학동네

《인간의 조건》 - 한나 아렌트, 이진우 옮김, 한길사

《인생독본》 - 레프 톨스토이, 박형규 옮김, 문학동네

《자본과 이데올로기》 - 토마 피케티, 안준범 옮김, 문학동네

《자본론》 - 칼 마르크스, 김수행 옮김, 비봉출판사

《자본주의와 그 적들》 - 사샤 릴리, 한상연 옮김, 돌베개

《자본주의와 자유》 - 밀턴 프리드먼, 심준보 외 옮김, 청어람미디어

《자아의 원천들》 - 찰스 테일러, 권기돈 · 하주영 옮김, 새물결

《자유로부터의 도피》 - 에리히 프롬, 김석희 옮김, 휴머니스트

《전체주의의 기원》 - 한나 아렌트, 박미애 · 이진우 옮김, 한길사

《정의란 무엇인가》 - 마이클 샌델, 김명철 옮김, 와이즈베리

《정의론》 - 존 롤스, 황경식 옮김, 이학사

《정치의 약속》 - 한나 아렌트, 김선욱 옮김, 푸른숲

《제2의 기계 시대》 - 앤드루 맥아피, 이한음 옮김, 청림출판

《제3의 물결》 - 앨빈 토플러, 김진욱 옮김, 범우사

《조선경국전》 - 정도전, 한영우 옮김, 올재클래식스

《죄와 벌》 - 표도르 도스토옙스키, 김연경 옮김, 민음사

《죽음의 수용소에서》 - 빅터 프랭클, 이시형 옮김, 청아출판사

《지속가능한 미래를 설계하다》 - 박순애 · 김아미, 대영문화사

《직업으로서의 정치》 - 막스 베버, 이상률 옮김, 문예출판사

《차라투스트라는 이렇게 말했다》 - 프리드리히 니체, 장희창 옮김, 민음사

《촘스키, 누가 무엇으로 세계를 지배하는가》 - 노엄 촘스키, 강주헌 옮김, 시대의창

《카라마조프가의 형제들》 - 표도르 도스토옙스키, 김연경 옮김, 민음사

《타인에 대한 연민》 - 마사 C. 누스바움, 임현경 옮김, 알에이치코리아

《태백산맥》 - 조정래, 해냄

《특이점이 온다》 - 레이 커즈와일, 김명남 외 옮김, 김영사

《팀워크의 부활》 - 패트릭 렌시오니, 서진영 옮김, 위즈덤하우스

《페미니즘의 도전》 - 정희진, 교양인

《페스트》 - 알베르 카뮈, 김화영 옮김, 민음사

《펠로폰네소스 전쟁사》 - 투퀴디데스, 박광순 옮김, 범우사

《플랫폼 자본주의》 - 닉 서르닉, 심성보 옮김, 킹콩북

《플랫폼 제국의 미래》 - 스콧 갤러웨이, 이경식 옮김, 비즈니스북스

《피터 드러커의 자기경영노트》 - 피터 드러커, 장영철 옮김, 한국경제신문

《한강》 - 조정래, 해냄

《한계비용 제로 사회》 - 제러미 리프킨, 안진환 옮김, 민음사

《한국 사회 불평등 연구》 - 신광영, 후마니타스

《한국이 싫어서》 - 장강명, 민음사

《한국 자본주의》 - 장하성, 헤이북스

《한국 현대사 산책》 - 강준만, 인물과사상사

《호모 데우스》 - 유발 하라리, 김명주 옮김, 김영사

《혼자서 본 영화》 - 정희진, 교양인

《화씨 451》 - 레이 브래드버리, 박상준 옮김, 황금가지

《흔들리는 세계의 축》 - 파리드 자카리아, 윤종석 옮김, 베가북스

《희생양》 - 르네 지라르, 김진석 옮김, 민음사

새우와 고래가 함께 숨 쉬는 바다

이재명의 서재
―이재명을 만든 100권의 책들

지은이 | 이채윤
펴낸이 | 황인원
펴낸곳 | 다차원북스

신고번호 | 제2017-000220호

초판 1쇄 인쇄 | 2025년 04월 22일
초판 1쇄 발행 | 2025년 04월 29일

우편번호 | 04037
주소 | 서울특별시 마포구 양화로 59, 601호(서교동)
전화 | (02)322-3333(代)
팩스 | (02)333-5678
E-mail | dachawon@daum.net

ISBN 979-11-88996-43-8 (03300)

값 · 22,000원

Publishing Club Dachawon (多次元)
창해·다차원북스·나마스테